Inhalt

*Die wichtigsten Verfasser und Adressaten von Briefen
in diesem Buch:*

Annas, Schwiegervater des Kaiphas, ehemaliger Hoherpriester, ein Greis von strengen Grundsätzen;

Antisthenes, ein griechischer Arzt und Schöngeist, Hauptberichterstatter in diesem Buch, Freund des Eljakim sowie des Pontius Pilatus, ein kluger, geistig unabhängiger Beobachter der dramatischen Ereignisse rund um das Jahr 30 nach Christi Geburt;

Aristobul, Sohn von Eljakim und Esther, ein junger Mann aus gutem Hause und verwöhnter Liebling seiner Eltern, anfällig für radikale Ideen;

Chara, ehemals Kammerfrau von Esther, auch *Kalliope* genannt, Inhaberin eines Freudenhauses am See Tiberias;

Deborah, Tochter des Annas, Gemahlin des Kaiphas, in jungen Jahren durch einen Sturz gelähmt;

Eljakim, älterer Halbbruder des Kaiphas, ein Mann zwischen zwei Welten: Er ist jüdischer Priester und Mitglied des Synhedrion, das heißt der Obersten Tempelbehörde, und dennoch ein Verehrer und Liebhaber griechischer Kultur. Aus diesem Zwiespalt flüchtet er sich in teils echte, teils gespielte Kränklichkeit;

Esther, dessen Gemahlin, eine energische und (sofern damals möglich) emanzipierte Frau, voller Ehrgeiz für ihren Sohn und mitleidiger Verachtung für ihren Gatten;

Ezechiel und *Joram,* zwei gekaufte Kreaturen, Informanten, die aus dem Haus des Eljakim an Esther bzw. an die Tempelbehörde berichten;

Kaiphas, Hoherpriester zu Jerusalem, ein machtgieriger und intriganter Mann;

Mardochai, Privatsekretär des Kaiphas;

Maria von Magdala, Aristobuls Geliebte, später »Sünderin«;

Pontius Pilatus, ein römischer Ritter, Landpfleger der Provinz Judäa, ein hochfahrender und aufbrausender Mann, der aber bei ernstlichem Widerstand zurückweicht und nach politischen Opportunitätsgründen entscheidet;

Tiberius, römischer Kaiser, genannt der *Tiger.*

ERSTER TEIL

Jochanaan

Eljakim ben Joseph
an seinen Bruder Kaiphas ben Joseph,
den ehrwürdigen Hohenpriester zu Jeruschalaim

Am 21. Siwan des Jahres 3788
(6. Juni des Jahres 31 nach Chr.)
Der Heilige und Allmächtige, sein Name sei gepriesen,
schütze dich, geliebter Bruder, und halte alles Böse fern
von deinem Haupt. Wende nicht die Gnade deiner Augen
von mir, deinem geringen Diener, und entziehe mir nicht
deine Huld.

Gestern erschien hier auf meinem Gut Sison bei Emmaus
ein Mann, der nicht genannt sein will, und teilte mir mit,
du habest mit Annas über mein Gesuch gesprochen, in
dem ich dich bat, mich meiner Ämter zu entbinden, und
Annas habe dich gewarnt, diesem meinem Gesuch stattzugeben: Ich sei gar nicht so krank, wie ich dir schriebe,
und mein Verlangen nach Ruhe und Schonung sei nur
geheuchelt.

Geliebter Bruder, diese Nachricht hat mich aufs tiefste beunruhigt.

Ich kann mir wohl vorstellen, was der alte Mann gegen
mich vorbringt und mit welchem Eifer er gegen mich Mißtrauen sät. Immer schon wollte er uns entzweien.

Ich hoffe, du schenkst ihm wenigstens diesmal keinen Glauben. Womit soll ich ihn, womit soll ich dich überzeugen?
Ich wollte, ich hätte die Kraft, mich dir in meinem Elend
zu zeigen. Mein Körper, ein Bündel von Schwäche und
Schmerzen, wäre der untrüglichste Beweis, daß ich nicht fä-
hig bin, die Ämter weiterhin zu führen, die ich bis jetzt deiner Gnade schuldete und die von meinen gebeugten und
kraftlosen Schultern zu nehmen ich dich jetzt noch einmal
aufs dringendste bitten muß.

Ich habe mir, wenn dich das beruhigen kann, einen neuen Arzt aus Cäsarea bestellt. Vielleicht kann er mich wieder herstellen.

Ich unterziehe mich täglich den vorgeschriebenen Heilbädern, schlucke von früh bis spät die abscheulichsten Medizinen und lasse alle Quacksalbereien der verschiedensten Bader über mich ergehen. Wenn ich nicht bald Heilung finde, so werde ich vermutlich an den Kuren, denen ich mich seit Monaten täglich unterwerfe, zugrunde gehen.

Schenke mir also Glauben, geliebter Bruder, und laß dich nicht von den Einflüsterungen des Annas beirren!

Kaiphas ben Joseph, Hoherpriester zu Jeruschalaim,
an seinen Bruder Eljakim,
derzeit zu Sison bei Emmaus

Am 26. Siwan

Der Heilige und Allmächtige, gepriesen sei Sein Name, komme deiner Schwachheit zu Hilfe und lasse dich eingedenk bleiben aller empfangener Wohltaten und Gnaden.

Deinen Brief habe ich erhalten und deine Klagen zur Kenntnis genommen.

Der Mann, der dir von meiner Unterredung mit dem hochverehrten und hochzuverehrenden Alt-Hohenpriester Annas Nachricht brachte und der, wie du geheimniskrämerisch schreibst, nicht genannt sein wollte, ist mein neuer Rechnungsrat und Vertrauter Mardochai ben Bildad. Ich habe ihn zu dir geschickt, um mir vom Grad deiner Krankheit ein Bild zu machen.

Mardochai bestätigte mir, daß du übel aussiehst, daß du abgemagert und bleich bist; daß er dich antraf, als du in einer

Schwitzkur lagst, und daß du in seiner Gegenwart auch einige übelriechende Medizinen schlucktest.

Mithin habe ich keinen Grund mehr, an deinem Übelbefinden zu zweifeln.

So werde ich dich von deinen Ämtern entheben, sofern ein rechtgläubiger und seiner Berufung bewußter Israelit je von seinen Ämtern enthoben werden kann.

Ich nehme hiemit zurück: erstens deine Betrauung mit dem Amt eines Rechnungsrates für den Tempelschatz und für die Einkünfte der Tempelverwaltung aus Idumäa und Perea; zweitens widerrufe ich deine Ernennung zum Vorstand des Tempel-Marstalls und zum Inspektor der Salomonischen Teiche; drittens entbinde ich dich deiner Agenden bei der Verwaltung der Salinen von Qumran und des Kupferbergbaus in Moab.

Die entsprechenden Urkunden folgen in wenigen Tagen.

Ich hoffe, dir hiemit gedient zu haben. Lebe wohl.

Post Scriptum 1

Vom Priesteramt bist du nicht entbunden und kannst, wie du hoffentlich weißt, davon auch nicht entbunden werden.

Post Scriptum 2

Ich setze voraus, daß der von dir erwähnte Arzt ein rechtgläubiger Jude und nicht etwa ein griechischer Götzendiener und greulicher Heide ist.

Eljakim, Gutsbesitzer und Priester, derzeit zu Sison,
an Antisthenes, Arzt, Privatgelehrter und Dichter,
derzeit zu Cäsarea

Am 30. Siwan

Heil und Segen des Himmels seien immer mit dir. Freue dich mit mir, geliebter Freund, ich habe mein Ziel erreicht, ein erstes Ziel jedenfalls, und ich atme auf.

Mein Bruder hat mir einen Spion ins Haus geschickt und hat sich davon überzeugen lassen, daß ich in der Tat sehr krank bin. Endlich hat er Einsicht bewiesen und mich einiger meiner Ämter enthoben, vor allem jener, die mich an Jerusalem gefesselt haben. Ich bin den Staub der Akten los und die öden und sinnlosen Sitzungen, in denen ich, halbtot vor Langerweile, mit anderen ähnlich gelangweilten Männern über langweilige und sinnlose Gegenstände zu disputieren hatte. Ich kann mich jetzt, so wie du es mir so oft rietest, meiner Genesung und den Schönen Künsten widmen.

Freilich bin ich immer noch Priester, und Passah- und Laubhüttenfest werden mich unerbittlich nach Jerusalem zwingen. Doch dazwischen, davor, danach: Wochen, Monate der köstlichsten Freiheit, die ich vor allem mit dir, teurer Antisthenes, zu teilen hoffe.

Ist es denn möglich, daß es sogar einem Juden meiner Herkunft und Stellung gelingen sollte, ein glückliches Leben zu führen? Der Gedanke verschlägt mir beinahe den Atem – und beinahe fühle ich mich schon genesen. Wann kommst du mich besuchen?

Ich weiß, daß du die Hitze unserer Gegend schlecht verträgst. Darum habe ich dir auf dem Gipfel eines meinem Gut zugehörigen Hügels ein kleines Haus aufstellen lassen. Es ist vorläufig eher eine Hütte, aber luftig und hübsch aus-

12

gestattet, es bietet weite Aussicht, und fast immer streicht ein leichter Wind durch seine Lauben.

Bring mir, wenn du kommst, wieder einige philosophische Schriften mit! Auch Gedichte, auch Komödien sind willkommen, alles, was mich bilden, woran ich mich erheitern kann, was mich versichert, daß der Mensch nicht zum Unglück und für ein finsteres Verhängnis, sondern für die Freude geboren ist.

Kaiphas ben Joseph, Hoherpriester,
an seinen Bruder Eljakim in Sison

Am 6. Tammuz (21. Juni)
Der Heilige und Allmächtige (gesegnet s. s. Name) schenke dir Gesundheit und stärke deine Tugenden.

Um dir meinen guten Willen zu beweisen, sende ich dir hier die Urkunde über deine Entlassung aus dem Inspektorat der Salomonischen Teiche. Freilich: Deine Abberufung aus dem Rechnungshof des Tempelschatzes und aus der Verwaltung des Marstalls konnte ich noch nicht in der von dir gewünschten Weise durchführen. Hier bin ich nicht allein zuständig. Möglicherweise wird man auch Einwände erheben, wenn ich vorschlage, dich aus den Agenden um die Saline von Qumran zu entlassen. Man liebt dich und will dein Wirken nicht entbehren. Es scheint in der Tat unerläßlich, daß die wichtigsten Ämter in den Händen verläßlicher Leute liegen.

Die Zeiten sind hart, und niemand in Israel hat heute das Recht, sich dem Müßiggang zu ergeben. Jaja, ich weiß, nicht nach Müßiggang verlangst du, sondern nach Schonung. Nicht Leichtfertigkeit ist es, die dich amtsmüde macht, sondern Krankheit. Seit dich Mardochai im Schwitzbett sah, bist du entschuldigt. Aber, mein teurer Bruder, wer kann sagen, ob deine Krankheit unheilbar ist? Vielleicht bist du schon morgen wieder ganz munter und kregel? Vielleicht weicht dein Leiden wie ein böser Traum. Nichts könnte mir erwünschter sein. Und ich darf hoffen, daß auch dir nichts erwünschter wäre?!

Vergiß nicht, daß wir Söhne Israels keine andere Hoffnung hegen können als auf unsere Einigkeit, Aufrichtigkeit und Bereitschaft. Jeder Einzelne von uns wird gebraucht, auf keinen kann verzichtet werden.

Die Römer bedrücken uns und ziehen die meisten Schätze, die unserem Land – und damit wohl vor allem dem Tempel – gebührten, an sich.

Vor ihren Legionen müssen wir alle zittern.

Die Griechen umschmeicheln uns mit ihren Angeboten und Versuchungen, mit dem Luxus ihrer Lebensführung und der Leichtfertigkeit ihres Geistes. So suchen sie uns auf diese Weise zu verderben. Schon dringt ihr Gift in alle Ritzen ein. Jenseits der Grenzen des Imperiums lauern die Barbaren und wetzen ihre Schwerter, und ich schwöre dir, sie werden, wenn sie einen Krieg entfesseln, nicht die Römer, sondern zuerst uns vernichten.

Das ist die Lage unseres Volkes. Der Heilige (g. s. s. N.) hat uns wahrlich ein schweres Schicksal auferlegt. Was bleibt uns übrig, als alle unsere Kräfte anzuspannen, um diese Zeit zu überstehen? Und auf wessen Hilfe, Treue, Wahrhaftigkeit und Zuneigung soll ich, unglücklicher Hoherpriester dieses bedrohten Volkes, hoffen, wenn nicht auf die Hilfe, Treue, Wahrhaftigkeit und Neigung meines eigenen Bruders?

Darum: Lebe wohl, werde gesund. Ich werde das morgige Opfer im Tempel für deine Genesung bringen lassen.

Ezechiel ben Joram, Flickschustergeselle, jetzt Bademeister
zu Sison, berichtet Esther, der Herrin zu Hebron,
über das Befinden ihres Gatten Eljakim

Am 26. Siwan
Schlechte Nacht, Unruhe bis zum ersten Hahnenschrei.
Dann kurzer, aber erquickender Schlaf. Erwachen ohne
Schmerzen. Stimmung: heiter. Frühstück: warme Ziegen-
milch und Bitterkräuter.
Mittags: Gebratenes vom Kalb, Bitterkräuter. Abends fri-
sche Datteln, Brot, etwas Käse, Wein. Stuhlgang: keiner.
Leichtes Fieber.

Am 27. Siwan
Bessere Nacht. Schlaf bis in die ersten Morgenstunden. Da-
nach plötzlich Schmerzen, Erbrechen, heftiges Herzklop-
fen. Klistier. Stuhlgang. Kein Frühstück. Sehr niederge-
schlagen.
Mittags: gewässerter Wein, etwas Weizenbrot.
Abends: Gekochtes vom Kalb, einige Feigen. Heißes Bad,
Schwitzkur. Danach neuerliches Erbrechen.

Anderntags
Unruhiger Schlaf. Kein Frühstück. Starkes Frösteln den
ganzen Vormittag. Zu Mittag trifft ein Brief ein. Gehobene
Stimmung, Verlangen, ins Freie zu gehen.
Mittagessen: Lamm, Feigen, Weizenbrot, Bitterkräuter und
Datteln, unter den Terebinthen serviert.
Sänfte bestellt. Besuch der neuen Villa. Danach Diktat ei-
nes Briefes nach Cäsarea. Kein Fieber.
Abends ein laues Bad. Eine Flötenspielerin unterhält den
Herrn bis Mitternacht.

Anderntags
Brief an einen Arzt, Gelehrten und Dichter nach Cäsarea
expediert. Kein Fieber, keine Beschwerden. Spaziergang
zur neuen Villa. Oben gefrühstückt: Ziegenmilch, Brot,
Feigen, Lammfleisch. Stimmung: sehr gehoben. Rückkehr
gegen Mittag. Lange Lektüre, Tiefschlaf von Mitternacht
bis in den Vormittag.
(Sechs Tage ohne Bericht.)

Am Abend des 8. Tammuz
Sehr übel. Schüttelfrost, Fieber. Schmerzen im Bauch, Erbrechen, Durchfall. Alle Medizinen zurückgewiesen.
Nachts trifft der erwartete Gast ein, wird als Arzt aus Cäsarea vorgestellt. Längere Untersuchung, lange Gespräche.
Gegen Morgen höre ich den Herrn mit dem Arzt scherzen
und lachen. Die Unterhaltung währt bis zum Morgen-
grauen.

Anderntags
Besuch in der neuen Villa. Beide Herren lassen sich in Sänf-
ten tragen. Mittagessen: gebackenes Lamm, gebratene
Wachteln, Tauben in Rebensaft, Rosinenkuchen, Wein,
Früchte, alles in der neuen Villa serviert.
Flötenspielerinnen unterhalten.
Gegen Abend Rückkehr auf Sison. Der fremde Herr ver-
teilt Geld unter die Dienerschaft.

Anderntags
Kein Bericht.

Anderntags
Ankunft des jungen Herrn Aristobul.

16

Mardochai, Privatsekretär Seiner Heiligkeit des
Hohenpriesters Kaiphas zu Jeruschalaim,
an Joram, Flickschuster zu Emmaus

Diesen Brief wirst du in aller Heimlichkeit erhalten und
wirst ihn, bei deinem Leben, nach Kenntnisnahme sofort
und gründlich vernichten.

Um so besser aber wirst du dir seinen Inhalt einprägen.
Du sollst ein Auge auf *ihn* haben, du weißt schon, auf
wen.

Du sollst wachsam sein bei Tag und bei Nacht. Du sollst mit
den Knechten und mit den Mägden in dem gewissen
Hause so viel Umgang haben wie nur möglich. Du sollst,
ohne selbst auffallende Fragen zu stellen, alles in Erfahrung
bringen, was der Erfahrung wert ist – und es ist beinahe alles der Erfahrung wert. Du sollst zählen und aufzeichnen,
wie oft ein Arzt das gewisse Haus betritt und wie lange er
darin bleibt. Mache dir eine unauffällige Liste von diesen
Beobachtungen. Eine Liste sollst du auch anlegen von den
Lebensmitteln, die in das Haus geschafft werden, ob sie nun
auf den Eigengütern geerntet oder auf dem Markt gekauft
werden.

Aber das Wichtigste kommt noch:
Der Herr, von dem die Rede ist, hat auf einem Stück Land
östlich seiner Weinberge ein Lusthaus errichten lassen.
Trachte zu erfahren, für wen es errichtet wurde und ob
nicht vielleicht ein greulicher Heide darin einziehen will.
Wie du weißt, ist die Nähe eines solchen für Leib und Leben gefährlich, da sie der Heilige (g. s. s. N.) mit Blitz, Ha-
gel und Seuchen heimsucht. Merke es wohl: Wer einem solchen Götzenanbeter dient oder Lohn von ihm annimmt,
wird bestraft und verworfen.

In etlichen Tagen wird derselbe Mann, der diesen Brief

überbringt, zu dir zurückkommen und deine Auskünfte einholen. Vernichte diesen Brief vor seinen Augen. Verrat wird schwer bestraft.

Esther, Gattin des Priesters Eljakim ben Joseph,
an seine Heiligkeit, den Hohenpriester Kaiphas ben Joseph
zu Jeruschalaim

Am 15. Siwan des Jahres 3788
Seit langem, lieber Schwager, schulde ich dir einen Brief. Noch immer habe ich dir nicht für die fünfzig Ellen feinen Byssosgewebes gedankt, die du mir vor etlichen Wochen zukommen ließest. Leider ist es für meine Zwecke nicht ganz brauchbar, da es einen Gelbstich zeigt. Ich hatte dich ausdrücklich um *weißen* Byssos gebeten, wie ich ihn in der Truhe deiner Gattin Deborah sah.
(Wenn der mir zugesandte Byssos aus deiner Manufaktur stammen sollte, so riete ich dir dringend, dort nach dem Rechten zu sehen. In Rom trägt kein Mensch mehr eine Webe von trüber Farbe, und es besteht die Gefahr, daß du bald keine Elle mehr unter vernünftigen Bedingungen an den Mann bringen kannst.
Nebenbei: Mir ist zu Ohren gekommen, daß man in Salamis auf Cypern einen höheren Preis für Purpurschnecken zahlt als anderswo. Die Spanne sollte einen Denar pro Maß ausmachen. Enorm! Daraus könntest du bei deinen Beziehungen gewaltigen Nutzen erzielen, aber du müßtest dich beeilen. Eine solche Gelegenheit wird schnell gewittert und lockt Konkurrenten.)
Nun aber, lieber Schwager: Wie du dir denken kannst, liegt mir noch eine ganz andere Angelegenheit am Herzen, und

zwar die unseres gemeinsam geliebten Eljakim. Ich begreife dich nicht, Kaiphas ben Joseph: Warum willst du deinen Bruder an seine Ämter fesseln, die er doch, Hand aufs Herz, schon von jeher schlecht genug verwaltet hat? Was erwartest du dir von diesem menschlichen Wrack, das schon längst, wer könnte daran zweifeln, auf der Drift des Todes treibt?

Die Nachrichten, die ich über seinen Zustand erhalte, lauten fast täglich schlimmer. Warum soll er das Ende seiner Leiden in Jeruschalaim erwarten, da ihn diese Stadt bedrückt und mit unbegreiflicher Schwermut erfüllt? Laß ihn auf seinem Sison sitzen, da er meint, nur dort in Frieden sterben zu können.

Was er dort tut oder läßt, was kann es dich bekümmern? Ein Mann von deiner Macht und deinem Reichtum müßte über die Einfälle eines Sterbenden erhaben sein.

Nun ja, ich weiß, mein bester Schwager, daß auch du deine Sorgen hast. Das Amt des Hohenpriesters ist für keinen, der dazu berufen wurde, ein Honiglecken. Du hast ein wildes und eigensinniges Volk zu regieren und wirst doch selbst von einem grimmigen Feind beherrscht. Du bist Zielscheibe listiger Angriffe und niederträchtiger Intrigen auch aus den eigenen Reihen, selbst aus dem Heiligen Synhedrion, das doch deine Stütze und dein Hort sein sollte – nun, über dieses Kapitel laß mich lieber schweigen! Zuletzt sitzt dir noch Annas im Nacken, dieser zahnlose, aber unerbittliche Greis, der dich noch immer zurechtstutzen will.

Ich begreife also vollauf, daß du dich nach der Hilfe und dem treuen Beistand eines Nächstverwandten sehnst, auf den du dich wie auf dich selbst verlassen kannst.

Aber ach, in Eljakim hast du ja leider nie einen besonders tatkräftigen Knappen und Schildträger gefunden, sondern eher ein Rohr, das im Winde schwankt. Warum, Verehrtester, bestehst du in eigensinniger Wut darauf, daß gerade er an deiner Seite ist?

Hast du denn keine anderen Verwandten, Kaiphas?

Ah, nun sehe ich deine finsteren Augen blitzen und sehe deine Backen unter dem starken schwarzen Kräuselbart zukken: Du glaubst schon zu wissen, wen ich im Sinne habe, wenn ich dich auf einen *Verwandten* anspreche. Du denkst: Jetzt will mir Esther ihren Sohn andrehen, ihr Bübchen Aristobul – und will ihn mir an Eljakims Stelle schmackhaft machen.

Nun, warum denn auch nicht? So ist es!

Ich bin nicht töricht genug, dich mit verschämtem Herumgerede bestechen zu wollen, denn wer wäre nicht von dir im Augenblick durchschaut, du Listiger? Aber erinnere dich: Deine Schwägerin Esther hat dir schon manchmal etwas Gutes geraten. Sie ist dir schon in vielen Fällen nützlich gewesen – und einen Teil deiner besten Einkünfte verdankst du ihrem Rat.

Nun aber Aristobul! Was ihn betrifft, kann ich dir nichts Besseres empfehlen, als ihm endlich die Gnade deiner Augen zuzuwenden. Er ist achtzehn Jahre alt – und längst soweit, nicht mehr als Kind behandelt zu werden. Er ist klug, gebildet, fromm und ein überzeugter Nationalist. Vor allem ist er ein echter Sproß Zaddoks – wie du! Dir selbst hat der Allmächtige (g. s. s. N.) Nachkommenschaft verweigert. Wer könnte dir näherstehen als der einzige Sohn deines einzigen Bruders? Stelle ihm eine Aufgabe! Prüfe ihn! In kurzem könnte er dir den besten Bruder ersetzen.

Kaiphas, Hoherpriester, an seinen Privatsekretär
Mardochai, Rechnungsrat des Tempelschatzes
zu Jeruschalaim

Am 19. Siwan
Strenge Weisung an die Manufaktur in Kapharnaum:
Trübfarbige Byssosgewebe müssen sofort auf klares Weiß ge-
bleicht werden.
Eilige Weisung an unsere Vertrauensleute an der Küste:
Alle nur greifbaren Bestände an Purpurschnecken sind ehe-
stens auf den Markt von Salamis auf Cypern zu schaffen
und zu dem dort notierten Preis anzubieten.
Erkundigungen sind einzuziehen, ob nicht auch andere
Preise steigen. Ich erwarte Vollzugsmeldung so rasch wie
möglich. Alle verzögerten oder fehlerhaften Ausführungen
meiner Befehle werden bestraft.

Kaiphas, Hoherpriester zu Jeruschalaim,
an seine Schwägerin Esther, Herrin zu Hebron

Am 20. Siwan
Der Heilige und Allmächtige (g. s. s. N.) bewahre deine
Seele vor jeder Versuchung.
Dein Brief, liebe Esther, hat mich in Staunen versetzt. Du
scheinst ja den Tod deines Gatten eher herbeizuwünschen
als zu fürchten. Du bist zwar über seine Krankheit unterrichtet, weilst aber nicht an seinem Lager. Du erwartest
zwar das Schlimmste, krümmst aber nicht den Finger, um
es abzuwenden.
Gestatte mir, daß ich dir meine Mißbilligung ausdrücke.
Statt die Pflichten einer liebenden Gattin zu erfüllen, wie es

dem Heiligen (g. s. s. N.) angenehm wäre, mischst du dich in meine Angelegenheiten und schilderst mir meine Lage als bedrohlich und gefährdet.

Worauf willst du hinaus?

Ich begreife, daß du deinen Sohn Aristobul fördern willst. Doch du förderst ihn nicht auf diese Weise. Was gibst du mir überdies für Ratschläge bezüglich weißer oder trübfarbener Byssosgewebe und höherer Preise für Purpurschnecken? Es ist lächerlich, schlimmer, es ist beleidigend, mir, dem Hohenpriester, keine anderen Sorgen zuzumuten als den Absatz von Byssos und Purpurschnecken.

Indessen – aus Milde und schwägerlicher Zuneigung und auch, um deinen guten Willen anzuerkennen und einige, wenn auch unverdiente, Gnade zu bezeigen, will ich mich herablassen, deinen Sohn Aristobul zu empfangen. Zeigt er sich so, wie du ihn beschreibst, fromm, klug, bescheiden und würdig, Zaddoks Nachfahre zu sein, nun, dann werde ich gewiß eine Aufgabe für ihn finden, an der er sich bewähren kann.

Annas, Alt-Hoherpriester von Jeruschalaim, derzeit zu Joppe, an seinen Schwiegersohn Kaiphas ben Joseph, amtierenden Hohenpriester in Jeruschalaim

Der Heilige (g. s. s. N.) sei allezeit mit uns.

Deine Berichte habe ich erhalten.

Sie sind lang, umständlich, enthalten viel Unwesentliches. Wichtiges hast du vergessen oder hast ihm, was noch schlimmer wäre, keine Bedeutung beigemessen.

Deine Aufmerksamkeit umkreist unausgesetzt die politische Frage: Ob der neue Landpfleger uns wohl oder weniger wohl will; ob uns dieser Cäsar Tiberius (verflucht sei sein Name!) weitere Steuern diktieren wird; ob wohl ein neuer Krieg mit den Parthern zu erwarten sei und so fort. Diese Dinge fesseln deine Aufmerksamkeit und erfüllen deinen Kopf, und ich habe leider Anlaß anzunehmen, daß noch viel Unwesentlicheres darin umgeht!

Wann wirst du endlich begreifen, daß uns weder Reichtümer noch politische Winkelzüge aus der Gewalt der Heiden retten können? Nur die Reine Lehre und nur sie allein ist unser Heil. Doch was tust du, der Hohepriester, für die Reine Lehre?

Da wird mir berichtet, daß sich im Jordanland wieder Aufruhr regt. Ein gewisser Jochanaan wird genannt, der predigt, tauft, die Massen aufwiegelt und ihnen den Beginn eines neuen Zeitalters in Aussicht stellt.

Eine höchst gefährliche Erscheinung. Aber in deinem Brief kommt er nicht vor.

Außerdem wird mir berichtet, daß die Essener von Qumran neue Tätigkeit entfalten. Interessiert es dich nicht, ob jener Jochanaan mit diesen kollaboriert? Für um so gefährlicher wäre er einzuschätzen.

Besinne dich auf das Notwendige, Schwiegersohn, und verschone mich künftig mit Lappalien wie mit Berichten über das Befinden deines Bruders Eljakim. Sein Zustand interessiert mich nicht, und seine Forderungen lassen mich kalt. Ich habe diesen Menschen immer für einen Schlappschwanz und überdies für einen heimlichen Ketzer gehalten. Man müßte es fast als Vorteil ansehen, wenn er seinen Krankheiten erläge.

Lebe wohl. Grüße meine Tochter Deborah.

Zu meinem Bedauern höre ich, daß du die Fenchelkur, die ich dir anriet, noch immer nicht angewendet hast. Du nimmst zwar alle erdenklichen Medizinen und gehorchst allen möglichen und unmöglichen Quacksalbern, nur mir, deiner Gattin, folgst du nicht, obgleich die Mittel, die ich dir anrate, die besten, sichersten und angenehmsten sind. Urteile selbst über deinen Eigensinn!

Dein sauberer Bruder Kaiphas hat mir einen groben Brief geschrieben und mich beschimpft, weil ich nicht bei dir, meinem Männchen, in Sison sitze und dir als liebende Gattin Spuckschale und Töpfchen reiche.

Sag mir, wie ich mich gegen solche Vorwürfe wehren soll! Weiß ich doch und hab es oft und deutlich genug erfahren, daß du, mein Gatte, jede Gesellschaft der meinen vorziehst und daß ich dir keinen schlimmeren Tort antun könnte, als wenn ich bei dir erschiene.

Darum, aus wahrer Liebe also, bleibe ich hier in Hebron und pflege meine Podagra und meine anderen zahlreichen Wehwehchen. Doch keine Angst, mein lieber Eljakim, deine Esther ist zäh und wird so schnell nicht klein beigeben.

Was unseren Jungen betrifft, so habe ich mir jetzt ein Herz gefaßt und ihn deinem Bruder empfohlen. Einmal muß ja ein Mensch etwas für unseren Knaben tun – und wer sollte dieser Mensch sein, wenn nicht ich, seine Mutter?

Ich glaube fest daran, daß du wieder gesund wirst. Meine Haus-Wahrsagerin hat mir die sichersten Zeichen dafür gemeldet. Ob du es glaubst oder nicht: Ich bete auch manchmal für dich, denn irgendwie liegst du mir immer noch am Herzen.

Das Wichtigste aber: die Fenchelkur – und immer auf nüchternen Magen!

Aus den Berichten des Flickschusters Joram
an Mardochai, Rechnungsrat des Tempelschatzes
zu Jeruschalaim

Am 4. Tammuz

Über Lebensmittel: 18 Fladenbrote in hauseigener Bäckerei gebacken. Drei Körbe Oliven, drei Körbe Feigen geerntet. Zwei Lämmer, ein Kalb geschlachtet. Nur Koscheres in die Küche gebracht.

Anderntags

Am Markt zu Emmaus Wassergefäß zu mindestens 3 Scheffel gekauft, in die neue Villa auf dem Hügel Gomer geschafft.

Anderntags

Von einer Purpurtuchhändlerin eine Decke und drei Kissen gekauft, auf den Hügel Gomer in die neue Villa geschafft. Goldfarbenen Sand aus der Grube von Sison auf den Hügel Gomer gestreut. In der Werkstätte Sonnensegel aus buntgefärbter Leinwand hergestellt, vor der neuen Villa montiert. Silberner Spiegel aus Cäsarea eingetroffen, diesen und sechs gefüllte Salbgefäße auf den Gomer geschafft.

Anderntags

Am Sklavenmarkt von Samaria eine Flötenspielerin gekauft, in Emmaus einen Barbier, Masseur und Salbenreiber angeheuert. Drei weitere Sklaven für die Villa am Gomer bereitgestellt.

Anderntags

Der erwartete Gast (angeblich Arzt aus Cäsarea) endlich eingetroffen. Der Herr geleitet ihn selbst auf den Gomer.

Anderntags

Großes Festmahl. Sabbatruhe dreimal gestört. An das Gesinde von Sison wird Geld verteilt.

Am 11. Tammuz

Am Abend erscheint der junge Herr Aristobul. Lange Gespräche zu dritt hinter verschlossenen Türen. Gelächter. Mehrfach Wein nachgeschenkt. Nachts Bote aus Jeruschalaim. Der junge Herr reist sofort wieder ab.

Aristobul
an seinen Vater, den Priester Eljakim
zu Sison

Am 13. Tammuz

Liebster Vater, es hat mir leid getan, dich so rasch wieder verlassen zu müssen. Nicht einmal bis zum Morgen konnte ich bleiben, so eilig mußte ich fort. Ein Brief deines Bruders, des Hohenpriesters (Segen über sein Haupt), hat mich aus dem ersten Schlummer geschreckt; er rief mich nach Jeruschalaim, was blieb mir übrig, als mich rasch auf mein Pferd zu werfen und loszureiten? Nun sitze ich in einer kleinen Herberge im Käsmachertal und warte darauf, daß man mich in den Palast ruft – Vater, ich zittere, ja, ich zittere, vor Kaiphas zu treten. Was kann er von mir wollen?

Sollte er, als Oberhaupt der Familie, etwas an mir zu rügen haben? Oder sollte er, ich wage es kaum auszudenken, mir anbieten, in seine Dienste zu treten?

Liebster Vater, ich weiß, daß du deinen Bruder mehr fürchtest als liebst. Aber ich denke, auch du kannst nichts anderes wünschen, als daß dein Sohn, dein einziger, seinem Volk treulich dient. Wenn der Oberste dieses Volkes, der Hohepriester, ruft, sollte ich ihm dann nicht folgen?

Vater, ich wünschte so sehr, daß du bald genäsest. Ob du mit meiner Mutter zusammenleben willst oder nicht, was geht es mich an? Ich liebe euch beide. Ich will euch beiden ein guter gehorsamer Sohn sein. Macht es mir nicht zu schwer.

Der Arzt, den ich bei dir auf Sison traf (er schien mir ja eher Philosoph oder Künstler als Arzt), dieser Antisthenes ist ja nun wirklich ein ganz großartiger Mann. Ein echter Hellene, so klug, gewandt, immer zu einem Scherz aufgelegt und dabei tiefsinnig und weitblickend. Es ist herrlich, daß du dir diesen Freund gewonnen hast. Anfangs getraute ich mich gar nicht, den Mund aufzumachen neben ihm, aber dann – hast du es nicht bemerkt? – hat mich eure heitere Laune angesteckt, und ich plauderte einfach los. Hoffentlich hat ihm das nicht mißfallen.

Eben sehe ich den Mann kommen, der mich zu Kaiphas...

Fünf Stunden später: Da bin ich nun wieder.

Ich konnte den letzten Satz nicht einmal fertig schreiben, so rasch mußte ich fort. Die Audienz ist vorüber. Sie war sehr merkwürdig. Dennoch ist mir, als müßte ich froh sein. Niemand hat mich gerügt, alles ging gut. Man hat mir, wie ichs ja so heiß gewünscht habe, einen Auftrag gegeben, einen ehrenvollen und wichtigen Auftrag, so wurde es mir mehrmals versichert. Zum erstenmal habe ich auch den Hohenpriester von Angesicht zu Angesicht gesehen. Deinen Bruder! Ein imponierender Mann. Ähnlichkeiten konnte ich nicht entdecken. Gesprochen hat er wenig. Immerhin hat er mir die Hand zweimal zum Kuß gereicht. Gesprochen hat vor allem ein gewisser Mardochai. Ich glaube, er ist *Privatsekretär seiner Heiligkeit*. Er hat mir meinen Auftrag erklärt.

Mein lieber Vater, ich möchte dir gerne Näheres über diesen Auftrag schreiben, doch meine Zeit drängt, ich muß mich beeilen, noch heute reise ich nach Galiläa.

Merkzettel des Privatsekretariats Seiner Heiligkeit,
des Hohenpriesters von Jeruschalaim,
für Aristobul ben Eljakim

Punkt 1: betrifft die Sekte der Essener
Du hast zu wissen: Die Sekte der Essener stellt eine Splittergruppe unseres Volkes dar, die stets mit Mißtrauen zu beobachten ist. Sie nennen sich *Söhne des Lichts* und behaupten, allein die Reine Lehre zu verwalten, was an und für sich schon als Anmaßung gegen den Hohenpriester und die gesamte Tempelbehörde verfolgt werden müßte.

Leider hat man den Essenern vor unserer Zeit Privilegien zugestanden, die ihnen ihre Absonderung ermöglicht und sie in ihrem Hochmut bestätigt haben.

In Qumran am Salzmeer haben sie sich eine Art Residenz eingerichtet, wo sie auf engem Raum zusammenhausen, ziemlich kärglich und ohne nennenswerte Einkünfte. Sie haben strenge Regeln, nehmen Kandidaten nur nach langen Prüfungen auf und meiden jeden Umgang mit Weibern.

Auf diese Weise bleibt ihre Zahl beschränkt, ihre Wirkung im allgemeinen gering.

Diese Umstände haben die Tempelbehörde bis jetzt veranlaßt, ihre Privilegien zu tolerieren.

Intolerabel aber wäre der Versuch dieser Leute, auch außerhalb ihres abgesteckten Areals zu siedeln, zu wirken und womöglich Anhang zu sammeln.

Punkt 2: betrifft illegale Predigt im Jordanland

Du hast auszuforschen, ob der illegaler Predigt im Jordanland bezichtigte Jochanaan ben Zacharias mit den Leuten von Qumran in Beziehung steht oder stand.

Auszuforschen ist, was besagter Jochanaan lehrt und insbesondere, ob er sich, und wäre es auch nur andeutungsweise, Herabsetzungen erlaubt

  a) der Person des Hohenpriesters,
  b) der Tempelbehörde,
  c) der offiziellen und legalisierten Auslegung der Steuergesetze,
  d) der offiziellen und legalisierten Auslegung der Messiaslehre.

(Oberster Grundsatz der Messiaslehre: Nur aus dem Geschlecht Zaddoks, also der Zadduzäer, kann der Messias hervorgehen.)

Aristobul
an Maria, Tochter des Zephanja,
zu Med-schel (Magdala) bei Tiberias

Meine Maria, du meine Freundin, du mein Augenstern! Wäre es wahr, daß ich dir gehöre, ich, dein Knabe, dein Spielzeug, dein Hündchen, du meine Süße von Med-schel? Nein, nicht länger dein Knabe, denn ein Knabe bin ich nicht mehr und werde es jeden Tag weniger sein und mehr ein Mann.

Höre, ob du es glaubst oder nicht, ob es dein Bruder glaubt oder nicht oder gar deine Schwester, die strenge Martha: Erwachsen bin ich nun und beamtet von höchster Stelle, von allerhöchster, was sagst du nun?

Schickt man Knaben aus in wichtigen Geschäften, wichtige Geheimnisse zu erkunden, das Wohl des Staates wahrzunehmen und die Reinheit der Lehre?

Nicht mehr häng ich an Mutters Rockfalte, ein freier Mann. Frei zieh ich umher, um meines Amtes zu walten – und es müßte doch mit allen Teufeln zugehen, wenn es mir nicht gelänge, auch dorthin zu ziehen, wo meine Liebste ist.

Nach Med-schel also, nach Med-schel!

Dort bin ich mit allen Sinnen. Der Deine, der Deine, der Deine.

Seine Gnaden Eljakim schlafen bis Mittag. Obzwar ermüdet von der bis zur dritten Nachtwache durchzechten Nacht lebhaft und aufgeräumt. Nach lauem Bad gemeinsame Mahlzeit mit dem griechischen Arzt. Lamm, gekocht und gebacken, Oliven, Honiggebäck. Danach liest der Arzt aus griechischen Texten vor.

Wieder Gespräche bis Mitternacht. Kein Fieber, Stuhlgang ohne Klistier. Der andere Tag vergeht in ähnlicher Weise.

Am Abend äußert der Arzt den Wunsch, nach Megiddo zu reisen, verspricht aber, von dort sogleich zurückkehren zu wollen. Am Morgen begleitet ihn der Herr eine Meile weit zu Pferde, muß dann aber umkehren. Tiefe Erschöpfung. Klage über Kopfschmerzen, Herzbeschwerden, Zerschlagenheit.

Am Abend beschäftigt sich der Herr mit den vom Arzt hinterlassenen Schriften.

Die bestellten Flötenspielerinnen werden weggeschickt. In den nächsten Tagen nimmt die Unruhe des Herrn zu. Offenbar erwartet er die Rückkunft des Arztes, zweimal besteigt er sogar den Gipfel des Gomer, um Ausschau zu halten.

Nach Erhalt zweier Briefe Verschlechterung des Befindens. Erbrechen, Fieber, sehr schlimme Nacht.

Seit 24 Stunden keine Nahrungsaufnahme.

Eljakim, Priester und Gutsbesitzer,
Rechnungsrat in der Tempelbehörde, Verwalter von Salinen,
Kupferbergwerken et cetera et cetera
an Seine Heiligkeit, den Hohenpriester
in Jeruschalaim

Der Allmächtige (g. s. s. N.) sei über uns.

Lieber Bruder, ich habe deinen Brief erhalten und danke dir für die Mühe, die du dir gabst, um mich zu überzeugen, daß ich – trotz Krankheit und Schwäche – weiter wie ein Zugpferd im Geschirr bleiben muß. Du hast mich zwar – welche Gnade – der Verwaltung der Salomonischen Teiche enthoben, doch – welcher Hohn – gerade dieses Amt war es, das mich am wenigsten bedrückte, denn die Salomonischen Teiche sind längst verfallen und die Bemühungen um die Trümmer längst versandet. So hast du mir nur einen Titel abgenommen. Die Bürden aber, die vielen, unerträglichen, mir unerträglich gewordenen, hast du auf meinen Schultern belassen.

Nun gut. Ich beuge mich deinem Willen. Was anderes könnte ich auch tun?

Deine Wünsche, Kaiphas, waren mir immer Befehl. Wir sind zwar Brüder – und ich bin sogar der Ältere. Aber: Der Himmel hat uns zwar einen Vater, doch zwei Mütter beschert. Und bei eben diesem selben Himmel: Hier liegt der Unterschied. Deine Mutter war eine vornehme Dame aus wohlbegütertem Haus. Also hast du das Recht zu befehlen. Meine Mutter war ein armes Mädchen. Also habe ich die Pflicht zu gehorchen.

Von einem langen Siechtum ausgehöhlt, werde ich weiterhin Dienst tun, weil du es wünschest, weil du es, aus welchen Gründen immer, für notwendig hältst. Wir Kinder Israels, so schreibst du, können keine Hoffnung hegen, wenn wir nicht einig und bereit sind. Doch ich frage dich: Worin einig? Und ich frage dich: Bereit wofür?

Bitte, verschone mich jetzt mit der hochoffiziellen Formel, mit der vorschriftsmäßigen Antwort!

Die Doktrin, daß der Messias jeden Tag aufstehen könne und daß wir uns eben für diesen Tag bereit, stark und einig halten müssen, diese Doktrin kann ich nicht mehr ertragen, nein, nicht mehr ertragen, seit ihr, Annas und du, den Nachsatz ausgeheckt habt, der Messias könne nur aus Zaddoks, also aus unserem Geschlecht hervorgehen, und kein anderes Haus als das der Zadduzäer dürfe sich dazu berufen halten.

Ich weiß, lieber Bruder, was dich und Annas veranlaßt hat, diese Regelung nachträglich einzuführen.

Auch mir ist klar, lieber Bruder, daß du damit nicht nur dich und dein Haus im Sinn hattest, sondern daß dich gewisse politische Notwendigkeiten dazu drängten. Notwendigkeiten – brennende sogar: Die Hoffnung auf den Messias hat unser Volk schon viel, ja viel zu viel gekostet. Ihr, dieser Hoffnung, dieser Doktrin, hat es unerhörte Opfer gebracht. Ihr zuliebe hat es sich immer wieder ausbluten, ausrauben, auspressen lassen. Gott, wenn ich an alle die Gestalten denke, die sich allein in den letzten fünfzig Jahren als Messiasse angeboten haben! Scharlatane waren es oder Narren oder Verbrecher, und keine dieser Figuren war zu lächerlich, als daß ihr nicht unser Volk auf den Leim gegangen wäre. Der Bodensatz Israels hat sie am liebsten ausgebrütet, diese Erlöser.

Und deshalb verfielst du, mit Annas zusammen, auf den genialen Gedanken, einen jeden möglichen Messias für unsere Verwandtschaft, unsere Klasse, für unser Haus, in Anspruch zu nehmen. Ein genialer Gedanke. Ein politischer Gedanke. Nur: Glaubst du denn selbst an ihn?

Unser Haus – nun gut. Ich will ihm nicht absprechen, daß es einstmals fromme, tapfere, entschlossene Männer hervorgebracht hat. Ich will ihm nicht absprechen, daß es in der langen Reihe seiner Geschlechter große Schriftgelehrte aufzuzählen hat, weise Männer, unbeugsame Charaktere, vielleicht sogar wahre Gerechte.

Doch kannst du nicht leugnen: In den letzten Generationen haben sich Zaddoks Enkel und Urenkel lieber mit Handel und Wandel, mit Geldtausch und Münzprägung, mit Bankgeschäften und Transaktionen beschäftigt als mit Gottes Wort und dem tieferen Sinn der Schrift. Oder meinst du, daß die Vermehrung des Tempelschatzes, die sich unsere Familie so angelegen sein ließ, daß die Vergrößerung unserer Landgüter, die Verdoppelung des Marstalls, die Ausbeutung neuer und immer wieder neuer Minen, daß uns alle diese mit trefflicher Folgerichtigkeit ausgeführten Tätigkeiten und Bemühungen dazu geeignet machen, den hervorzubringen, den unser Volk den *Christos* und *Erlöser* nennen wird?

–Was schiltst du Macht und Reichtum?– wirst du sagen, Bruder. –Bist du, Eljakim, nicht selbst ein wohlbestallter Mann? Hast du nicht selbst in jüngeren Jahren kräftig mitgemischt, als es darum ging, das vom alten Herodes ausgesogene Land wieder in Ordnung zu bringen und seine Ressourcen zu fruktifizieren?– Ganz recht, Kaiphas, auch ich bin einst den Versuchungen erlegen, Schätze zu sammeln. Aber die Krankheit, an der ich leide, hat mich eines Besseren belehrt.

Die vielen Stunden des Alleinseins, die Schule der Schmerzen, die Beängstigungen in den Fieberträumen, sie haben mir eine tiefere Einsicht beschert. Ich kann nicht mehr glauben, daß Macht, Reichtum und Glück als sichere Zeichen göttlicher Gnade anzusehen sind. Ich kann nicht mehr glauben, daß wir, unsere Familie, unsere Kaste, die Nobilität unseres Volkes, das Recht haben, uns für die *Auserwählten* zu halten, nur weil wir die *Erwählten* sind. Und endlich kann ich nicht glauben, daß wir mit der Inanspruchnahme des Messias für unser Haus etwas anderes begehen als eine ungeheure Blasphemie.

Wir scheuen uns zwar, den Namen unseres Gottes auszusprechen; wir nennen Ihn den Heiligen, Allmächtigen, Einzigen, wir geben Ihm hundert Nebennamen, so als fürchteten wir, daß Sein *wahrer* Name (und nun schreibe ich ihn wirklich nieder)

JAHWE

Feuerbrände auf unseren Lippen entzünden könnte. Und doch wagen wir, eben diesem heiligen allmächtigen einzigen

JAHWE

vorzuschreiben, aus welchem Hause er Seinen Messias erwecken soll?

Das ist absurd, Kaiphas, und es ist gotteslästerlich. Ich bin sicher, daß ihr beide, du und Annas, sehr wohl ermessen habt, daß sich JAHWE, wenn er uns den Messias schickt, von euch nie gängeln lassen wird.

WENN ER UNS DEN MESSIAS SCHICKT...

WENN ... WENN! Hier aber liegt der tiefere Grund für eure Behauptung. Bitter ist dieser Grund und ein Abgrund meinem wie deinem Herzen. Der Grund ist: Du weißt, kein Messias kommt. Du weißt: Vergeblich warten wir. Vergeblich in Ewigkeit.

O Kaiphas, Bruder, du kannst mich für meine Worte zermalmen. Aber ich flehe dich an, im Gedächtnis an unsere gemeinsamen frühen Jahre, im Gedächtnis auch an die uns

gemeinsamen Geheimnisse, erlaube mir, hoffnungslos zu
sterben! Erlaube mir, die Nacht zu sehen, die uns umgibt!
Erlaube mir, meine Verzweiflung zu leben, ehe der Tod
mich erlöst!

*(Dieser Brief wurde nie einem Schreiber zur Reinschrift gegeben,
geschweige denn expediert. Statt dessen ein kurzes Billett:)*

Deine Entscheidungen haben mich nicht übermäßig über-
rascht. Ich nehme sie zur Kenntnis und unterwerfe mich ih-
nen.
Ein Gerücht besagt, mein Sohn Aristobul sei zu dir auf
Zion gerufen worden.
Ist das wahr?
Ich möchte über alles unterrichtet werden, was meinen
Sohn betrifft. Auch ein Kranker hat noch Rechte.

*Antisthenes, Arzt, Philosoph und Dichter,
an den geschätzten Eljakim, Priester und Gutsbesitzer
zu Sison bei Emmaus*

Am 6. Tag vor den Nonen des Julius
Verzeih, lieber Freund, daß ich dir, statt selbst zu dir zurück-
zukehren, heute nur diesen Zettel schicke.
Ich wollte, wie du weißt, nur einen kurzen Abstecher nach
Megiddo unternehmen, um die sagenhaften Bauten Salo-
monis in Augenschein zu nehmen. Nun aber hat mich
eine unerwartete Begegnung von diesem Vorhaben ab-
gelenkt.
Ich fürchte, ich werde doch etwas länger unterwegs sein.
Mein großes Gepäck, meine Bücher und Schriftrollen lie-

gen bei dir auf dem Gomer. Laß sie liegen, ich brauche sie
jetzt nicht. Sie warten auf meine Rückkehr.
Übrigens, lieber Freund, die Tage bei dir waren köstlich.
Du hast wirklich dein Bestes für mich getan.
Auf bald. Auf bald.

Aristobul ben Eljakim
an seine Mutter Esther, Herrin zu Hebron

Am 18. Tammuz

Alles Gute, meine liebe Mama, und einen Kuß an diesem
goldenen Morgen. Ich glaube, meine Reise ins Jordanland
steht unter einem guten Stern. Ein unerwartetes Glück hat
sich eingestellt. Ich kann es noch kaum glauben.
Nun, du kennst ja meinen Auftrag: dem Prediger Jochanaan nachzureisen, ihm auf den Zahn zu fühlen, seinen Anhang zu durchleuchten. Alles gut und schön. Doch – ehr-
lich gestanden – auch ein wenig beschämend. Ich hätte mir
in einem Winkel meines Herzens doch einen besseren, einen gewichtigeren Auftrag erhofft.
Wie dem auch sei: Eine erste Probe muß bestanden werden. Ich werde tun, was ich kann.
Ich ritt sofort von Jeruschalaim ab, nordostwärts die Straße
nach Tiberias. Bei Accraba überraschte mich die Nacht.
Ich blieb in der Herberge, aber kaum hatte ich mich dort
niedergelassen, als ein neuer Gast eintraf. Und wer war es?
Du errätst es nicht. Es war Antisthenes, Vaters Arzt, ein
Grieche, den ich drei Tage zuvor auf Sison getroffen habe.
Er begrüßte mich, wie mir schien, hocherfreut.
Dann verbrachten wir den Abend gemeinsam. Ich erzählte
ihm von meinem Auftrag, er erzählte mir davon, daß er auf

37

dem Weg nach Megiddo sei. Plötzlich aber änderte er seine
Pläne. Megiddo, so meinte er, könne warten. Auch mein
Vater könne warten: Er sei ohnehin ein kranker Mann, der
keine Geschäfte mehr zu besorgen habe. Ob er, Antisthenes, in drei Tagen oder in einer Woche oder deren zwei
nach Sison zurückkehre, das könne so viel nicht ausmachen. Kurzum, er wolle mich begleiten.

Begleiten? Ich staunte.

Antisthenes lachte über mein Staunen:

–In Griechenland würde kein junger Mann darüber staunen, wenn sich ein älterer ihm anschließen wollte.–

Ich erwiderte: Bei uns Juden sei es üblich, daß sich Junge an
Alte anschließen und nicht umgekehrt.

Im Augenblick wurde Antisthenes ernst, nickte und sagte:
Ja, er wisse wohl, die Juden seien das tugendhafteste Volk
auf Erden.

–Und das Unglücklichste!– fügte ich hinzu.

–Unglücklich? rief er, keineswegs.– Ein Volk, das so bedeu-
tend sei, dürfe sich niemals für unglücklich halten.

Dann begann er unser Land zu loben, seine lieblichen Fluren, seine Küsten, Hügel, Städte.

Als ich ihm erwiderte, das alles könne uns doch nicht hin-
wegtrösten über unsere Ohnmacht und unsere Abhängig-
keit von Rom, da sagte er etwas sehr Seltsames:

–Du hast recht, sagte er, das römische Volk beherrscht die
Welt. Aber die mächtigsten Römer werden von einigen
hundert klugen Griechen geleitet, und diese wenigen hundert klugen Griechen werden von einem Dutzend weiser
Juden beraten. So ist der Weltlauf – allem Anschein zum
Trotz – das Werk der Machtlosen, ein Werk jüdischer Weisheit.–

Ich wußte nicht, was ich antworten sollte. O meine Mutter, wie war mir zumute! Ich bin aufgewachsen in dem Be-

wußtsein, einer armen unterdrückten und verzweifelten Nation anzugehören. Alle Völker dieser Erde habe ich für glücklicher gehalten als das unsere. Und nun kommt dieser Grieche, der die ganze Welt zu kennen scheint, und gerade er behauptet solche Dinge!

Zwölf Stunden später

Der schöne Tag hat gestern mit einer Enttäuschung geendet. Als wir, mein neuer Freund und ich, an *die* Stelle des Jordans gelangten, von der man uns gesagt hatte, Jochanaan habe dort in letzter Zeit gepredigt, getauft und sogar Wunder vollbracht, fanden wir die Stelle verlassen vor.

Weit und breit war nichts zu sehen von einer Volksmasse, nichts von einem Prediger oder gar Wundertäter. Der Platz war verwüstet wie solche Plätze zu sein pflegen: zertretenes Gras, abgerissene Zweige, Kochstellen mit verkohlten Resten, Aas und Fliegen.

Ich war bestürzt und versuchte Antisthenes so rasch wie möglich fortzubringen, um ihm den abscheulichen Anblick zu ersparen. Aber er lachte nur und sagte, genauso sehe es auf den Fluren vor Athen aus, wenn die eleusinischen Feste stattgefunden hätten.

Schließlich trafen wir noch drei, vier Männer, Fischer aus Tiberias und Kapharnaum.

Sie haben diesen Jochanaan gehört und, obwohl sie bestritten, zu seinen Jüngern zu zählen, hörte ich es aus ihren Worten heraus und las es von ihren Gesichtern ab, daß sie große Stücke auf ihn halten. Als ich sie scherzhaft darauf ansprach, ob sie in ihm vielleicht einen Messias vermuteten, verneinten sie, fügten aber hinzu: Jochanaan habe gesagt, ein solcher sei nahe und werde der Allergrößte sein und keiner würdig, ihm auch nur die Schuhriemen zu lösen.

Eilnachricht:
Aristobul ben Eljakim entbietet Seiner Heiligkeit
dem Hohenpriester zu Zion ergebenen Gruß

Am 19. Tammuz

Der Allmächtige, unser Gott, gepriesen sei sein Name, schütze und bewahre das ehrwürdige Haupt und spende ihm Weisheit, Kraft und Glück in diesem und jenem Leben.

Mit großer Dankbarkeit, verehrter Oheim, habe ich deinen Auftrag erhalten, dem verdächtigen Mann Jochanaan ben Zacharias nachzuforschen. Ich habe mich auch sogleich mit dem gebührenden Eifer auf den Weg und an die Sache gemacht und bitte nun um Erlaubnis, dir die ersten Ergebnisse dieser Nachforschung mitteilen zu dürfen. Daß diese Ergebnisse vorerst dürftig sind, erfüllt mich selbst mit dem größten Schmerz.

Wie aus meinen Weisungen richtig hervorging, hat sich besagter Jochanaan ben Zacharias in der Nähe des Jordans predigenderweise aufgehalten.

Er hatte viel Zulauf von Fischern, Bauern, Bettlern, Amhaarez also, die wenig Bedeutung haben; daneben sollen freilich auch Leute aus den höheren Ständen gesichtet worden sein. Andeutungen besagen, daß sich sogar etliche Leviten und Pharisäer in der Menge ausmachen ließen.

Die Auskünfte über Jochanaans Lehre lauten ziemlich verworren. Einige sagten, er habe die nahe Ankunft eines Messias verkündigt, andere wieder behaupteten, er habe nur zur Buße und Umkehr aufgefordert. Die meisten versicherten mir, er sei in keiner Weise auf Fragen des Zehnten eingegangen, er habe auch weder die Tempelbehörde, geschweige denn deine geheiligte Person mit herabsetzenden Worten zu erwähnen gewagt; Jochanaan forderte jene, die ihm am nächsten standen, auf, sich taufen zu lassen, das heißt, in den nahen Jordan zu steigen und die Köpfe unter Wasser zu stecken. Man sagt, daß sich diesem Vorgang etliche Hundert unterwarfen. Sie sollen danach in laute Jubelgesänge ausgebrochen sein.

Doch niemand wußte mir mit Sicherheit die Hauptfrage zu beantworten, ob Jochanaan in der Tat ein Essener sei oder den Essenern nahestehe oder jemals nahegestanden habe.

Leider – und das ist mein großes Mißgeschick – habe ich Jochanaan nicht selbst antreffen können.

Seine erste Predigtstation hatte er bei meiner Ankunft schon verlassen. Man sagte mir, er habe seinen nächsten Auftritt beim Weiler Gaon, ebenfalls am Jordan, angekündigt. Ich beeilte mich, ihm dahin zu folgen.

Doch leider ist er nicht eingetroffen.

Eine Menschenmenge von etwa tausend Köpfen erwartet ihn, wie ich, bis jetzt vergeblich.

Niemand hat eine Vermutung, aus welchem Grund Jochanaan verzögert ist. Auch etliche Jünger, die ihm vorausgegangen und schon aufgetaucht sind, können es sich nicht erklären. Man faßt sich also in Geduld, lagert, stimmt Lieder an, betet. Auch ich versuche mich in Geduld zu fassen.

Diesen Bericht schicke ich dir, lieber Oheim, mit Eilboten und bitte um weitere Weisungen.

Zweite Eilnachricht des Aristobul an Kaiphas

                              Am 22. Tammuz
Soeben Nachricht erhalten über Jochanaans Verbleib. Eine bewaffnete Rotte überfiel ihn auf dem Weg nach Gaon und entführte ihn südwärts in Richtung Jericho.

Unbestätigten Gerüchten zufolge sollen an dem Überfall Leute des Herodes Antipas beteiligt gewesen sein. Ich bitte dringend um neue Weisungen.

Kaiphas an Aristobul

Folge der Spur des Jochanaan!
Berichte genauer!

Dritte Eilnachricht des Aristobul
an Seine Heiligkeit den Hohenpriester

Am 24. Tammuz
Soeben in Erfahrung gebracht: Jochanaan nach Machärus verschleppt. Der Vierfürst selbst hat den Befehl gegeben. Ich reise nun dahin und werde mit allen Mitteln versuchen, in sein Gefängnis vorzudringen.

Aristobul ben Eljakim
an Maria, Tochter des Zephanja,
zu Med-schel

Am 22. Tammuz
Meine Maria, meine Freundin,
wenn du wüßtest, was gestern geschehen ist! O, wenn du wüßtest – oder hast du es gespürt?
Ich war in deiner Nähe und nicht bei dir.
Es war zur zweiten Stunde des Tages, also am Abend. Die Sonne ging unter über dem See, über den Hügeln, ich sah

sie untergehen über den Hügeln von Med-schel und Tiberias und konnte nicht zu dir.

Mein Herz klopfte, und meine Augen suchten jede Uferfalte und Bucht entlang, um ein einziges Häuschen des Hafens von Med-schel zu erspähen. Aber meine Pflicht wars, herüben zu bleiben und dem Jordan zuzureiten. Und darum, versteh mich wohl, mußte ich meiner Sehnsucht Herr werden. (Laß mich davon schweigen, wie schwer es mir fiel!)

Aber: Wenn alles gelingt, alles glückt, wenn ich mich allerhöchster Gunst würdig erweise, dann darf ich wohl auch handeln wie ein Mann. Dann darf ich mich für frei genug halten, zu entscheiden wie ein Mann, zu wollen wie ein Mann.

Und all mein Wollen strebt dir entgegen.

Kaiphas, Hoherpriester,
an seine Schwägerin Esther,
Herrin zu Hebron usw.

Am 28. Tammuz

Dein Söhnchen Aristobul, den du mir so warm empfohlen und als äußerst brauchbar, klug und wendig beschrieben hast, scheint mir, nach seinen vorläufigen Leistungen zu schließen, nun doch nichts weiter als ein recht tölpelhafter Junge.

Ich habe ihm zur ersten Probe die einfachste Aufgabe der Welt gestellt und ihn auf den Essener Jochanaan angesetzt. (Selbstverständlich weiß ich längst um diesen gefährlichen Mann Bescheid.)

Bis jetzt hat er den Prediger nicht einmal zu Gesicht bekom-

43

men. Das mag Pech sein. (Aber auch Pech ist manchmal un-
verzeihlich.) Schlimmer scheint mir, daß dein Söhnchen offenbar nicht ahnt, wie ein Bericht abzufassen ist.

Erstens bedanke ich mich bestens dafür, daß er mich als *hochverehrten* oder gar *lieben* Oheim anspricht. Ich kann mich
nicht erinnern, ihm eine solche Bezeichnung gestattet zu
haben.

Zweitens ist es wohl erstaunlich zu nennen, daß er Leviten
und Pharisäer unter den Zuhörern des Jochanaan erwähnt,
ohne sogleich auch deren Namen und Herkunft festgestellt
zu haben.

Drittens referiert er nur vage Gerüchte und ist offenbar
nicht imstande, konzise Aussagen zu treffen.

Ich will klar sehen, liebe Schwägerin, klar und nochmals
klar. Das ganze Land der Juden hat vor mir zu liegen, offen
und überschaubar wie ein Brettspiel, und nichts soll vor
meinen Augen verborgen oder auch nur verschleiert bleiben.

Diesem Ziel haben meine Emissäre zu dienen, und so wünsche ich auch von deinem Sohn bedient zu sein.

Sollte er sich in meinen Augen bewähren wollen, so mag
er, das darfst du ihm mitteilen, mehr Eifer, mehr Genauigkeit, mehr Scharfsinn beweisen.

Übrigens: Dieser Jochanaan sitzt jetzt in Machärus. Der
Vierfürst hat ihn schnappen und einlochen lassen. Warum
wohl? Kannst du's erraten?

Antisthenes, Privatgelehrter, derzeit auf Reisen,
an Pontius Pilatus, Procurator der Provinz Palästina,
derzeit zu Cäsarea

In der zweiten Woche des Monats Julius Glück und Segen dem edelsten Ritter, Richter und Procurator. Wie versprochen, schicke ich dir hier einen ersten Bericht über meine Reise durch das Land, das man dir zur Verwaltung überantwortet und zur Bezähmung übergeben hat.

Freue dich, mein Bester, denn hier wird dein Tatendrang eine Menge zu tun finden. Du kannst dir hier im Dienste Roms und unseres göttlichen Cäsars unsterblichen Ruhm erwerben. Das Volk, das hier lebt, scheint keinen heftigeren Wunsch zu empfinden, als von den Stiefeln deiner Legionäre niedergetrampelt und von der Schärfe deiner Waffen abgemurkst zu werden. Es lechzt nach Revolte oder anderen Abenteuern (und was Revolte und Abenteuerlust zur Folge haben, wo der römische Adler sein Krächzen ertönen läßt, das, lieber Freund, haben wir ja beide schon mit der Muttermilch eingesogen).

Nein, aber im Ernst, mein Alter! Ich weiß nur zu genau, daß du solche Scherze nicht liebst. (Du erlaubst sie dir höchstens selbst in der letzten Stunde eines nächtlichen Weingelages!) Du willst von mir lieber einen trockenen genauen Bericht, Zahlen und Fakten. Du bist in dieser Hinsicht ein Pedant; du bist vielleicht sogar in jeder Hinsicht ein Pedant – und es gehört für mich zu den Unbegreiflichkeiten des Weltlaufs, daß du einen solchen Bruder Liederlich wie mich unter deinen Vertrauten duldest.

Nun, endlich zur Sache.

Zuerst einmal begab ich mich nach Judäa, wo mich ein gewisser Eljakim auf seinem Landgut erwartete. Dieser, ein wohlhabender Zadduzäer, Bruder übrigens des regierenden Hohenpriesters, trotzdem Freund hellenischer Lebensart, hat mich aufs freundlichste aufgenommen und mich nach Strich und Faden verwöhnt. Leider ist er krank, und obwohl ich manchmal auch in der Heilkunst pfusche, halte ich es doch nicht lange in der Gesellschaft von Kranken aus. Der Anblick ihrer blutleeren grauen Haut, ihrer schwitzenden Stirnen, selbst ihr Geruch vertreibt mich. So habe ich mich erst einmal sachte davon und nach Galiläa aufgemacht.

Ein hübsches Land, weit angenehmer und freundlicher als das steinige und abweisende Judäa. Ölbaumgärten in gutem Zustand. Was den Weinbau betrifft, so zieht man hier einen niedrigen Rebstock mit recht süßen aromatischen Trauben. Getreidebau aber ist spärlich, die Bewässerungsanlagen sind häufig verfallen. Große Herden grasen alles ab, dadurch Gefahr für den Pflanzenwuchs, drohende Versteppung.

Als ich einen Gemeindevorsteher in einem kleinen Nest – ich glaube, es hieß Geschel – darauf ansprach, gab er mir eine merkwürdige Antwort: Die Urväter seines Volkes, Abraham, Isaak und Jakob, seien alle Hirten gewesen, und somit sei der Beruf des Hirten der beste für einen Israeliten.

Ich darauf: –Mein guter Mann, ihr werdet bald kein Korn mehr haben. Euer Land ist zu klein, als daß ihr es der Gefräßigkeit eurer Herden überantworten dürftet.–

–Zu klein?– Er sah mich verächtlich an. Es sei das beste Land der Welt. Im übrigen werde sein Volk bald über viel größere Reiche herrschen, und seine Herden werden in unermeßlichen Ländereien weiden.

Ich darauf: –Und was wird Rom dazu sagen?–

–ROM! ROM! ROM!!– Er durchbohrte mich mit seinen

Blicken. Ich hätte wohl noch nie gehört, daß Israel ein Messias verheißen sei. Er werde Rom zerschmettern!

Die letzten Worte *schrie* er mir ins Gesicht. Dann entfernte er sich hocherhobenen Hauptes wie ein König.

Ich dachte: Ein Narr, nur ein Narr. Und Narren gibt es ja allezeit und überall.

Doch leider: Dieser Art von Narrheit begegnest du hier auf Schritt und Tritt. Ein Beispiel: Über meinen Weg läuft ein krätziges Kind. Ich habe Mitleid mit dem armen Wurm, winke seiner Mutter, will sie mit einer Salbe beschenken. Sie aber verkriecht sich mitsamt ihrem räudigen Bankert, als wollte ich sie schlachten. Ein Mann entschuldigt sie: Sie glaube, die Hilfe eines Heiden bringe Unglück. Und überdies: Wenn der Messias komme, werde er ohnehin alle Krankheiten heilen.

Oder: Ich komme durch ein Dorf, es ist dieser siebente jüdische Tag, also Sabbat. In einem Gehöft ist ein Feuer ausgebrochen. Die Tür ist nicht mehr passierbar. Drinnen hört man das Vieh schreien. Die Leute stehen herum, keiner rührt einen Finger. Ich rufe: −So tut doch etwas, deckt das Dach ab, stoßt die Wand ein!− Ich mache mich erbötig mitzuhelfen.

Die Idioten starren nur ins Feuer.

Es ist ja Sabbat, jede Arbeit verboten.

Und: Wer den Sabbat bricht, verhindert das Erscheinen des Messias für weitere sieben Jahre.

So liegen die Dinge in diesem Land, mein Alter. Sogar hier in Galiläa, das du für gemäßigter und urbaner hältst als das fanatische Judäa. Ich frage mich: Was geht in diesem Volk vor? Es glüht vor Erwartung. Erwartung ist immer gefährlich. Dein Amt, Procurator, wird nicht ganz leicht sein.

Antisthenes, Arzt und Schriftsteller,
an den Priester und Gutsbesitzer Eljakim in Sison
(Auszug aus einem Brief)

Geneigter Gastfreund, Tage sind seit meiner Abreise vergangen. Doch je länger ich von dir getrennt bin, desto weniger gehen mir unsere letzten Gespräche aus Kopf und Sinn. (Wie schön war der milde Abend, und wie freundlich funkelten die Öllämpchen rings um deine Villa!) Laß mich versuchen, unsere Unterhaltung in diesem Brief fortzusetzen.

Voll Bitterkeit hast du bestimmte Umstände erwähnt, die deinem Land, deinem Volk anhaften. O ja, ich weiß! Ich reise mit offenen Augen durch diese Provinz, und ich lese mit kritischem Blick in euren Schriften. Doch es schmerzt mich, dich hadern zu hören, hadern mit deinem Gott, daß ER (wie sagt ihr doch: gepriesen sei sein Name?) es nicht verschmäht hat, Männer wie etwa deinen Bruder Kaiphas zum Hohenpriester erheben zu lassen. Der unwürdige Diener, so meinst du, untergrabe die Würde des Herrn.

Das, geschätzter Freund, scheint mir doch recht kurzschlüssig geurteilt.

Euer Jahwe wird von Urteilen dieser Art nicht erreicht. Euer Jahwe ist ein anderer Gott als alle anderen Götter, ein anderer vor allem als die Götter der Griechen (und Römer), die du, Eljakim, manchmal zu bewundern, um die du uns dann und wann sogar ein wenig zu beneiden scheinst.

Heitere Götter, sagst du, schöne Götter, freundliche Genien, die sich reizende Standbilder errichten, entzückende Tempel erbauen, die sich in bezaubernden Spielen feiern lassen, die sich herablassen, den Menschen nahe zu sein – in Bildern, Figuren, Zeichen, Riten, die sich den Händen der Menschen und ihren lebendigen Sinnen anvertrauen. Ja, du hast recht: Aphrodite thront als Alabasterfigürchen auf den Toilettetischen unserer Frauen; Ares zieht sein grimmstes Gesicht auf den Schilden der Soldaten; Apollon lächelt von Leiern und Zimbeln, auf denen zu lasziven Tänzen aufgespielt wird; und sogar für das Nachtgeschirr haben wir eine Göttin, die geduldige Cloaca, bereit. Einladend winkt sie dem nachdenklichen Benützer aus dem Grund des Gefäßes entgegen.

So menschlich sind unsere Götter! So menschlich, daß sie ehebrechen, lügen, stehlen, einander betrügen und das sterbliche Geschlecht ins Unglück hetzen. Wie sie sich selbst in ihren Bildern und Kulten zu unseren Puppen erniedrigen, so erniedrigen sie uns wieder und schauen ungerührt zu, wenn wir einander zerfleischen.

Nein, bester Freund, mit diesem Götterklüngel wird die Menschheit nicht mehr lange leben können.

Wenn sie ihre Selbstachtung nicht verlieren will, wird sie sich eines Tages – vermutlich in nicht ferner Zeit – nach einer anderen Weltregierung umsehen müssen.

Schon steigen allerlei Gestalten am Horizont empor, von denen sich vermuten ließe, daß sie nach der Zukunft greifen. Da ist Mithras auf seinem Stier, er gefällt den Soldaten; da sind die alten Götter Ägyptens Osiris und Isis in ihren Weihrauchsäulen; sie ziehen die morbiden Schichten der großen Städte an; ja, da gibt es sogar im fernen Nordland allerlei schweifende Geister, Feuer- und Winddämonen; unter Umständen könnten sogar sie etliche Anhänger finden.

Doch was sind sie alle im Verhältnis zu eurem Jahwe?

O gewiß, er ist ein strenger Gott.

Und ihr Juden habt nichts zu lachen unter seiner Gnade.

Aber nichts, was den Menschen zum Menschen macht, hat ihm jemals ein leichtes Leben beschert.

49

Das haben auch wir Griechen in einem Winkel unserer Seelen immer gewußt. Darum mischt sich in das Beste, das wir der Welt gegeben haben, immer ein Schatten Trauer, ja, ein Quentchen Verzweiflung mit ein. Freilich: Verzweiflung und Trauer werden bei uns so gerne weggelogen. Weggelogen zugunsten einer heiteren bunten vergoldeten Welt. Weil wir vorzügliche Steinmetze sind, bestücken wir die Erde mit reizenden Tempeln. Weil wir begabte Musikanten sind, erfüllen wir die Menschheit mit unseren Liedern. Und weil unsere Köpfe von Witzen klingeln, beschenken wir die Menschheit mit unseren Satiren und Sophismen.

Meinst du, daß wir damit die Welt erretten können?

Zu dieser Rettung bedarf es einer tieferen Wahrheit. Sie mag schwer in die Schulter dessen schneiden, der sie trägt. Und doch ist er zu beneiden. Ja, wahrhaftig! ich beneide euch Juden, ich beneide noch den letzten dreckigsten grindigsten Bettler eures Volkes, denn er hat, was wir alle, Griechen, Römer, Ägypter, Germanen, *nicht* haben: *Jahwe.*

Manchmal frage ich mich, ob ihr wohl genau wißt, was er bedeutet? Wenn ich euch beobachte, wie ihr ihn verehrt, die täglichen Gebete verrichtet, die euch vorgeschrieben sind, nickend, murmelnd, sich verbeugend, in der stumpfen Idiotie der Gewöhnung;

wenn ich mitanschaue, wie geschäftsmäßig die Opfertiere sortiert, gewogen, zu Markte gebracht und auf Zion geschleppt werden;

wenn ich euch mit Tefillins behängt in den Synagogen in den alten verstaubten Rollen stöbern sehe und in Streitigkeiten um Punkt und Komma eifern höre;

dann – dann frage ich mich wirklich: kennen diese Leute ihren Gott? wissen sie, was er bedeutet?

Nicht mehr und nicht weniger bedeutet ER, als daß die Welt, die ganze Welt, Erde, Meer, Himmel, das Uhrwerk der Gestirne so gut wie das Gewimmel der Tiere, *eine* Ursache hat, *einem* Willen gehorcht, *ein* Prinzip verwirklicht. Daß alles, was der Fall ist, auf IHN zurückweist, auf *einen* bewegenden Willen, auf *ein* Gesetz; ein Gedanke, so groß wie ihn die erleuchtetsten Gehirne anderer Völker nicht zu denken vermochten; Geheimnis und doch sonnenklar, daß es mich schwindelt und schaudert, doch schaudert vor Entzükken, an dem mein Herz ebensoviel Anteil hat wie meine Vernunft.

Und ich ahne, daß ihr, dieser meiner Vernunft – und der Vernunft vieler kommender Geschlechter – in diesem Jahwe noch eine unerhörte Aufgabe bevorsteht.

Mir ist, als müßte es Myriaden Menschen aufgegeben sein, diesem *einen* Gott nachzusinnen und IHM auf den Grund zu kommen. Jahrhunderte, vielleicht Jahrtausende wird es dauern, bis ER erkannt werden wird.

Eljakim, Herr zu Emmaus,
an Antisthenes, Arzt und Privatgelehrter

Deinen Brief habe ich erhalten, einen für uns Juden sehr schmeichelhaften Brief. Ich danke dir. Aber es wäre mir lieber gewesen, wenn du dein Versprechen gehalten hättest und aus Megiddo zurückgekehrt wärst, statt dich auf weitere Reisen zu begeben.

Aber welches Recht habe ich, dir vorzuschreiben, was du zu tun und zu lassen hast?

Ich weiß nicht einmal, wohin deine Reise geht. So schicke ich diesen Brief in dreifacher Ausfertigung an drei verschiedene Großherbergen Ostjudäas. Irgendwo mag dich dann eine Abschrift erreichen.

Auch mein Sohn ist unterwegs. Vielleicht triffst du ihn irgendwo. Der Reisende hat stets Aussicht, Nutznießer auch der unwahrscheinlichsten Zufälle zu werden. Der an seinen Wohnort, an sein Haus Gefesselte muß sich mit dem Elend des täglichen Trotts abfinden. Für ihn hält Fortuna keine Gaben bereit.

Ich bin seit acht Tagen kaum aus dem Bett gekommen. Aber was ficht dich mein Befinden an? Du bist zwar Arzt, aber du bist auch Weltmann. Ein solcher weiß seine Unabhängigkeit immer zu wahren.

Übrigens ist die Sendung phrygischer Weine angekommen, die ich – deinem Wunsch gemäß – in Tyros bestellt habe. Ich lasse sie ungeöffnet im Keller lagern. Sie erwartet deine Rückkunft.

Post Scriptum
Die Lektüre deines Briefes erweckt in mir die gegensätzlichsten Empfindungen. Glaubst du wirklich, teurer Freund, daß du mir auseinandersetzen mußt, was das Wesen unseres Glaubens ausmacht?

Doch erlaube die Frage: Wenn du unser Bekenntnis schon so unvergleichlich findest, warum ist es dann nicht imstande, uns glücklicher zu machen?

Eljakim, Gutsbesitzer zu Sion,
an Esther, Herrin zu Hebron

Zu meinem größten Verdruß habe ich von deinem jüngsten Streich gehört. Du hast unseren Sohn der Tempelbehörde als Spitzel angetragen und hast es auch erreicht, daß sein Name in die Liste der *Vertraulichen* aufgenommen worden ist. Esther, wie konntest du!

Hast du nichts Besseres für unseren Aristobul ersinnen können als diesen elenden Weg in die Knechtschaft eines Konfidentendaseins? Kennst du deinen Schwager Kaiphas so wenig und seinen Handlanger Mardochai? Oder ist dir das Schicksal unseres Sohnes, sind dir seine Ehre, seine Seele, sein Gewissen so gleichgültig? Ach Esther, ich bedaure es, daß ich dich zur Mutter dieses Knaben gemacht habe.

Alle deine Gedanken und Wünsche sind nur auf vergängliche Güter gerichtet, auf Gold, Landbesitz, auf Anteile an Bergwerken, Schiffen, Magazinen. Um deine Kassen zu füllen, ist dir jedes Mittel recht, auch Lüge, Verstellung, sogar Verleumdung. Nun aber mutest du deinem Sohn zu, ebenso zu handeln, ebenso zu heucheln, ja, Verleumdung und Ausforschung zu seinem Beruf zu machen. Noch ist er zu jung, um zu ahnen, welchem Verderben er entgegengeht.

Aber ich schwöre dir, ich werde nichts unversucht lassen, ihm seine Augen dafür zu öffnen, und auch dafür, welch ein Ungeheuer er zur Mutter hat.

Aristobul ben Eljakim
an Maria, Tochter des Zephanja,
in Med-schel

Meine Maria, als ich dir den letzten Brief schrieb, dachte ich nicht, daß es so lange dauern würde, bis ich zu dir zurückkehren könnte.

Ich dachte, mein Weg werde mich höchstens bis Jericho, doch keinesfalls darüber hinaus führen.

Ich bin nun noch weiter im Süden, noch weiter von dir

entfernt. Meine Maria, ich werde mich in Geduld fassen müssen.

Der Ort, an dem ich bin, heißt Machärus. Hast du jemals von ihm gehört? Er ist sehr traurig und sehr häßlich. Und ich weiß nicht, wie lange ich hier bleiben muß.

Wirst du begreifen, daß ich nicht anders kann?

Das einzige, was ich vermag, dich in meinen Gedanken ab-zumalen, wie du gehst und stehst, wie du den Weg zum Brunnen gehst mit dem leeren Krug und wie du zurück-kehrst mit dem gefüllten Krug, das schmale gewundene Gäßchen zwischen den Bachsteinmauern, das hinauf führt zu eurem Haus. Dann, o meine Maria, träume ich mich selbst in dieses Gäßchen und sehe dich mir näher kom-men, immer näher – und ich bin kühn und verstelle dir den Weg.

Ich sehe deine Stirn gerunzelt, denn du bist streng mit mir, und du sagst, ich solle dich gehen lassen. Aber ich fasse deine Hand, und siehe da, da lächelst du, kannst nicht an-ders, und vielleicht stellst du sogar den Krug ab und dul-dest, daß ich mit deiner Hand mir über die Wange streiche. Wie zart sind deine Finger, wie weich die rötlichen Finger-beeren, jede einzelne möchte ich küssen – und dann – dann streife ich den Ärmel deines Gewandes hoch und drücke die Innenseite deiner Handgelenke an meine Augen, diese zarten Gelenke, deren Haut innen so hell ist, daß sie von blauen Äderchen schimmert. Und nun fällt mir ein, daß ich die Innenseite deiner Hände noch nie betrachtet habe, deine Handflächen mit den Linien, in denen – wie man sagt – das Schicksal des Menschen geschrieben steht. Ich su-che sie mir vorzustellen und schaudre vor Sehnsucht und Wollust – und wünschte nur eins, nur eins: daß aus diesen Linien nichts anderes als unser gemeinsames Schicksal zu le-sen sei.

Schreib mir, ich bitte dich. Ich weiß, dein guter Bruder hats dich gelehrt. Ich lege dir Geld bei für den Boten.

Da ich nicht weiß, wohin der Weg mich noch führen wird: Schick deine Briefe von nun an immer an die Amme Jiska im Haus meiner Mutter zu Hebron. Sie ist treu, sie wird uns nicht verraten. Noch darf meine Mutter nichts von uns beiden wissen.

Doch einmal kommt der Tag.

Wie schön wird er sein!

Maria, Tochter des Zephanja in Med-schel,
an Aristobul über Jiska, die Amme,
im Hause der Herrin zu Hebron

Aristobul, du mein Geliebter, dein Brief kam gestern. Der Bote hat mich im Weingarten entdeckt. Niemand hat ihn gesehen. Wie herrlich, daß ich deinen Brief lesen kann. Ich küsse jede Zeile, jeden Buchstaben. Jeden Stein, den dein Fuß hier in Med-schel betrat.

Ich kann nur sehr schlecht schreiben. Aber ich rede zu dir, Tag und Nacht. Dein Name ist auf meinen Lippen allezeit. Doch darf ich ihn aussprechen? Ich darf ihn nur flüstern, wenn ich allein bin. Dann erschrecke ich und schaue ängstlich um mich. Hat mich jemand gehört?

So zittere ich.

Höre! Martha sagt, ich bin verloren, wenn ich dich liebe. Verloren. Kannst du dir denken, was sie damit meint? Martha ist gut. Ganz gewiß. Auch Lazarus ist gut. Warum sagen sie: Ich kann verlorengehen?

Komm zu mir, wo du auch bist, komme nur ja zu mir zurück.

Esther, Herrin zu Hebron,
an die sogenannte Kalliope, Wirtin zu Tiberias

Du wirst dich wundern, einen Brief von mir zu erhalten.
Man hat mir erzählt, daß du, meine ehemalige Kammerfrau
Chara, jetzt ein Wirtshaus in Tiberias führst. Welcher Art
dieses Haus ist, wollte man mir nicht näher mitteilen. Aber
ich kann es erraten.
Schämst du dich nicht? Wer jemals der Herrin von Hebron
gedient hat, hätte es, denk ich, nicht nötig, so zu enden.
Nun aber, das ist deine Sache.
Hier sind fünf Denare. Ich schicke sie, weil ich einen Dienst
von dir erwarte.
In dem Dorf Med-schel nahe an Tiberias soll es ein Mädchen geben namens Maria, Tochter eines gewissen Zephanja. Über sie und ihre Umstände hast du mir sogleich
möglichst genaue Auskunft zu geben.

Chara, vulgo Kalliope, Wirtin zu Tiberias,
an die hochgeborene Herrin Esther zu Hebron

Ich küsse meiner Herrin die Hände und danke für das Gna-
dengeschenk als unwürdige Dienerin, gestatte mir aber die
Freiheit zu nehmen, Euer Gnaden zu beschwören, daß das
Haus, das ich führe, keineswegs dem Verdacht entspricht,
den Euer Gnaden anzudeuten belieben, daß es vielmehr
ein sehr gutes bestbeleumundetes ist und sehr vornehme
Gäste aufzunehmen die Ehre hat. Wie hätte sich denn auch
die treue Chara, die Euer Gnaden so oft zu loben die
Gnade hatten, so sehr vergessen können?
Was Euer Gnaden allergnädigsten Befehl betrifft, so liegt

hier die Aufzählung aller Umstände bei, die betreffs der Frauensperson zu erfahren waren. Ich darf alleruntertänigst hinzufügen, daß es nicht leicht war, den Auftrag auszuführen, da betreffende Frauensperson samt Familie ziemlich zurückgezogen lebt.

Nachschrift: Leiden Euer Gnaden noch immer an Haarausfall? Möchte sehr gutes vorzügliches Gegenmittel anbieten. Euer Gnaden treue Chara wären hochbeglückt, solches vermitteln zu dürfen.

Auskunft: betrifft Maria, Tochter des Zephanja in Medschel. Eltern kleine Gutsbesitzer, durch Unglücksfälle verarmt. Vater Zephanja ben Urias, vor zehn Jahren gestorben, Mutter Sara, vor neun Jahren gestorben. Drei Geschwister: Martha, Lazarus, bewußte Maria.

Selbige fiel als Kind schlechter Gewohnheiten wegen auf, da sie in Mondnächten schlafend herumging. Lernte später als andere ihres Alters spinnen und weben; ist aber Lesens und Schreibens kundig. Seit einem halben Jahr mannbar.

Derzeit noch ungeschwächte Jungfrau, lieblich, aber nicht auffallend, am auffallendsten reiches gelocktes Haar. Linkes Auge leicht schielend, zwinkernder Blick, wahrscheinlich kurzsichtig. Wird von älterer Schwester oft gescholten. Diese wie auch der Bruder noch unvermählt, selbiger ziemlich kränklich.

Esther, Herrin zu Hebron,
an Eljakim ben Joseph zu Sison

Deinen törichten Brief habe ich erhalten. Lieber Freund, du tobst, du nennst mich ein Ungeheuer, ja du bezichtigst mich der schlimmsten Todsünde, die ein Weib begehen kann, der nämlich, den eigenen Sohn ins Unglück zu stürzen.

Bravo, bravo, mein großer guter tüchtiger Gatte, vorbildlicher Vater, tapferer Kämpfer für das Glück deines Kindes. Bravo! (O Gott, welche Bitterkeiten überwältigen mich!) Was hast du denn getan, um unserem Aristobul eine glückliche, gesicherte Kindheit zu bescheren? Du saßest über deinen Schriften und hast gegrübelt. Was hast du getan, um ihn zu erziehen, in die Welt einzuführen, ihm eine Stellung zu schaffen?

Du hast dein Vermögen und deine Zeit an Bücher und Dummheiten verschwendet. Du hast geträumt, *philosophiert,* so nennt man das seit neuestem, hast deine Güter vernachlässigt, deine Fischteiche verschlammen, deine Steinbrüche veröden, deine Weinberge verwildern lassen. Dafür hast du Taugenichtsen aus Cäsarea, Korinth und Athen ein angenehmes Leben verschafft, hast sie in Byssos gekleidet, auf Purpurkissen gebettet, hast sie waschen, salben, massieren und mit den köstlichsten Leckerbissen füttern lassen. Du hast dich nicht entblödet, ihre Sitten anzunehmen, sogar Schnecken sollst du mit einem dieser Kerle gegessen haben (unreine Tiere, möchte ich meinen, wenn Kaiphas das erführe!!!) und hast die Tempelbehörde gegen dich aufgebracht. Und zuletzt hast du dir dann noch dieses famose Leiden zugelegt, das dich lähmt und aushöhlt, heute ein Fieberchen, morgen ein Krämpfchen, übermorgen sonst etwas...

Eljakim, Mann, faß dich doch selbst am Bart und sag, was blieb mir übrig, als Aristobul dorthin zu delegieren, wo der arme Junge schließlich doch noch etwas werden kann.

Esther, Herrin zu Hebron,
an ihren Sohn Aristobul,
derzeit in Machärus

Am 15. des Monats Ab (1. August)
Segen und Glück auf dein Haupt, mein Junge. Deine Mutter umarmt dich und hat nur den einen Wunsch, dich bald munter und gesund bei sich zu haben.

Mein Schatz, mein Knabe, nun bist du in Machärus, eine greuliche Gegend, nicht wahr? Ich habe diese Festungen rund um das Salzmeer immer scheußlich gefunden. Doch – was hilft's, du bist nun einmal da, du hast eine Aufgabe zu lösen – so oder so. (Eine nächste wird dich hoffentlich in freundlichere Gegenden führen.)

Das dir gestellte Problem ist offenkundig etwas kompliziert. Der, den du ausforschen sollst, sitzt selbst in sicherem Gewahrsam. Ist er damit am Ende und aus dem Spiel?

Hüte dich, Lieber, das anzunehmen!

Jochanaans Gefangennahme ist unter sehr verschiedenen Gesichtspunkten zu beurteilen.

Vor allem: Ich warne dich anzunehmen, daß der Mann, der ihn festsetzen ließ, auch sein Feind sei. Ganz im Gegenteil.

Ich habe gute Gründe zu glauben, daß der Vierfürst Herodes nicht Jochanaans Feind, sondern sein heimlicher Verehrer, womöglich sogar sein Anhänger ist.

Erstaunlich, nicht wahr?

Aber meine Informationen stammen aus sicherer Quelle,

aus der sichersten, die es in diesem Falle gibt, von Herodias selbst, von des Vierfürsten Gattin.

Sie haßt den Jochanaan. Er hat sie des Vierfürsten *Hure* geschimpft – und in gewisser Hinsicht ist sie das auch. Seit sie ihrem ersten Gatten, dem sanften Philippus, davonlief und samt ihren Katzen, Hunden, dressierten Affen, Pfauen und nicht zuletzt mit ihrem Töchterchen Salome aus dem armseligen Panäas über den Galiläischen See nach dem viel komfortableren Tiberias übersiedelte, seither wettert dieser Jochanaan gegen sie und verdammt sie als Ehebrecherin.

Schon damals, vor Jahren, verlangte Herodias, man solle ihm das Maul stopfen. Aber Neu-Gatte Herodes geriet ins Zittern. Dieser Herodes Antipas ist zwar ein Idumäer, in mancher Hinsicht jedoch auch ein echter Jude: Obgleich selbst nicht gerade ein Tugendbold, duckt er sich vor jedem, der sich als Mann Gottes gebärdet. Und dieser Jochanaan – wahrlich, er gebärdet sich so.

Hat dir Mardochai nicht angedeutet, mit welcher Sorte Mensch du es zu tun haben wirst?

In unserem Volk gehen ja seltsame Neigungen um, seit jeher schon. Wer die Geschichten der Propheten liest, kann sich davon überzeugen. Da ist eine Neigung zu Einsamkeit und abgelegenen Wohnorten, am liebsten in der Wüste; eine Neigung zu langen Gebeten, Fasten, Kasteiungen, vor allem, wenn sie von Visionen begleitet sind. Man bewundert den Mann, der sich selbst nur in rauhe Felle wickelt und jede zivilisierte Kleidung verschmäht; für heilig gilt, wer Gras ißt wie das liebe Vieh, womöglich Heuschrecken und derlei Gewürm. Ein solcher Mann ist Jochanaan – und das bewundert der Vierfürst an ihm, der selbst natürlich lieber schlemmt und hübsche Frauen beschläft.

Klarerweise kennt er den Haß der Herodias gegen den heiligen Mann. Er hat ihn bis jetzt immer beschützt und gewähren lassen, wo dieser auch auftrat. Doch wer weiß, was sich Herodias in letzter Zeit ausgedacht hat? Je dicker und häßlicher sie wird, desto empfindlicher wird sie für jeden Tadel. Mag sein, daß sich der Vierfürst dachte: Vorgebaut ist besser als nachgesehen! So jedenfalls seh *ich* es: Um Jochanaan vor Heriodias' Nachstellungen zu retten, hat er ihn in Machärus eingebuchtet.

Jedenfalls: Kaiphas will Jochanaan weiterhin beschatten lassen. Auch zwischen Festungsmauern scheint ihm ein Mann mit prophetischen Gaben verdächtig. Also beschatte ihn, mein lieber Junge. Sei klug, genau – oder gib dir doch den Anschein von Genauigkeit! So wie Kaiphas beschaffen ist, hört er lieber zehn vage Verdächtigungen von harmlosen Leuten als eine klare Auskunft, die Gutes vermeldet. Denn den Verdächtigungen wird er sofort Glauben schenken, hinter der guten Auskunft aber tückische Machenschaften vermuten.

Also sei auf der Hut, mein Junge, und vor allem: nenne Kaiphas nie deinen *verehrten* oder gar *lieben Oheim*. Das verträgt er nicht.

*Notizen des Aristobul
über seinen Aufenthalt in Machärus*

Am 12. des Monats Ab
Seit fünf Tagen in Machärus. Habe mit Antisthenes zusammen eine kleine Herberge unterhalb der Festungsmauern bezogen. Konnte trotz großer Bemühungen noch nicht zu Jochanaan vordringen. Der Vierfürst hat Weisung gegeben, ihn vor aller Welt abzuschließen. Trotzdem empfängt der

Gefangene Besuche, doch nur von solchen, die sich als seine Jünger ausweisen können.

Um so ärgerlicher, daß man mich abweist.

Antisthenes meint dazu: Seine Wächter haben entweder große Furcht vor dem Vierfürsten oder noch größere Ehrfurcht vor Jochanaan.

Ehrfurcht vor einem Gefangenen?

Wie reimt sich das zusammen?

Meine Versuche, sie zu bestechen, blieben bis jetzt jedenfalls vergeblich.

Nicht einmal meine Andeutung, ich sei im Auftrag des Hohenpriesters hier, hatte irgendeine Wirkung. Hätte ich mich am Ende als Jünger des Jochanaan ausgeben sollen?

Ich fürchte, ich habe noch viel zuzulernen.

Zwei Tage später

Zu dumm. Mein Versuch schlug fehl. Ich habe mir ausgedacht, es mit einer verdeckten Bestechung zu versuchen. So ließ ich in der Taverne meinen Geldbeutel unter die Bank gleiten. Doch als ich ging, lief mir einer der Wächter nach und brachte ihn mir. Keine Münze fehlte.

Und doch *muß* ich mit Jochanaan sprechen. Wenn nicht mit ihm, so doch mit einem seiner Jünger.

Antisthenes lacht schon über mein Mißgeschick. Das kränkt mich.

Anderntags

Gestern ist Antisthenes aufgebrochen, um die alten Stätten von Sodom und Gomorrha zu besichtigen. Ihn interessieren die Lava- und Aschenberge, die sich dort befinden sollen. Ich erzählte ihm von den bösen Geistern, die, nach vielen Zeugnissen, dort umherschweifen und nach Opfern suchen. Obwohl er aufmerksam lauschte, hatte ich nicht das

Gefühl, daß er meinen Erzählungen Glauben schenkte. Er hörte sie eher an wie erdichtete Fabeln. Antisthenes ist überhaupt ein sonderbarer Mann. Manchmal glaube ich, er halte viel von uns Juden und neige sogar dazu, unseren Glauben anzunehmen. Dann wieder merke ich nur Spott aus seinen Worten, einen freilich irgendwie traurigen Spott, so als trauere er über sich selbst und darüber, daß er spotten müsse. Ist das die Wirkung hoher Gelehrsamkeit?

Am 19. Ab (4. August)
Endlich, endlich habe ich einen Mann kennengelernt, der sich zu den Jüngern des Jochanaan zählt.
Er hat den Gefangenen besucht. Als er Machärus wieder verließ, schloß ich mich ihm einfach an. Ich tat, als sei ich einer der Pilger, die nach Jeruschalaim ziehen. Wir wanderten miteinander Meile um Meile. So brachte ich ihn zum Reden, zum Reden über Jochanaan, über die Essener, über andere merkwürdige Ereignisse, die sich in letzter Zeit in Galiläa zugetragen haben sollen.
Ich wage es kaum niederzuschreiben: aber mir gefiel, was der Mann erzählt.
Mir gefiel es sogar sehr.
–Die Essener, so sagte er, wissen, daß die Wende der Zeit nahe ist.–
–Die Erde ist alt, so sagte er, und viele Geschlechter sind schon hinabgegangen ins Totenreich. Doch wir, die wir heute leben, werden nicht hinwegschwinden wie Schatten ohne Spur. Wir sind gerufen. Auf uns weist der Geist der Verwandlung mit flammendem Finger, auf jeden einzelnen von uns.–
Ich fragte: –Woher wollt ihr das wissen?–
Er antwortete: –Aus der Gemeinschaft. Wer die Gemeinschaft erreicht hat, hat das Licht erreicht. Die Gemeinschaft

verwirklicht das Licht, das in den Menschen ist. In der Gemeinschaft wird das Wort vernommen, und das Wort macht heilig und rein.–

Dann erzählte er mir, wie Jochanaan lebt und wie die Brüder leben, die noch in Qumran sind und ihn, Jochanaan, ausgeschickt haben, weil er von ihnen allen der Heiligste und Reinste ist.

Und so kam es dann, daß er mir alle Sitten und Gesetze der Essener erklärte.

Die Essener leben ein Leben der Heiligung. Sinnliche Lust kennen sie nicht, es sei denn die Lust der Augen, wenn sie Himmel und Erde und die Blumen des Feldes betrachten. Vermählen wollen sie sich nicht und auch keine Kinder zeugen, denn sie glauben, daß eine neue Schöpfung vorbereitet wird. Doch bringt ihnen jemand ein Kind, das vater- und mutterlos im Elend gefunden wurde, so nehmen sie es auf und hegen es liebevoll.

Eigengut haben sie nicht, weder Land und Haus, noch Vieh und Geld. Nicht einmal der Mantel, den sie tragen, soll ihnen gehören, auch nicht die Bücher, in denen sie lesen. Alles gehört der Gemeinschaft.

Ein Reicher, der zu ihnen stößt, bleibt nicht reich, und ein Armer nicht arm, denn jeder wird gleich ernährt, gleich gekleidet, jeder sitzt mit jedem am Tisch. Wunderbare Stille herrscht in ihren Häusern. Gelassenheit und Geduld sind in ihren Gesprächen. Alles, was sie tun, soll mit Güte getan sein. Alles, was sie tun, soll die Erde heiligen.

Das erzählte mir der Mann, den ich begleitete.

Ich fragte ihn: –Und Umsturz sinnen sie nicht, diese Essener?– Er blieb stehen und betrachtete mich ruhig, lange, von oben bis unten. Dann fragte er dagegen: –Meinst du, daß sie auf Umsturz sinnen?–

Ich glaube, ich wurde rot. Ich beeilte mich zwar zu versichern, nein, ich dächte keineswegs Böses von ihnen…, dennoch muß er etwas erraten haben von meinen Gedanken, von meinen Plänen und Zwecken. Er verabschiedete sich und ging weiter. Ich sah ihm nach. Zuerst ging er wie er bisher gegangen war, mit gemessenen Wanderschritten. Dann aber sah ich ihn laufen, eilig davonlaufen, so als fürchtete er, daß ich ihm heimlich folgte oder ihn gar verfolgte. Wie tief war ich beschämt.

Wieder vier Tage tatenlos in Machärus verlegen. Antisthenes ist aus der Gegend von Sodom zurückgekommen, enttäuscht, müde, schlecht gelaunt. Er scheint die Hitze in dieser Gegend nur schlecht zu vertragen.
Heute sprach er davon, daß er nach Sison zurückkehren wolle. Mein Vater habe ihn sehr gut aufgenommen. Mein Vater sei überhaupt ein vorzüglicher Mann. Vielleicht sei es ein Fehler gewesen, ihn allein zu lassen. Er leide an einer Krankheit, die nicht so leicht zu durchschauen sei. Möglicherweise fehle es ihm nur an einem guten Freund oder, fügte Antisthenes hinzu, an einem treuen Sohn.
Was wollte ich ihm sagen? Konnte ich ihm den Zwist meiner Eltern schildern?

Heute, so habe ich in Erfahrung gebracht, bekommt Jochanaan wieder Besuch. Zwei Jünger sind aus Galiläa gekommen. Dort soll schon wieder ein neuer Prophet aufgestanden sein. Welch eine Verwirrung. Was soll ich Kaiphas berichten, wenn es mir auch diesmal nicht gelingt, zu Jochanaan vorzustoßen?

Maria hat mir geschrieben. Ach, du mein geliebtes Kind. Sie drohen dir, du gingest verloren, wenn du mich liebtest. Du fragst: Wie soll das zugehen?

Gott behüte, daß du je begriffest, was sie meinen. Du wunderbares, du reines Mädchen.

Wozu sitze ich denn eigentlich hier in diesem verfluchten Nest, in dieser Felsburg am Rande der Welt, und streiche vergeblich um einen Gefangenen, den die einen einen Heiligen Mann (ist er wirklich heilig?), die anderen einen gefährlichen Aufwiegler und Volksverführer nennen (wen kann er aufwiegeln, wen verführen?). Und doch muß ich hier aushalten, um meine Mutter nicht zu enttäuschen, um meinen Oheim zu bedienen, um in der Liste der *Vertraulichen* zu bleiben, womöglich aufzurücken, womöglich an die Spitze zu gelangen. Nur dann kann ich hoffen, daß ich tun darf, was ich will ... und was will ich schon als dich, Maria?

Nein, auch diesmal kein Weg zu Jochanaan.

Rasch, beinahe hastig zogen die beiden Jünger nach ihrem Besuch wieder ab. Als ich es wieder versuchte, mich – als harmloser Pilger getarnt – ihnen anzuschließen, verhielten sie sich so ganz abweisend, als hätte sie schon jemand vor mir gewarnt.

Was wird Kaiphas von mir denken?

Und Maria?

Wäre sie ein Mädchen aus reichem Haus, alles wäre leichter. So aber fürchte ich meine Mutter. Sie liebt mich sehr. Manchmal denke ich, es wäre besser, sie liebte mich weniger. Dann schäme ich mich meiner Gedanken.

Am 17. Elul (3. September)

Heute gab es eine gewaltige Aufregung hier in Machärus. Irgend jemand sprengte das Gerücht aus, der Vierfürst wolle hierherkommen, er wolle seinen Geburtstag hier auf der Festung feiern.

Seit Jahren sei er nicht mehr da gewesen.

Und eben jetzt...

Natürlich war das Gerede sofort in aller Mund. Der Schloßhauptmann tobte und begann das Gesinde hin- und herzu-
hetzen. Irgend jemand begann sogar, in den Höfen aufge-
häuften Unrat abzutragen. Ich lief zu Antisthenes in die
Herberge, um mich mit ihm zu besprechen. Aber er
schlief. Beinahe den ganzen Tag verschlief er.

Am Abend war das Gerücht wieder verstummt.

Vermutlich war es nichts weiter als leeres Gerede.

Schade. Die Ankunft des Vierfürsten hätte meine Lage vielleicht verändert.

Heute habe ich Jochanaan zum erstenmal gesehen. Nur
von weitem habe ich ihn erblickt. Aber – welch ein Mann!

Es war am Morgen. Ich hatte, wie schon öfters, den West-
turm der Festung erstiegen und stand dort, um den Sonnenaufgang über den moabitischen Bergen zu sehen. Da bemerkte ich, daß sich unten im Hof des Nordturms die
kleine Pforte öffnete. Zwei Männer traten heraus. Den einen kannte ich, er war mir als der Kerkermeister des Jochanaan bezeichnet worden. Der andere mußte Jochanaan
sein.

Der Hof des Nordturms ist mit Lorbeerbüschen und Aga-
ven ringsum bewachsen. Dennoch sah ich ihn einige Augenblicke lang ganz deutlich.

Er ist ein sehr großer Mensch, knochig, hager, sein Haupt-
haar ist lang und sein Bart breit und schon von grauen Sträh-
nen durchzogen. Um die Lenden trug er ein weißes Tuch,
auf seinem Rücken – so schien es mir wenigstens – ein
schwärzliches Fell, doch da seine Hautfarbe sehr dunkel
und seine Schultern und seine Brust dicht behaart sind, so
könnte ich mich auch geirrt haben.

Der Wärter trat hinter ihm aus der Pforte. Ich hatte den Eindruck, daß er Jochanaan nicht so sehr als Gefangenen denn als Pflegling oder Gast behandelt. Von Ketten konnte ich jedenfalls nichts bemerken. Der Wärter trug einen Becher und stellte ihn auf einen Mauervorsprung. Dann ließ er Jochanaan allein.

Der heilige Mann wandte sich gegen Osten, also in meine Richtung und kniete nieder. Er breitete die Arme aus und begann zu beten. Der Ausdruck schmerzlichen Entzückens erschien auf seinem Angesicht. Dann beugte er sein Haupt über das niedere Mäuerchen, das vor ihm war. So kniete er lange und tief geneigt, fast wie über einen Richtblock geneigt. Ich weiß nicht, was mich an diesem Anblick so erschreckte. Ich stand nun da und blickte auf den Mann hinab, dem ich nun schon seit Wochen vergeblich gefolgt bin. Einen Augenblick lang dachte ich daran, ihn zu rufen. Aber ich scheute mich, seine Andacht zu stören. Ich hätte Lust gehabt, zu ihm hinunterzuklettern oder zu -springen. Aber ich wußte ja, das war unmöglich. So lief ich auf meinem Ostturm hin und her, hin und her auf der Plattform zwischen den Zinnen und beklagte mein Mißgeschick und stand dann wieder still, um Jochanaan zu beobachten.

Schließlich erhob er sich und blickte auf. Mir war, als heftete er seine Augen auf mich. So stand er lange, ohne sich zu rühren.

Auch ich stand oder kniete da und war wie erstarrt. Was ging mir in diesen Minuten nicht alles durch den Kopf? Die entsetzlichen Verdächtigungen, die man mir über ihn zugetragen hatte. Die Worte seiner Jünger. Die Prophetien unserer heiligsten Bücher. Und sein eigener Ausspruch, den man mir vermittelt hatte: Es komme einer nach ihm, dem die Schuhriemen zu lösen er, Jochanaan, nicht würdig sei.

68

Woran dachte er nun, wie er so dastand und zu mir empor-
blickte. Kannte er mich? Erkannte er in mir einen Verwandten des Hohenpriesters? Einen aus den Listen der *Vertraulichen?*

Oder dachte er gar nicht an mich, der ich da oben über den
Zinnen des anderen Turmes hing? Nahm er mich überhaupt wahr? Oder dachte er an den anderen, den EINEN,
den zu verkünden er, wie er sagte, gekommen sei?

Kennt er seinen Namen? Kennt er IHN?

Und würde er sich, wenn es je gelänge, ihn zu befragen,
würde er sich herablassen, mir diesen Namen zu nennen?

O ungeheure, schreckliche, beseligende und herzzerrei-
ßende Augenblicke. Ich weiß nicht, wie lange sie dauerten.
Sie fanden ihr Ende, als der Kerkermeister zurückkam. Er
trat aus der Pforte, berührte Jochanaans Arm und führte ihn
in den Turm zurück.

Schon waren die beiden verschwunden, als der Wächter
noch einmal zurückkehrte, um den Becher zu holen. Da er
ihn unberührt fand, trug er ihn vorsichtig, um nichts zu ver-
schütten, dem Gefangenen nach.

Und heute von neuem Aufregung in ganz Machärus. Das
Gerücht scheint sich doch zu bestätigen. Herodes Antipas
will hier aufkreuzen samt Hofstaat, doch ohne Herodias.

Esther, Herrin zu Hebron,
an ihren Sohn Aristobul,
derzeit Machärus

Mein Herzensjunge, mein Glückskind, wenn mich nicht alles täuscht, hast du mit diesem Auftrag in Machärus das große Los gezogen. Nein, wozu doch solche heiligen Männer, Fellkleidträger, Weiberfeinde und Heuschreckenfresser nicht gut sein können! Schatz, laß dich umarmen. Deine Mutter könnte vor Freude springen.

Du wirst es ja auch schon erfahren haben: Dein Felsnest über der Salzsee wird hohen und höchsten Besuch erhalten. Der Hof will dort feiern, daß sein allergnädigster Herrscher und König (König ... hmhm!) sein Wiegenfest begehen wird; und mit ihm der Hof, das heißt doch wohl auch die meisten einflußreichen Mitglieder der Verwaltung. Na, und da möchte ich doch einen Besen schlucken, daß mein Junge auf irgendeine Weise mit ihnen in Verbindung tritt! Wenn man erfährt, der Neffe des Hohenpriesters treibt sich in der Nähe herum, wird man sicher nicht verfehlen, diesen hoffnungsvollen jungen Mann in Augenschein zu nehmen. Mit einem Schlag kannst du in die wichtigsten Zirkel unseres Landes und am Ende sogar in die nächste Umgebung des Fürsten gelangen.

Ich kann doch deiner sicher sein, Aristobul, daß du dir diese prachtvolle Gelegenheit zunutze machst? Nicht, daß ich dir riete, vor dem Vierfürsten und seinen Leuten zu scharwenzeln. Das hast du, mein Sohn, Neffe des Hohenpriesters, Enkel des Zaddok, wahrlich nicht nötig. Edles Blut rollt in deinen Adern. Aber du weißt, und ich hab es dir oft genug eingeprägt: Mit alten Ansprüchen kommt man nur so weit, als sie sich mit gewissen aktuellen Tatsachen verbinden lassen. Und aktuelle Tatsache ist, daß Herodes Antipas zwar nominell nicht mehr König, aber doch Purpurträger und ein mächtiger Mann ist. Gib mir bald Nachricht. Ich brenne darauf.

Post Scriptum

Eine Neuigkeit jagt die andere.

Soeben höre ich: Nicht nur Herodes, sondern auch seine Gattin ist in Machärus zu erwarten. Sogar die kleine Salome soll mit von der Partie sein.

Was sagst du nun?

Nichts Besseres könnte dir passieren.

Die Damen spielen eine gewichtige Rolle in den Neigungen des Vierfürsten. Ihnen zu gefallen wird jetzt für dich die Hauptsache sein. Übrigens soll sich Salome zu einem ganz reizenden Fratzen herausgemausert haben. Ich hoffe, du wirst nicht versäumen, ein Fädchen anzuspinnen und deine – inzwischen schon berühmt gewordenen – schönen Augen wirken zu lassen.

Auguri, auguri. Dem Klugen lacht das Glück. Das hämmere dir ein. Und was sonst jemals in deinem hübschen Kopf herumgespukt sein sollte, das wird, so hoffe ich inständigst, jetzt doch wohl in alle Winde zerstoben sein.

Aristobul
an seinen Vater Eljakim ben Joseph

Der Heilige, gesegnet sei sein Name, schütze und behüte dich. Mein lieber Vater, du hast, wie ich höre, sehr abfällig über den Auftrag geurteilt, den ich durch deinen Bruder Kaiphas erhalten habe.

Du hast meine Mutter sogar bitter gescholten, daß sie sich

darum bemühte, meinen Namen in die Liste der *Vertraulichen* zu bringen. Ja, lieber Vater, ich weiß selbst nicht mehr, was ich von meinem Auftrag halten soll.

Ich will ihn einesteils erfüllen, denn ich habe diese Verpflichtung übernommen und gelernt, daß uns Juden eine übernommene Verpflichtung heilig sein muß.

Andernteils bedrückt mich das Mißtrauen, in dessen Auftrag ich handeln, ausforschen und spionieren soll. Mag es gegen manche Feinde unseres Glaubens und unseres Volkes gerechtfertigt sein, es scheint mir in dem Fall, der mir aufgetragen ist, höchst unnötig, ja geradezu absurd. Nennen wir uns denn nicht ein Heiliges Volk? Und nun sollen eben die Leute, die sich um vollkommene Heiligung bemühen, am verdächtigsten sein? In mir ist alles verwirrt.

Ich will gehorchen – und will es doch nicht.

Ich will ausforschen – und möchte am liebsten verehren.

Ich will mich tüchtig, verläßlich, treu erweisen – und möchte doch am liebsten in die Wüste fliehen und dort mit mir allein zu Rate gehen. Ich kann das meiner Mutter nicht schreiben. Sie verstünde mich nicht. Vielleicht verstehst du mich? Dein Arzt Antisthenes ist mit mir hier in Machärus. Mit ihm versuche ich dann und wann über meine Sorgen zu sprechen. Er ist gewiß ein hochgebildeter und weiser Mann. Trotzdem erfaßt er nicht ganz, was mich quält. Er zeigt zwar viel Verständnis für unseren Glauben, nicht aber für das, wozu uns unser Glaube verpflichtet, Heiligung. Heiligung – ja! und was auch immer darunter zu verstehen ist.

Seit einigen Tagen spricht man hier in Machärus davon, daß Herodes mit seinem Hofstaat hier erscheinen soll. Und seither spricht auch Antisthenes kaum noch von etwas anderem. Auch er ist offenkundig davon wie berauscht, daß sich ein Mächtiger nähert. Mit allerlei Tricks versucht er, den Schloßhauptmann dafür zu gewinnen, daß er und auch ich zu den Festlichkeiten eingeladen werden. Ja, natürlich werde ich mich dem Herodes Antipas vorstellen lassen, schon weil es meine Mutter zu wünschen scheint ... Aber was kann Antisthenes an Herodes gelegen sein? Ihm, einem Arzt, einem Weisen und Philosophen? Am Ende ist seine Weisheit und Philosophie doch nur Tünche?

Aristobul ben Eljakim, derzeit zu Machärus,
an Maria, die Tochter des Zephanja, zu Med-schel

Endlich, Maria, meine Maria, bin ich zu Jochanaan vorgedrungen. Ich habe nicht viel mit ihm sprechen können – und nur im Beisein des Kerkermeisters.

Gott, was habe ich erfahren.

Du, meine Geliebte, schreib mir nur sogleich: Ist dir zu Ohren gekommen, daß in Galiläa ein Mann lebt, von dem Jochanaan annehmen könnte, er sei ein Prophet?

Hast du in deiner Umgebung von einem Rabbi gehört, der anders predigt, mächtiger, als selbst Jochanaan am Jordan gepredigt hat? Einer der mit *Vollmacht* redet?

Einer (Gott, wag ich's niederzuschreiben?!), einer, der der *Messias* sein könnte?

Jochanaan sagte: –Die Zeit erfüllt sich.–

Und er sagte: –Was bin ich schon? Der Mond, der erbleicht, wenn der Morgen kommt, der Stern, der untergeht, wenn die Sonne naht.–

Er sagte: –Ich bin nichts, ich bin nur ein *Vorläufer.*–

Und er sprach: –Ich muß abnehmen, damit jener andere zunehmen kann.–

Er kennt *Ihn* also, Ihn, auf den unser Volk wartet seit tausend Jahren.

Und wenn ich ihn recht verstand, so müßte der Eine aus Galiläa kommen.

Schreib mir sogleich, Maria, höre dich um: am Brunnen, wo du Wasser schöpfst, am See, wenn du die Kleider wäschst, am Feld, wenn du Früchte pflückst, sogar am Markt (auch wenn kein ehrbares Weib am Markt herumhören und schwatzen darf). Aber all diese Vorschriften gelten nichts mehr, sie sind leeres Gerede, taubes Stroh. Ich schwöre dir, Maria, wenn *Er,* von dem da die Rede ist, hervortritt, dann wird alles, alles, alles ganz anders werden. Jede Träne wird getrocknet sein, auch unsere Tränen, Maria. Und niemand mehr wird trennen dürfen, die einander lieben.

Aristobul ben Eljakim
an Esther, Herrin zu Hebron

Am 15. Elul (30. August)

O Mutter, sie haben Jochanaan ermordet.

Bei ihrem Fest ermordet, die Verfluchten.

Ich habe den Schlag des Richtschwerts gehört.

Ich habe sein blutiges Haupt gesehen.

Es lag auf einer silbernen Schüssel.

Die Hure Herodias hat es gefordert. Herodes hat es geduldet.

Scheusal, Mutter, Scheusal.

Nie wirst du mich wiedersehen.

Eljakim ben Joseph
an Esther, Herrin zu Hebron

Rätselhaftes ist geschehen.
Gestern nacht ist Aristobul plötzlich hier bei mir auf Sison
erschienen. Er kam nicht durch das Tor, sondern durch den
Garten und durch die Hintertür herein. Ich war noch wach
und brannte ein Licht. Auf einmal stand er vor mir. Ich
kann nur sagen: sehr verändert.
Er wollte nichts essen, nicht einmal trinken, obwohl er of-
fensichtlich ganz erschöpft war. Als ich nach einem Diener
läuten wollte, entriß er mir die Glocke so heftig, daß ihr
Stiel abbrach. Als ich deshalb ein wenig schelten wollte, sah
ich, daß in seinen Augen Tränen standen. Zu meinem Entsetzen bemerkte ich, daß er am ganzen Leib zu zittern begann. Mit einem Aufschrei warf er sich an meine Brust und
weinte – wohl eine Minute lang – hemmungslos. –Was ist
geschehen? fragte ich. Was ist geschehen?–
Er riß sich los und drängte zur Tür. –Du wirst es erfahren,
sagte er. Das ganze Land wird es erfahren. Die ganze Welt
wird es erfahren. Aber mich frage nicht.–
Dann ging er. Er ging, wie er gekommen war, durch den
Hinterhof, durch den Garten, wohin? wohin?
Mir ist, als hätte er etwas von Galiläa gemurmelt.

Aristobul an Maria in Med-schel

O Maria, sie haben Jochanaan ermordet.
Nie wirst du begreifen, was da geschah.
Ich darf nicht denken, daß es um eines Weibes willen
geschah.

Ich liebe dich. Ich glaubte dich zu lieben.

Aber die Welt ist mir aus den Angeln gebrochen.

Esther, Herrin zu Hebron,
an ihren Sohn Aristobul

Was ist los? Ich traue meinen Augen nicht. Ein solcher Brief!

Scheusal, Mutter, Scheusal! Was soll das heißen? Wen erfrechst du dich als Scheusal zu bezeichnen?

Sie haben Jochanaan ermordet. Nun gut, was weiter? Die Großen dieser Welt haben ihre Launen wie jedermann. Sie toben ihre Launen aus, ob das nun klug ist oder nicht. Sicher wird es einige Aufregung geben im Lande über diesen Fall. Aber dich kann er doch nicht so sehr betreffen.

Das Problem Jochanaan ist augenblicklich aus der Welt geschafft. Darüber brauchst du dich nicht so aufzuregen.

Mein armer Junge, ich habe dich mit so viel Liebe und Sorgfalt aufgezogen und dich so sehr vor den harten Tatsachen des Lebens abgeschirmt, daß dich der jähe Tod des Heuschreckenfressers wohl ganz aus dem Häuschen gebracht hat.

Mein Sohn, mein Herzblatt, komm zu dir!

Begib dich, wenn ich dir raten darf, nach Jeruschalaim zurück. Erstatte Kaiphas Bericht. Dann warte geduldig, bis er dir eine neue Aufgabe anvertraut.

Er wird zögern, denn du hast bei der ersten nicht eben viel Glück gehabt.

Da er abergläubisch ist wie ein altes Weib, wird er das für ein ungutes Omen nehmen. Laß dich nicht verwirren. Halte aus.

Und ich bitte dich, schreib mir keine so fürchterlichen Briefe mehr wie den letzten.

Mir fällt ein, daß ich nicht einmal weiß, wo du dich jetzt aufhältst. Ich muß dich erst durch meine Boten suchen lassen. Welch eine Verwirrung!

Antisthenes, Arzt und Privatgelehrter, derzeit auf Reisen,
an Pilatus, Landpfleger von Judäa, derzeit Cäsarea

Am 5. Tag vor den Nonen des September (3. Sept.) Ich habe dir lange keinen Bericht erstattet, da ich viel unterwegs gewesen bin. Ich habe Jericho besucht, bin rund um das Salzmeer gezogen und habe schließlich auf der Festung Machärus längeren Aufenthalt genommen. Es ist an der Zeit, dir von den seltsamen Ergötzlichkeiten zu erzählen, die man uns dort geboten hat.

Ich muß vorausschicken, daß ich nur durch Zufall nach Machärus gelangte; ein junger Mitreisender hat mich dazu verführt, ein junger Jude aus reichem Haus, ein Neffe des derzeit regierenden Hohenpriesters, ein reizender Junge übrigens von achtzehn Jahren, der so manchem unserer Cäsareischen Freunde höchst angenehm ins Auge stäche. Auch ich wäre, wie ich gestehen muß, in früheren Jahren nicht unempfindlich geblieben für seine junge und gleichsam noch taufrische Männlichkeit. Doch da ich erstens über Jugendtorheiten hinaus und, zweitens, mit seinem Vater befreundet bin, der es als Jünger Moses gewiß sehr übelnähme, wenn … (du kennst ja die Empfindlichkeit dieser Leute in allen Sachen der Moral), so habe ich mich diesem Jungen ganz ohne hinterlistige Absichten angeschlossen, eigentlich nur, um auf meiner Reise nicht ganz allein dahinzutreiben.

Außerdem war der Bursche in einer Mission unterwegs, deren Ergebnisse auch mich interessierten. Als Kaiphas' Neffe in die *Liste der Vertraulichen* gesetzt, hatte er einem dieser merkwürdigen Heiligen nachzujagen, die das Land bevölkern (ich habe dir bereits in dieser Richtung Informationen zugeschickt). Ich war gespannt darauf, was bei der Erkundungsaktion wohl herauskommen werde, obwohl der damit betraute junge Mann Aristobul ben Eljakim alles andere als die Fähigkeiten eines geschickten Spitzels mitbrachte.

So zogen wir denn mit wenigen begleitenden Dienern erst einmal den Jordan abwärts und näherten uns dem Salzmeer. Man hat dich sicher über die Eigentümlichkeit dieser Gegend unterrichtet. Sie scheint keiner anderen Gegend der bewohnten Erde zu gleichen. Wie man mir glaubhaft versicherte, liegt sie tiefer als der Meeresspiegel in einer Art Rinne, in die sich das Gewicht des Himmels hinabsenkt und die die Gluten der Hölle erfüllen.

Galiläa ist das reinste Paradies gegen sie – und selbst noch die harten kantigen Kalkberge Judäas haben ihr viel an Lieblichkeit voraus. Immer schmaler wird der begrünte Uferstreifen des Flusses und immer unwirtlicher das steile Felsgehänge zu beiden Seiten des Tales. Vom frühen Vormittag an ist alles in weiße Hitze getaucht: Man flüchtet von Schattenfleck zu Schattenfleck. Aber wo gibt es noch Schatten? Die wenigen Bäume stehen dürr mit flappendem Laub. Und beinah senkrecht steht die Sonne. Die Straße liegt wie ausgestorben, und die Behausungen der Menschen gleichen Totenstädten. Man glaubt sich auf einen Bratenrost geworfen und möchte aufspringen und fliehen – doch wohin? Und mit Entsetzen mißt man den Tagesbogen, der noch zu durchmessen ist. Wie langsam wandert die Sonne, woher bezieht sie das tobende Gleißen, von dem man denkt, es könnte den ganzen Erdkreis in Flammen versetzen?

Endlich – endlich beginnen die lechzenden Kamele längere Schatten zu werfen. Die rot- und gelbgebrannten Westberge beginnen sich mit schwärzlichen Schattenhöhlen zu flecken. In verzweifelter Ungeduld erwartest du den Augenblick, da der Sonnenball die Gratlinie erreicht. Jetzt darf es Abend werden.

Aber wenn du nun erwartest, es werde eine lange milde Zeit der Dämmerung eintreten wie in unserem seligen Italien oder goldenen Hellas, dann irrst du. Dieses Land vergönnt seinen Kreaturen nur ungern einen Augenblick wohltätiger Erholung. Wie ein schwarzes Tuch fällt die Nacht herab. Wenn du Glück hast, geht der Vollmond wie eine schwefelgelbe Laterne auf. Auf jeden Fall aber leuchten die Sterne. Ja, die Sterne leuchten fast allnächtlich in nahezu unnatürlicher fürchterlicher Klarheit über diesem Land. Wie mit Diamantengriffel sind ihre Bilder in das Schwarz der Himmelskuppe eingeritzt, und die Milchstraße – in unseren Breiten ein zartes Schimmergewölk – wälzt sich hier wie die Rauchfahne eines unnatürlich weißen Feuers von Horizont zu Horizont. Einige Sternhaufen scheinen wie Trauben herabzuhängen, andere wie locker und leicht gedrahtetes Geschmeide. Das funkelt und zittert und ist in seiner Ferne und Stummheit so bedrängend, daß du, vom Tag aufs äußerste ermattet, doch nicht zu schlafen vermagst. Das Zelt ist aufgestellt, der Pfühl bereitet, aber du läufst im Freien umher, starrst empor, drehst das Genick, siehst da und dort eine Sternschnuppe blitzen – und bist schließlich froh, wenn gegen Morgen der Himmel erbleicht und das unbegreifliche Schauspiel zurücknimmt – nun möchtest du schlafen und in Träume versinken, doch da stehen schon deine Begleiter um dich herum und mahnen dich, dein Reittier wieder zu besteigen.

Ich habe in solchen Nachtstunden darüber nachgedacht, wie ein Volk geraten muß, das unter einem solchen Himmel lebt, tagsüber schmachtend in der Glut der Sonne, nachts an den Rand des Wahnsinns gebracht durch den Glanz der Gestirne. Monatelang keine Wolke, monatelang kein Regentropfen, kein Trost, keine Labung, wie ist so ein Land zu ertragen?

Hast du dich je mit der Geschichte des jüdischen Volkes beschäftigt? Ich habe einiges darüber gelesen. Ich wundere mich jetzt nicht mehr, daß seine Geschichte nicht wie die anderer Völker mit Schlachten, Besitzergreifungen, Städtegründungen und derlei beginnt, sondern ihren Anfang nimmt in der Schlaflosigkeit eines einzelnen Mannes. Dieser Mann, Abraham, litt unter dem Sternenhimmel seiner Wüstenheimat, der ihn nicht ruhen ließ, der ihn aus seinem Zelt lockte und ihm zusetzte mit dem furchtbaren fordernden Glanz, den er vermutlich für eine Erscheinungsform seiner Gottheit hielt.

Da begann er, so heißt es, die Sterne zu zählen.

Es war, wie sich leicht denken läßt, ein Beginnen, das zum Scheitern verurteilt war.

Aber ich meine, es war ein Versuch, des Immensen habhaft zu werden, eine Art Aufstand des Begrenzten gegen das Unbegrenzte und Endlose.

Es endete damit, daß es zwischen Abraham und dem Sternenhimmel (Erscheinungsform seiner Gottheit) zu einer mittleren Lösung, zu einem Kompromiß, kam.

Abraham gab das Zählen auf, also den Versuch, das Nichtzufassende zu fassen. Dafür wurde ihm die Verheißung gegeben, er werde zum Stammvater eines Volkes werden, das ebenso zahlreich sei wie das Gewimmel der Sterne (und das, obwohl er, bereits zu Jahren gekommen, bis dahin noch keinen einzigen Nachkommen gezeugt hatte).

Ein merkwürdiger Tausch, nicht wahr? Doch nicht ganz ohne Pfiff und Ingenium: denn das Immense, das sich dem Zugriff des menschlichen *Geistes* entzieht, entlohnt den Sterblichen mit der Aussicht, es durch die Kraft seiner *Natur* zu realisieren.

Und so geschah es denn auch. Der schlaflose Abraham wurde zum Stammvater einer zahlreichen Familie und damit der zwölf Stämme Israels, von denen du, teurer Freund Pilatus, etliche (und nicht eben die friedlichsten) als Landpfleger zu betreuen hast.

Nun aber weiter in meinem Bericht von dieser Reise!

Wir haben Jericho durchschritten, haben die Festung von Massada, ein großartiges Felsennest, von weitem erblickt (wehe dem, dem einfallen sollte, es je zu erobern) und ließen uns dann über das Salzmeer setzen. (Eine ekelhafte Brühe, in der kein lebendes Wesen gedeihen kann!)

Schließlich erreichten wir Machärus, nahe der Nabatäischen Grenze. Hier nämlich hoffte mein junger Begleiter seines Opfers habhaft zu werden.

Der Mann, den er ausspionieren wollte, ein gewisser Jochanaan, war nämlich inzwischen in Machärus festgesetzt worden. Irgendwelche obskuren Intrigen zwischen Herodes und seiner Kebse Herodias hatten zu dieser Festnahme geführt. Mein guter Aristobul war der Meinung, es werde ihm, dem Hohenpriester-Neffen, ein Leichtes sein, zu dem Gefangenen vorzudringen. Mitnichten. Der junge Mann verschwendete blankes Geld und gute Worte – und ich, wie es schien, meine Zeit. Schließlich hatte ich es satt, die rauhen schwärzlichen Mauern von Machärus anzustarren, und wollte schon mein Bündel schnüren, da trat eine Wendung ein.

Der Vierfürst sagte sich auf Machärus an: Er wollte hier sein Geburtstagsfest feiern.

Sofort änderte sich das Leben auf der Festung. War es vorher in ödem Schlendrian verlaufen, so kam es jetzt in wimmelnde Bewegung. Man schrie und rannte, schleppte und keuchte, schaufelte Hof und Gänge von Unrat frei, beschmierte verdreckte Wände mit Kalk, flickte Dächer und Pflaster, hämmerte, sägte, feilte. Aristobul und ich schauten staunend zu und amüsierten uns. Was da geschah, war nichts als ein Exempel dafür, daß die Großen dieser Welt (verzeih mir diese Keckheit, Pilate) unaufhörlich betrogen werden. Denn was Machärus vorher gewesen, ein dreckiges verkommenes Nest, war es nach drei, vier Tagen emsiger Bemühung nicht mehr: Es sah ganz schmuck und reputierlich aus, als hätte seine Besatzung nie etwas anderes getan, als ihre Burg zu putzen und ihre Waffen auf Glanz zu bringen.

Und dann kamen auch schon die ersten Vorboten des Hohen Besuchs: berittene Abteilungen, Wagenzüge voll Lebensmittel, kostbaren Weben, Badezubern, Ölkrügen, Lampen, Betten, Putztischen. Auch eine Gruppe Musiker rückte ein, einige von ihnen aufs prächtigste gekleidet. Kurz und gut, der staunende Beobachter bekam eine Probe davon zu sehen, wie die Großen unserer Zeit zu leben pflegen, auch wenn sie nur als Unterfürsten und als Mietlinge Roms von der Gnade unseres Cäsars naschen.

Endlich war alles bereit, und am Vorabend seines Geburtstages zog Herodes in Machärus ein.

Selbstverständlich hatte ich mich mit dem Zeremonienmeister des Vierfürsten in Verbindung gesetzt und für mich und Aristobul die Erlaubnis erwirkt, am Empfang und später auch am großen Saalfest teilzunehmen.

Zuerst hatte es geheißen, Antipas komme allein, also ohne

Herodias: Er wolle nur mit dem intimeren Teil seines Hof-
staats, also ungestört in lustiger Gesellschaft feiern. (Jedermann weiß ja, daß die beiden im Streit miteinander leben.)
Doch hat sie ihm einen Strich durch die Rechnung gemacht. Sie ist ihm nachgereist und hat ihn in Jericho abge-
paßt. So konnte er sie nicht mehr abschütteln. Vielleicht
wollte er es auch gar nicht mehr. Denn Herodias führte ihre
Tochter mit sich, die kleine Salome.

Der Einzug des Hofes vollzog sich, wie sich solche Einzüge
für gewöhnlich vollziehen: Fanfarenstöße, Trommelwirbel,
Geschrei. Der Vierfürst traf als erster ein. Du kennst ihn,
ich brauche ihn dir nicht zu beschreiben. Du hast ihn einmal eine mit Hobelspänen gefüllte Puppe genannt. Das ist
er! Nachfahre eines großen, wenn auch verbrecherischen
Vaters, trägt er noch immer an seiner Herkunft. Zu viele seiner Brüder und Verwandten sind den Dolchen und Giften
des alten Herodes erlegen. Die Furcht, denselben Dolchen
oder Giften zu erliegen, hat diesem Antipas das Mark aus
den Knochen gesogen. Dennoch konnte ich mich bei seinem ersten Anblick einer gewissen Erschütterung nicht er-
wehren. Ich weiß nicht, warum – aber er kam mir wie ein
Verurteilter vor.

Gleich darauf keuchten die Lastträger heran, die die Sänfte
der Herodias schleppten. Ihnen folgten, mit leichter Last
beinahe tänzelnd, die Sänftenträger der Salome.

Wundere dich nicht, verehrter Freund, wenn ich dich jetzt
mit der genauen Beschreibung der beiden Frauen heimsu-
che. Sie werden in dem folgenden Bericht die Hauptrolle
spielen.

Ich beginne mit Herodias.

Hast du sie je zu Gesicht bekommen? Wenn ja, so hoffe ich
für dich, daß das schon längere Zeit her ist. Es gibt Leute,
die behaupten, Herodias sei noch vor zehn Jahren eine

Schönheit gewesen – und deshalb habe sie auch den Vierfürsten betört. Ich weiß nicht, ob diese Leute nicht mit Blindheit geschlagen waren, denn ich kann mir kaum vorstellen, daß dieser Koloß fettquellenden Fleisches, dieser Ausbund ordinärer Abscheulichkeit jemals etwas Betörendes an sich gehabt haben kann. Mir jedenfalls blieb der Atem weg, als ich sie schnaufend, schwitzend, furzend und unförmig wie eine Kröte aus ihrer goldenen Sänfte kriechen sah, laubfroschgrün bekleidet, mit Schmuck behängt, eine kegelförmig getürmte, brennrote Perücke auf dem Kopf.

Dem schütteren Händeklatschen der Menge antwortete sie mit einer Grimasse. Dann wankte sie, auf zwei Dienerinnen gestützt, in das Tor des Palastes.

Inzwischen hatte man auch die zweite Sänfte abgesetzt, ein sehr zierliches Coupé aus gedrechselten blaugrün- und silbern bemalten Säulchen, und blaugrün und silbern war auch das Wesen, das ihm entschlüpfte: ein junges Mädchen, fast noch ein Kind, anmutig wie eine Gazelle, blitzend wie eine Eidechse. Der Applaus der Menge schwoll an: Das Mädchen lachte, grüßte, winkte, warf einige Münzen, raffte sein Kleid und wieselte Herodias nach in das Tor des Pallas.

–Wer ist das? fragte ich Aristobul.

–Es muß Salome sein, sagte er, die Tochter der Herodias. Meine Mutter hat mir von ihr geschrieben.–

Ich staunte. Wie hatte ein solches Scheusal ein so anmutiges Wesen hervorbringen können? Aber gleich darauf hatte ich noch mehr Grund zu staunen, denn Salome kehrte zurück. Sie schien etwas in ihrer Sänfte vergessen zu haben. Statt eine Dienerin zu schicken, sprang sie selbst herbei. Dabei streifte sie dicht an uns vorüber. Ich bilde mir ein, daß sie uns beide ansah, Aristobul und mich. Sie hat ganz helle Augen, sie, eine Tochter dieses Landes, das doch nur Dun-

84

kel- ja Schwarzäugige hervorbringt; ganz helle Augen, wie ich sie nur bei Germanen aus dem äußersten Norden gesehen habe; die Iris meerfarben blaugrau, dunkelblaugrün umrandet; Haar und Wimpern sind freilich schwarz, auch die Brauen, die fein und gebogen sind, als wären sie mit Tusche gemalt.

Diese Augen, Pilatus, diese Augen! sie gehen mir nicht aus dem Kopf. Hast du je in den Ländern zwischen Nil und Euphrat einen helläugigen Eingeborenen gesehen, es sei denn, er stammte aus einer Gegend, in der germanische Legionen in Quartier liegen?

Was bedeuten solche Augen im Köpfchen einer Prinzessin?

Ganz offiziell wird sie als Kind und Erbin des verlassenen Herodes Philippus bezeichnet. (Der Hahnrei sitzt als zweiter Vierfürst in seiner tristen Gaulanitis.) Salome soll eben vierzehn Jahre alt geworden sein. Hilf meinem Gedächtnis nach, Teuerster – war damals vor vierzehn, knapp fünfzehn Jahren nicht wieder einmal so ein kleiner Krieg gegen die Parther im Gange, bei dem eine germanische Legion zum Einsatz kam? – Nein, nein, ich höre schon auf zu lästern. Man weiß nie, in wessen Hände ein solcher Brief fällt.

Nun, kurz und gut. Der Hof war angekommen. Das Fest war vorbereitet. Was sollte schiefgehen?

Die Musiker probten auf ihren Instrumenten. Die Seiltänzer probten auf ihren Seilen. Noch immer wurden Weinschläuche in die Festung gekarrt. Mastochsen standen bereit und ganze Käfige voll Enten, Kapaunen und Wachteln.

Aristobul ließ sich beim Vierfürsten melden. Er hoffte, endlich zu seinem Jochanaan vordringen zu können. Aber er antichambrierte vergeblich. Antipas war entweder betrunken oder mit einer seiner Buhlerinnen beschäftigt – oder damit, sich mit Herodias erbitterte Wortgefechte zu liefern. Man hörte ihr Gebell und Gekeife bis in die Vorhöfe.

An Jochanaan wollte Antipas jedenfalls nicht erinnert sein. Mein guter Aristobul war untröstlich.

Um es kurz zu machen: Erst knapp vor dem Fest erlangte er die Erlaubnis, den Gefangenen aufzusuchen. Ich begleitete ihn. Man führte uns auf einer engen Spindeltreppe bis in das dritte Stockwerk unter den Nordturm (es ist tief in den gewachsenen Felsen eingehöhlt). Da war ein Gitter vor einem Verlies, darin – in Augenhöhe – eine Art Steinbank: Jochanaans Gefängnis. Da lag er oder hockte auf einem Bündel Stroh, in schwarzer Finsternis. Ich sah – im Licht des Kienspans, der uns leuchtete – nicht mehr von ihm als ein Paar knochenhagerer Beine, schwielige Knie, hornige Sohlen, die Nägel der schwärzlichen Zehen wie Klauen gebogen.

Aristobul sprach ihn an.

Aus dem Dunkel kam Jochanaans Stimme, erst leise, abwehrend mürrisch, bald aber belebter, anschwellend, mächtig, die Stimme eines Volksredners, die Stimme eines Mannes, der von seiner Sache überzeugt und der Wirkung seiner Worte sicher ist.

Leider sprachen beide nur Hebräisch. Ich verstand kein Wort. Aristobul schien sehr bewegt. Einige Male zwängte er seine Arme durch das Gitter, so als flehte er den Gefangenen an, aus seiner Höhle hervor und in den Lichtkreis des Kienspans zu kommen. Doch der Gefangene blieb droben im Dunkeln. Die Unterredung dauerte nicht lange.

Der Kerkermeister kam und sagte, wir müßten wieder gehen. Der Vierfürst habe befohlen, kein Fremder dürfe zu Jochanaan. Aristobul konnte sich kaum losreißen. Zuletzt fiel er auf die Knie und rief, morgen werde er wiederkommen.

–Morgen, rief er noch auf der Treppe, morgen, morgen.–

Eine Stunde später begann das Fest.

Ich habe mir sagen lassen, daß sich die Juden in früherer Zeit viel darauf zugute getan haben, daß auch die Vornehmen so einfach und karg lebten wie Bauern. Sogar Leute, die weite Ländereien besaßen, auch Reeder und erfolgreiche Händler verschmähten Luxus, Aufwand und entsprechende Vergnügungen.

Nun hat man umgelernt, auch hier, wie überall; auch hier am Rande der Wüste hat man gelernt, feine Küche zu schätzen, üppige Kosmetika zu gebrauchen und seine Glieder in kostbare und immer kostbarere Gewänder zu hüllen. Vor allem aber hat man offenbar auch hier gelernt, ausgiebig zu feiern. Aber wie soll man feiern, wenn schon jeder Tag erlesene Genüsse bietet?

Man muß sich etwas einfallen lassen, etwas Besonderes. Da der Kitzel des Gaumens nicht mehr ausreicht, auch nicht Musik, Berauschung durch Wohlgeruch und schwere Weine, muß man nach schärferen Reizen suchen, und seltsamerweise sollen dann diese schärferen und süßeren Reize mit Gegenreizen vermischt sein, Wollust mit Schaudern, Verwöhnung mit Grauen. Gewisse Beängstigungen werden gesucht, ein Frieseln der Nerven, ein Frösteln der Furcht mitten im platten Behagen. Von diesem Verlangen leben, wie du weißt, nicht nur die berühmten Gladiatoren in Rom und Neapel, sondern Hunderttausende in allen Ländern des Reiches, Scharen von Gauklern, Seiltänzern, Akrobaten, Schwertschluckern, Feuerfressern, Schlangenbeschwörern und so fort. Dieses bedauernswerte Gelichter fristet sein Leben davon, daß es sein Leben pausenlos aufs Spiel setzt, als wäre es nichts. Und es scheint auch in der Tat nichts zu sein. Haben wir nicht beide damals in Delphi ganz wohlgemut zugesehen, wie die Köpfe der Wagenlenker an den Marmorschranken der Rennbahn zerschellten? –

oder in Athen, wie der ungeschickte Messerwerfer seiner Partnerin den Bauch aufschlitzte?

Die Menge tobte Beifall, und obwohl wir an diesem Beifall nicht teilnahmen, waren wir uns doch darin einig, daß auch unser Vergnügen an solchen Darbietungen nur daher stammt, daß das tödliche Mißlingen jeweils miterwartet werden kann. Wer riefe denn auch: Haltet ein, es ist genug. Die Neugier schwingt immer noch einmal die Peitsche, und das Vergnügen geht weiter.

Aber ich schweife ab.

Nun also – dieses Fest. Es fand in dem Saal statt, der die Mitte der Burg Machärus und fast zwei Stockwerke des Hauptgebäudes einnimmt. Die Wände – aus rauhem Gestein, nur teilweise mit Marmor inkrustiert. Die Decke aus grob zugehauenen Zedernbalken. Drei sehr hohe Säulen feinster Arbeit lassen vermuten, daß sich Bauherr Herodes wie gewohnt auch hier aus einem älteren, wahrscheinlich ägyptischen Tempel bedient hat. Ausgebreitete Teppiche und aufgespannte bestickte Weben konnten das Unfertige, Unbehauene, Barbarische des Raumes kaum verhüllen. In erzenen Kandelabern brannten Fackeln, sie gaukelten zusammen mit unzähligen angesteckten Öllichtern und qualmenden Rauchbecken etwas wie einen prachtvollen Festraum vor, verzehrten aber auch die Atemluft, so daß schon vor dem Festmahl eine beinahe unerträgliche Schwüle herrschte. Dazu der unausgesetzte Lärm von Zimbeln, Trommeln und Pfeifen.

Der Vierfürst lag in der Mitte des Saales auf einem breiten, mit vergoldeten Gurten bespannten Bett zwischen zwei Weibspersonen, die ihn teils zu füttern, teils zu necken, teils mit feuchten Tüchern abzutupfen hatten, denn er schwitzte sehr. Herodias, heute feuerrot gekleidet, wieder mit der fatal scheußlichen roten Kegelperücke auf dem

Kopf, saß neben dem Bett auf einem Lehnstuhl mit gewaltigen, maulaufreißenden Löwenköpfen. Obwohl sie die beiden Buhlerinnen anfeuerte, den Vierfürsten gut zu bedienen, war doch zu bemerken, daß sie vor Eifersucht glühte. Von Zeit zu Zeit, wenn ihr das Gehabe der Buhlerinnen gar zu gewagt schien, ergriff sie eine Art Tyrsusstab und stach sie damit, dann und wann stach sie auch den Fürsten, ziemlich derb sogar, doch immer so, daß es noch wie Nekkerei aussehen konnte.

Unter großem Geschrei wurde ein gebratener Ochse hereingeschafft und ausgeteilt. Dann Gerichte von Fischen, Geflügel, Früchten. Dann folgten die Vorführungen von Seiltänzern, Schwertschluckern und Hahnenkämpfen. So ging es einige Zeit hin, bis sich – die meisten waren schon berauscht – unter ohrenbetäubendem Trommelwirbel etwas wie ein großer Reif in der Form einer Königskrone von der dunklen Decke löste und an Schnüren über das Bett des Vierfürsten und den Thronsessel der Herodias herabgelassen wurde. Der gesamte Hofstaat klatschte und trampelte Beifall, als wollte er damit bezeugen, daß dem Antipas und seiner Gattin (oder wie Herodias sonst zu benennen wäre) königliche Ehren gebührten, obwohl doch jedermann weiß, daß ihnen Rom die königliche Würde verweigert hat. Ich staunte über die Frechheit dieses Theaterzaubers und hätte schon nicht übel Lust gehabt, das Fest zu verlassen, da aber geschah etwas noch weit Merkwürdigeres (und ich denke heute darüber nach, ob das Erscheinen der Krone dafür nicht nur den Auftakt gegeben habe?).

Es wurde still im Saal, und aller Augen wandten sich in *eine* Richtung. Hinten zwischen den Säulen huschte etwas Glänzendes heran, und als es hervortrat, war es ein reizender Aufzug. Zwei Mädchen trugen eine Schüssel, eine aus Silber getriebene große Muschel. Auf dieser stand eine Gestalt.

89

Ich weiß nicht, warum ich dachte, es müßte Salome sein, denn die Figur war ganz in silberglänzende Schleier gewikkelt. Hoch stand sie aufgerichtet, offenbar mit erhobenen Armen, denn aus dem obersten Knoten des Schleiers blickten zwei spielende Hände hervor.

Salome! dachte ich wieder und wollte es doch nicht glauben, daß es Salome sei. Denn seit wann erlaubt man sich, Prinzessinnen als öffentliche Tänzerinnen zuzulassen? Die Menge grölte und klatschte, als sie mit federndem Sprung vor dem Bett des Antipas landete. Dann wurde sie wieder still. Denn Salome begann zu tanzen. Ihr Götter, welch ein Wesen! Ihr Götter, welch ein Tanz!

Geneigter Freund und Kumpan so mancher verschwärmten Nacht, haben wir nicht in Korinth und Capua die berühmtesten Tänzerinnen auftreten gesehen? Bezaubernde Mädchen, die unsere Sinnlichkeit aufregten, die noch in den kältesten Greisen die Reste ihrer Männlichkeit entflammten.

Nichts, nichts davon bei dieser Salome. Noch scheint sie nicht einmal Weib zu sein. Ihre Brüste sind flach, ihre Lenden sind eckig. Ihr Körper scheint nicht dazu gemacht, in Liebesnächten genossen zu werden, geschweige denn, zu empfangen, zu tragen und zu gebären. Keine der Phantasien, die ein Weib sonst zu entzünden vermag, wird von ihr aufgestachelt. Und doch habe ich noch keiner Tänzerin mit so atemloser Spannung zugesehen.

Ihr Schleier fiel, das heißt, er wurde der Länge nach von ihrem zarten blitzschnell kreiselnden Körper abgewickelt. Darunter trug sie nur ein Schuppenhemd aus winzigen Silberplättchen. Es ließ Arme und Rücken frei, und wenn sie die Beine grätschte, so sah man die nackte, noch kindlich unbehaarte Scham.

Aber noch nie habe ich einen behenderen Körper erblickt.

Schritte, Sprünge, das Schnellen der Arme, der Beine, das Kreisen des Kopfes und das Spiel der Finger – das alles schien mir in einem unnatürlich gesteigerten Wirbel zu schwirren, fast so wie man die Flügel bestimmter Falter schwirren sieht, wenn sie honigsaugend über Blüten stehen. Wer hatte dieses Geschöpf dazu gebracht, sich so zu bewegen? Wer hatte ihre Gelenke, ihre Muskeln und Sehnen zu dieser Biegsamkeit gedrillt? Wer – und mit wieviel grausamer Inständigkeit! – hatte sie gelehrt, von den Füßen auf die Hände, von den Händen auf die Füße zu springen und sich zugleich dreimal um die eigene Achse zu drehen? Sie tanzte, als hätte sie kein Gewicht und als wäre ihr Körper dazu gemacht, mit der rasenden Geschwindigkeit einer Sternschnuppe vor unseren Augen vorüberzuflirren.

Und so sah ich sie tanzen, nicht wie man einen Menschen tanzen sieht, sondern wie eine Puppe, die ein Gott oder vielmehr ein Dämon in rasende Eile versetzt hat: Sie versinnbildlichte in diesem Augenblick alle Laster der Welt. Selbst gefühllos und unfähig, auch nur die geringste Lust zu empfinden, erinnert ihr Puppentanz an alle Lüste, stellt alle Lüste in Aussicht. Wer ihr folgt, muß sich zu Tode bringen. Sie aber ist schon tot – und damit unsterblich.

Am Schluß raste sie noch radschlagend um das Bett des Vierfürsten. Mit einem letzten Satz sprang sie an den Kronreif und fiel von dort zu Antipas Füßen nieder. Da lag sie – so gut wie nackt – einige Sekunden. Die beiden Mägde, die ihren Schleier hielten, stürzten herbei, wickelten sie ein und trugen sie durch die nun tobende, schreiende, stampfende, klatschende Menge hinaus. Man trommelte, zimbelte, stieß in Fanfaren. Der Kronreif schwang an den Schnüren noch hin und her.

Ich wollte gerade aufstehen, um mir nach der langen Zeit des Sitzens und Zuschauens ein wenig Erholung zu verschaffen, da merkte ich, daß sich der Vierfürst erhoben hatte und heftig und schwankend, denn er war schon stark berauscht, in die Richtung winkte, in der Salome auf ihrer Muschel verschwunden war. Und schon wurde sie wieder hereingebracht, wieder auf Schultern getragen, diesmal sitzend, noch nach Atem ringend, aber schon umgekleidet, in einem lichtgrünen Chiton, mit einem juwelenbesetzten Band im Haar. Mit einer schmeichlerischen Bewegung glitt sie dem Vierfürsten in die Arme. Der ganze Saal dröhnte von Beifall.

Es war klar, daß sie Lob erwartete; sie hatte sich Lob verdient. Es war auch klar, daß sie Belohnung erwartete; und auch Belohnung hatte sie verdient. Sie hatte zu Ehren ihres Stiefvaters getanzt und durfte eines Geschenkes sicher sein.

Jedermann rechnete damit, daß er sich großzügig zeigen werde. Doch niemand rechnete mit dem, was nun erfolgte.

Das erste war, daß Antipas die beiden Buhlerinnen, die ihn befächelten, von sich und seinem Bett hinunterstieß. Das zweite, daß er Salome mit beiden Armen an sich schloß und an sich drückte. – Kind, sagte er und suchte seine Zunge zu bemeistern, du hast herrlich getanzt. Für diesen Tanz kannst du fordern, was du willst. Was du willst, ich werd es dir geben. – Geben, wiederholte er, geben, geben! – Und als er merkte, daß alles horchte, aufhorchte, ja, daß etwas wie ein Erschrecken durch den Saal flutete, da trumpfte er noch einmal auf: –Und wär es mein halbes Reich.–

Salome starrte ihn offenen Mundes an. Ihre meerfarbenen Augen begannen zu glänzen. Man sah geradezu, wie ihre Gedanken zu kreisen begannen, Gedanken, Wünsche, Phantasien, süße Tollheiten, wie ein Kind sie erdenkt, dem man verspricht, jeden Wunsch zu erfüllen. Man sah, daß sie an Juwelen, Roben, teure Reittiere, vielleicht sogar an ein vergoldetes Lustschiff dachte.

Da aber kam von hinten Herodias heran, den Tyrsusstab wie einen Stachel in der Hand. –Du willst ihr geben, was sie verlangt?–

–Was sie verlangt, wiederholte der Mann.–

–Schwör es, sagte Herodias und hob die Faust.–

–Ich schwör es, sagte der Mann. Als König schwör ich's.–

–Ihr habt es gehört! schrie die Frau in den Saal. Ihr habt es gehört!– und schüttelte den Tyrsusstab gegen die Versammlung.

Wieder flutete etwas wie Schrecken durch die Menge, ein gepreßtes Stöhnen, ein dumpfes Ächzen. Wie oft hab ich's schon vernommen, in Rom, in Alexandria, einmal auf dem Schlachtfeld von Idistiaviso, damals als sich der Germanicus einfallen ließ, die überlegenen Cherusker anzugreifen, und dem Heer seinen Entschluß bekanntgab. Immer ist dieses dumpfe ängstliche Knurren zu hören, dieser Kehl- und Röchellaut aus verkrampften Kehlen, immer, wenn Mächtige ihre Entschlüsse bekanntgeben, die denen, die sie hinzunehmen haben, einiges kosten können. Auch dieses Versprechen des Antipas konnte einiges kosten, und es waren gewiß nicht wenige im Saal, die das Versprechen für gefährlich hielten und die nun ängstlich darauf warteten, was die Prinzessin fordern würde.

Aber mit Salome war inzwischen etwas geschehen. Das Auftreten der Mutter zeigte Wirkung. Weggewischt war ihr Lächeln, stumpf ihr Blick. Sie schlüpfte aus des Antipas Armen, knickste und sagte mit leiser, leiernder Stimme: –Ich sage Dank, mein König und hoher Herr. Aber ich kann nicht sagen, was ich mir wünsche, ehe ich mich nicht mit meiner Mutter besprochen habe.–

Es war zu merken, daß Herodes erschrak. Aber schon hatte der feuerrote Koloß die kleine lichtgrüne Gestalt untergefaßt, an sich gezogen und vor sich her einige Schritte seitwärts gezerrt. Dort, hinter einer Säule, begann sie, die rote Kegelperücke vorgeneigt, heftig auf Salome einzuflüstern.

Herodes saß und äugte gespannt und ängstlich nach den beiden.

Ich dachte: Nun geht ein übler Handel an. Und ich meine: Viele dachten wie ich.

Das Flüstern und Hetzen nahm kein Ende. Es schien, je länger es währte, auch gar nicht nach Salomes Sinn zu sein. Sie schüttelte den Kopf. Wich zurück. Wandte sich ab. Sie suchte sich den Fäusten der Feuerroten zu entwinden, doch immer heftiger drang diese auf sie ein. Preßte sie an sich, bedeckte sie mit Küssen, mit Liebkosungen, deren Gewalttätigkeit immer unverkennbarer wurde. Allmählich erlosch des Mädchens Widerstand. Ihr Kopf sank gegen der Mutter Brust. Schließlich, Tränen aus den Augen wischend, lachten sie beide einträchtig und verschworen.

Noch immer starrte der Vierfürst gebannt nach den beiden. Immer öfter klappten seine Lider, immer ängstlicher stierte sein Blick. Vergeblich suchten die beiden Buhlerinnen ihr Geschäft wieder aufzunehmen, er schien ihr Streicheln, Tätscheln, Girren nicht einmal zu bemerken. Auch die Gäste spähten und hielten sich still, obgleich die Musik wieder eingesetzt hatte und die Weinträger wieder ihre Runden begannen.

Nun waren Tochter und Mutter ganz abgesprochen. Eng umschlungen bewegten sie sich auf den Vierfürsten zu. Der Mann kroch in sich zusammen. Ich glaube mich nicht zu irren: Speichel tropfte aus seinem Mund.

Das Mädchen knickste vor ihm und sagte: –Hoher Herr, ich weiß jetzt, was ich will. Ich will den Kopf des Täufers, des Täufers auf dieser Schüssel.– Damit wies sie auf die versilberte Muschel, auf der sie selbst zweimal hereingetragen worden war. −Auf dieser Schüssel, wiederholte sie mit beinah törichtem Lächeln und einem Seitenblick auf ihre Mutter.

−*Was* wünschst du dir? fragte der Vierfürst zurück.

−Den Kopf des Täufers, sagte das Mädchen.

−*Wessen* Kopf? fragte der Vierfürst noch einmal.

−Des Jochanaan! antwortete das Mädchen fast ungeduldig. Er sitzt hier, in Machärus.−

Ich sprang auf. Jochanaan! Jochanaan?! *Aristobuls Jochanaan?!*

Der Vierfürst bewegte die Kinnbacken. −Ich weiß von keinem Jochanaan.−

Nun stieß Herodias vor. −Du lügst, schrie sie. Er sitzt hier, ich weiß es.−

−*Der Prophet?* brüllte Herodes.

−*Prophet!* schrie Herodias zurück. Er hat mich beleidigt.−

−Ja, beleidigt, meine Mutter beleidigt! wiederholte Salome mit ihrer kreidigen kalten und leiernden Kinderstimme.

−Deine Mutter, deine Mutter! schrie der Vierfürst zurück. Nun folgte ein Sturzbach von Worten in Hebräisch, die nichts anderes sein konnten als eine gräßliche Verfluchung. Salome wich zurück. Aber der feuerrote Koloß stand wie ein Fels, die Hände am Rücken zusammengelegt, den Tyrsusstab in den Fäusten. Der Vierfürst war nun aufgestanden. Sein Oberkörper pendelte hin und her. Er sagte: −Nein, nein. Das nicht. Das nicht. Das könnt ihr nicht verlangen. Wer einen Propheten tötet, der verfällt dem Gericht.−

Verfällt dem Gericht. So ist es, so mag es sein und wird geglaubt, hier in Judäa und überall unter den Beschnittenen. Die Schriften dieses Volkes wimmeln von Erzählungen, in denen berichtet wird, wie grausam ihr Gott den Tod eines seiner Propheten rächt. Unauslöschlich ist der Fluch, der den verfolgt, der sich an einem Propheten versündigt hat.

Doch, Freund Pilatus, sind nicht auch wir Griechen und Römer von solchen Flüchen verfolgt?

Wir nennen zwar keinen unserer Großen einen Propheten. Wir nennen sie Helden, Weise, Unsterbliche. Welche Schande verfolgt die Athener, die Sokrates vernichtet haben? Welches Elend hat Brutus geschlagen, nachdem er Cäsar ermordete? In welche Hölle wurde Catilina hinabgeflucht, weil er sich gegen Cicero verging? Was aber sind Philosophen, Cäsaren und Rhetoren gegen die Gottgesandten in der Meinung dieses Volkes? (Und was sind sie – möglicherweise – in der Tat?)

Ich begriff, warum der elende Vierfürst winselte. Ich begriff sein Entsetzen vor der Forderung der Weiber. Trotzdem begann ich zu fürchten, er könnte nachgeben. Ich dachte an Aristobul. Ich dachte an die Stimme drunten im Turm, an die hageren Beine im Kienspanlicht. Ich dachte auch an Aristobuls Ruf: –Morgen – morgen!– Wo war er? Ja, wo war er doch?

Er war mit mir in den Saal gekommen. Er hatte eine Weile neben mir gesessen. Er hatte noch mit mir von dem Ochsen gegessen. Ich hatte ihm noch selbst die Weinschale gereicht. Nun war er verschwunden.

Ich verließ meinen Platz.

Ich suchte Aristobul. Ich suchte ihn wütend. Auf Treppen, in Gängen, auf der Galerie. Ich drängelte durch die Gäste, stolperte über Trunkene, über Weinschläuche und leergegessene Körbe. Wo war Aristobul?

Ich spürte, daß der Handel um des Jochanaans Kopf hinter mir weiterging und daß er eine immer bedrohlichere Wendung nahm. Doch Aristobul fand ich nicht. Was hätte es auch genützt, ihn zu finden? Bildete ich mir ein, er könnte, als Neffe des Hohenpriesters und als *Vertraulicher* der Tempelbehörde, noch irgend etwas ändern an der scheußlichen Machenschaft? Zuletzt *schrie* ich nach meinem Reisegefährten.

Plötzlich aber, wie das so oft geschieht, wenn man getrunken und sich ermattet hat an Schaustellungen, Geschwätz und Gelärm in überfüllten Räumen, plötzlich sank etwas wie Gleichgültigkeit über mich. Was ging's mich an, ob Jochanaan lebte oder nicht; ob der feuerrote Koloß seinen Willen bekam oder nicht; was ging's mich an, daß Aristobul unauffindbar war? Warum hatte er das Gelage verlassen? Was hatte ihn daran gestört, daß er's verließ? Nahm er Anstoß an der grobschlächtigen Prasserei? Am Spiel der Buhlerinnen auf Herodes' Bett? Gar an Salomes Tanz?

Verfluchte Empfindlichkeit eines halbgaren Burschen.

Und schließlich, so dachte ich weiter, war Aristobul ja nicht als Jochanaans Freund oder Jünger nach Machärus gekommen. Er war ihm als Spitzel, Aufpasser, Nachschnüffler gefolgt. So war er von seinem Onkel bestellt, dazu war er von seiner Mutter angefeuert worden. Und war er auch plötzlich von Jochanaan eingenommen – wer wußte denn, ob er sich nicht wieder anders besann? Vielleicht war er seine Aufgabe leid geworden. Vielleicht nahm sie für ihn mit Jochanaans Tod ein glückliches oder doch wenigstens glimpfliches Ende.

Und so wollte ich, mißmutig und schwankend vor Müdigkeit (schließlich hatte auch ich nicht wenig getrunken) auf meinen Platz zurückkehren. Da traf mich ein Anblick, der mich mit einem Schlag hellwach werden ließ. Ein großer kahler Kerl in gelben Kleidern durchquerte vor mir eilends den Saal. In der Art wie er ausschritt und die Gäste zurückwichen, erkannte ich, daß es der Henker war.

In den Minuten, die danach vergingen – es waren nur noch

wenige –, herrschte eine schreckliche Stille im ganzen Haus.

Ich kenne diese Stille – und du, großer Pilatus, kennst sie erst recht, diese Stille, die sich ausbreitet, wenn irgendwo in der Nähe ein Henkersschwert fällt. Gestorben wird überall und jederzeit, und auf dem Schlachtfeld wird der Tod zur mindersten Billigware. Der Augenblick des *verhängten* Todes aber ist immer, auch im gemeinsten Fall, ein Augenblick, der unseren Herzschlag stocken läßt. Irgend etwas durchzuckt uns: Es ist nicht Mitleid. Irgend etwas durchsticht uns: Es ist nicht Trauer. Es ist der Fluß unserer inwendigen Natur, der sich aufbäumt, als sollte er selbst von einem tödlichen Hieb getroffen werden.

Nun, so war es auch hier. Ich muß gestehen, daß sich meine Wahrnehmung trübte. Daß mir der Atem schnell und immer schneller ging. Ich war fast erleichtert, als sich am nördlichen Ausgang des Saales aus dem Kellergeschoß jemandes Ruf vernehmen ließ: –Sie kommen. Sie kommen.–

Der Henker tauchte aus dem Treppenschacht auf. Er kam mit zwei Gehilfen. Einer trug das Richtschwert, der zweite die Schüssel. Der Henker selbst trug den Kopf. Er trug ihn vor sich her, als trüge er einen Sack voll Nüsse. Er kam mit federnden Schritten auf Herodes zu. Dort hob er den Kopf und präsentierte ihn. Dann wandte er sich dem Saal zu und präsentierte ihn noch einmal. Schließlich wurde der Kopf auf die Schüssel gelegt. So wurde er Salome geboten.

Salome war die ganze Zeit starr wie aus Holz geschnitzt neben ihrer Mutter gesessen. Sie war unnatürlich blaß. Die Liebkosungen ihrer Mutter ertrug sie, als fühlte sie sie nicht.

Nun sollte sie die Schüssel ergreifen.

Sie ergriff sie nicht.

Herodias stieß sie mit der Schulter an.

Salome rutschte nur weiter in den Lehnstuhl zurück.

Der Henker rückte nach.

Salome hob beide Arme vor ihr Gesicht.

Anstatt der Tochter ergriff die Mutter das blutige Haupt.

In diesem Augenblick erhob sich hinter den beiden ein dumpfes wildes röhrendes Gebrüll. Der Vierfürst stieß es aus. Er war, ein Bild des Jammers, vor seinem Bett aufs Pflaster gesackt, lag da und schlug sich mit Fäusten. Eine der Buhlerinnen warf einen Mantel über ihn. Etliche Diener schleiften ihn hinaus. Das war das Ende des Abends, der Abschluß des Festes, des erstaunlichen Schauspiels, das man uns gegeben hatte, der unübertreffliche Schlußakt einer mehr als sonderbaren Ergötzlichkeit.

Ich verließ Machärus am anderen Morgen.

Aristobul bekam ich nicht mehr zu Gesicht. Jemand erzählte mir, daß er bei der Leiche des Täufers getobt und heiße Tränen vergossen habe.

Dir, Freund Pilatus, habe ich so ausführlich Bericht erstattet, um dir ein anschauliches Bild zu vermitteln von den Verhältnissen des Antipas, von seinem Charakter und den Möglichkeiten, ihn dir gefügig zu machen.

Ich frage mich freilich: Wie lang wird dieses Volk einen solchen Popanz an seiner Spitze dulden? – und vor allem: Wie lange will Rom seine Macht auf solche Kreaturen stützen?

Pontius Pilatus, Procurator von Palästina,
an Antisthenes, derzeit auf Sison bei Emmaus
(wenn verreist, nachzusenden)

Am 4. Tag vor den Kalenden des Oktober (18. Sept.)
Dein Brief hat mich nachdenklich gestimmt. Er scheint einige Wahrheiten zu enthalten.
Gewiß ist falsch, was in Rom offiziell über die Provinz bekanntgegeben wird: Sie sei Terra pacata, zur Ruhe gebracht
und der Botmäßigkeit unter die Gesetze unterworfen.
Du deutest an, daß ein gewisser Aufruhr gärt, dessen Ziele
zwar verschwommen, dessen Charakter aber um so bösarti-
ger ist.
Diesen Eindruck gewinne ich auf allen Seiten.
Das Zentrum der Aufsässigkeit liegt zweifellos in der Hauptstadt, nicht einmal so sehr beim Hohenpriester und der
Tempelbehörde als in den anderen schwer faßbaren religiösen Zirkeln, die sich aber auch um den Kult grup-
pieren.
Man sollte sie vielleicht einmal aus der Reserve locken, indem man ihren Zorn kitzelt. Setzen sie sich zur Wehr, wird
man sie fühlen lassen, wer Herr im Haus ist. Ducken sie
sich und kuschen, nun, um so besser.
Ich liebe klare Fronten.
Nimm das kleine Geldgeschenk, das ich dir durch den Boten überreichen lasse, und versorge mich weiterhin mit
Schilderungen dessen, was du hörst und siehst.
Ich bleibe dir geneigt, Bruder Liederlich, und wünsche dir
vergnügte Tage.

Am 18. Septembris
Ehe Beiliegendes abging, trafen neue, diesmal sehr ausführ-
liche Berichte deinerseits ein. Hochinteressant und – in der

Tat – ergötzlich die Vorgänge in Machärus. Ja, dieser Vierfürst! Mag sein, daß sein Vater, der große Herodes, einer
der abscheulichsten Verbrecher seines Jahrhunderts gewesen ist. Das Übermaß seiner Greuel war wenigstens impo-
sant. Aber dieser sein Sohn, ein Hanswurst, ein Weiber-
held, ein Popanz! Man müßte ihn wie eine Wanze auf eine
Nadel spießen.

Ich werde meine Folgerungen aus dem Vorgang ziehen.

Von einer Population, die eine solche Drohne an ihrer
Spitze duldet, ist anzunehmen, daß sie entweder selbst im
Kern angefault oder aber unfähig ist, in politischen Dimen-
sionen zu denken.

Nach allem, was mir zugetragen wird (ich nehme hier auch
Bezug auf deinen letzten Brief), dürfte letzteres auf Juda zu-
treffen.

Treibe dich nur weiter in dem Land herum, sperre Augen
und Ohren auf, um mir brav zu berichten.

Mit schwant bereits, daß meine Procuratur in dieser Provinz nicht gerade eintönig verlaufen wird.

Übrigens – ein hübscher Gedanke, die Geschichte eines
Volkes mit der Schlaflosigkeit eines einzelnen beginnen zu
lassen. Man sollte vielleicht überhaupt eine Historie der
schlaflosen Nächte schreiben.

Vermutlich könnten unsere Cäsaren dazu einen bedeuten-
den Beitrag liefern.

Ich schlafe unterdessen noch wie ein Stein.

Seine Heiligkeit, Amtierender Hoherpriester zu Jeruschalaim,
Kaiphas ben Joseph an Seine Heiligkeit,
Alt-Hoherpriester Annas zu Joppe

Am 29. Elul (14. September)

Mit Eilboten!

Der Einzige, Ewige (und so fort und so fort) behüte und segne die Kraft deines Alters und gewähre dir Gnade (und so fort und so fort).

Gute Nachricht habe ich dir heute zu geben.

Der essenische Prediger Jochanaan, dessen Abschaffung du mir so dringend empfohlen hast, hat überraschend ein übles Ende genommen.

Bei einem Geburtstagsmahl in Machärus hat ihn der Vierfürst zur Unterhaltung seiner Gäste abschlachten und auf einer silbernen Schüssel servieren lassen.

Herodias soll ihn dazu angestiftet haben.

Die Greuelgeschichte wurde mir gestern gebracht. Ich habe sie bereits in allen Teilen von Jeruschalaim aussprengen lassen. So wenig angenehm uns der Essener war, so dürften wir es doch als glücklichen Zufall ansprechen, daß sein Tod auf Befehl des alten Frosches erfolgte, nota bene auf einem dieser orgiastischen Gelage, die dem einfachen Mann immer ein Ärgernis sind.

Die Scheußlichkeit fällt auf ihn und seine Fröschin zurück. Tief sitzt die Überzeugung in den Massen: Wer einen Propheten tötet, lädt Fluch auf sich.

Nun habe ich gar nichts mehr dagegen, daß dieser Jochanaan ben Zacharias hinter vorgehaltenen Händen als Prophet und Heiliger bezeichnet wird.

Soeben erste Berichte aus der Stadt: Das Volk murrt. Jochanaans Name in aller Mund. Die alten Blutgeschichten des Großen Herodes kursieren wieder. Für die Menge verschmilzt Vater Herodes mit dem Sohn Herodes. Eine günstige Konstellation.

Sollten wir sie uns nicht zunutze machen, um gegen diese landfremden Idumäer in Rom einen Schachzug zu unternehmen? Wir haben, meine ich, schon viel zu lange untätig zugesehen.

Gewähre mir deinen Rat, ohne den ich, wie du weißt, nie etwas unternehme.

Alt-Hoherpriester Annas, derzeit zu Joppe,
an den amtierenden Hohenpriester Kaiphas ben Joseph
zu Jeruschalaim

Am 5. Tischri (20. September)
Unserer Väter Gott, der Heilige und Allmächtige, habe Mitleid mit seinem Volk, zu dessen Hohenpriester du bestellt bist. Zweifaches habe ich an dir zu rügen:

Erstens die unverhohlene Genugtuung, mit der du über das Betragen des Vierfürsten in Machärus berichtest. Welcher Patriot triumphiert, wenn sich die Obrigkeit seines Volkes bloßstellt?

Ist die Masse erst einmal daran gewöhnt, etliche ihrer Regenten zu mißachten, wird sie bald gegen *jede* Regierung rebellieren.

Zweitens hast du die Torheit, diesen Jochanaan ben Zacharias jetzt, da er tot ist, als Propheten passieren zu lassen, ohne danach zu fragen, worin denn seine Lehre und Prophezeiung bestanden haben.

Soll er sich denn nicht als *Vorläufer* bezeichnet haben? Vorläufer wessen?

Nun –?

Aber so weit reichen deine Gedanken nicht.

Wann wirst du, Kaiphas ben Joseph, endlich verlernen, immer nur nach dem nächstbesten Bissen zu schnappen, der sich dir bietet? Keiner ist dir zu schlecht. So gehst du eines Tages unweigerlich in die Falle.

Post Scriptum
Grüße meine unglückliche Tochter Deborah.

Esther, Herrin zu Hebron,
an ihren Gatten Eljakim ben Joseph,
Gutsherr auf Sison

Schaff mir meinen Sohn wieder herbei. Wo ist er? Was hält ihn ab, zu mir zurückzukehren?

Er schrieb mir einen unerhörten Brief, zwanzig Tage ist es her, nach des Herodes Geburtstagsfeier auf Machärus, nach diesem idiotischen Fest, bei dem der Heuschreckenfresser den Tod gefunden hat. Seither – keine Zeile. Nichts. Nichts. Nichts.

Die Leute, die ich nach ihm ausgeschickt habe, kommen zurück und sagen: Spurlos verschwunden.

Ist er bei dir?

Immer wenn es Streit gegeben hat zwischen uns, wollte er nach Sison. Und immer, wenn er bei dir gewesen ist, kam er verstört zu mir zurück.

Möglicherweise spielt auch ein Weib eine Rolle, eine Maria aus Med-schel.

Irgendwelche läppische Zettel wurden zwischen ihnen getauscht. Alles ist so verworren wie möglich.

Zu allem Unglück hat nun auch Kaiphas nach Aristobul

gefragt. Unser Sohn ist zum Rapport nach Jeruschalaim befohlen.

Wie soll ich ihm den Befehl vermitteln?

Es ist zum Aus-der-Haut-zu-fahren.

Aus den Notizen Eljakims ben Joseph

Abscheuliches ist passiert in unserem kleinen, sonst so friedlichen Nest Emmaus. Ich habe Ärger damit und Schmerz, Schmerz, weil es Aristobul mitbetrifft. Am 15. Tischri, also vor zwei Tagen, wurde ein junges Mädchen in meinem Ölgarten aufgegriffen. Sie hatte sich dort über Mauer und Heckenzäune eingeschlichen und wollte, als man sie befragte, nicht sagen, wer sie sei.

Der Verwalter setzte sie auf die Straße, aber nach etlichen Stunden war sie wieder da, diesmal im Brunnenhof, also vor meiner Schwelle.

Ich ließ sie mir vorführen. Ein liebliches Kind. Wie eine Diebin sah sie nicht aus, auch nicht wie eine Nutte oder eine, die es werden möchte. Ich weiß nicht, wie ich auf den Gedanken kam, sie suche Aristobul.

Doch kaum hatte ich seinen Namen ausgesprochen, fiel sie auf ihre Knie und versuchte den Saum meines Mantels mit Küssen zu bedecken. Ein Licht ging mir auf: Sie ist diese Maria aus Med-schel am See Tiberias, mit der Aristobul leidenschaftliche Briefe getauscht haben soll. Armer, aber braver Leute Kind. Wie kam sie hierher?

Es stellte sich heraus: Aristobul habe ihr versprochen, nach Med-schel zurückzukehren. Gekommen sei er nicht. Er habe ihr aufgetragen, nach einem Propheten zu suchen. Sie habe nicht gewußt, wie das anstellen. Dann habe er ihr

noch einen Brief geschrieben. Diesen Brief aber – nein –
diesen Brief verstehe sie nicht.
Ich: –Hast du den Brief bei dir?–
–Ja.–
Ich: –Gib ihn mir.–
–Nein. Nein. Nein.–
Ich: –Vorwärts, heraus damit.–
Das Mädchen, immer noch auf den Knien vor mir, wand
sich. Ich sollte ihr schwören, ihr den Brief danach zurückzu-
geben. Ich versprach es ihr. Sie nestelte das Blatt aus ihrem
Hemd.
Ich las: –Liebste Schwester, einst meine Freundin Maria…

Aristobul ben Eljakim
an Maria, Tochter des Zephanja,
in Med-schel

Liebste Schwester, einst meine Freundin Maria,
wundere dich nicht über diese Anrede.
Du mein Augenstern, meines Herzens Wonne und innig-
stes Eigentum, niemand ermißt, wie sehr ich dir angehörte
und wie wenig ich dir doch sagen kann, deiner und meiner
Seele wegen.
Wohin ich geführt werde, ich weiß es nicht.
Wohin ich gerufen bin, wage ich kaum zu ahnen.
Gestern begehrte ich dich. Verzeih mir der Himmel.
Heute möchte ich nur noch Segen erflehen über dein
Haupt, möchte Tau sein deiner Stirn, Licht deinem Auge,
Gebet auf deinen Lippen.
Schwester sollst du mir sein, heilige Schwester. Sonst
nichts.

Ich werde nun nicht mehr nach Med-schel kommen.
Warte nicht mehr auf mich.
Schreibe mir auch nicht mehr.
Kein Brief wird mich erreichen.
Lebe wohl, lebe wohl und bleib rein.

Fortsetzung der letzten Notiz des Eljakim

Mir zitterte die Hand, als ich ihr den Brief zurückreichte.
Dann redete ich mit ihr: Was in diesem Brief gemeint sei,
könne ich ihr nicht sagen. Gewiß aber sei, sie müsse zurück
nach Hause, zu ihren Geschwistern, zu ihrer Familie. Pfui
über ein Mädchen, das ausreißt, um ihrem Liebhaber nach-
zulaufen.
Das Mädchen kroch immer mehr in sich zusammen.
Auf alles, was ich sagte: –Doch Aristobul...–
Nun begann ich zu wettern: Was sie denn denke? Aristobul
sei ein junger Mann aus priesterlichem Geblüt, aus Zaddoks Geschlecht, zu hohen Dingen berufen. Ein solcher
Mann dürfe nicht wagen, ein unbescholtenes Mädchen zu
sich zu nehmen, er mache sich damit schuldig. Bußgeld
müsse er zahlen an ihren Vormund, nach dem Gesetz. Eine
ungeschwächte Jungfrau (so drückte ich mich aus) sei für
ihn unberührbar.
Das Mädchen weinte.
–Geh heim, Maria, ich schicke dich zurück nach Med-
schel zu deinen Geschwistern, die ganz gewiß in schreckli-
cher Sorge um dich sind. Du bist doch keine, die auf den
Straßen streunert, die sich in Kneipen herumtreibt. Wie –
oder? Ja, wärest du so ein liederliches Ding, dann würde ich
sagen: Geh hin zu deinem Schamster. Wirf dich ihm an den

Hals – und warte, bis er dich dann wieder davonjagt in ein elendes Leben.–

So redete und redete ich.

Maria sagte kein Wort mehr. Ich versprach ihr sicheres Geleit bis Med-schel. Morgen oder übermorgen könnte ich sie hinabführen lassen in ihre Heimat.

Dann wies ich sie in die Küche. Dort sollte sie sich stärken. Irgendwo werde man ihr ein Nachtlager geben.

Ich wollte allein sein, um über den rätselhaften Brief meines Sohnes nachdenken zu können.

Einmal noch sah ich Maria draußen bei den Hunden kauern. Dann sah ich sie nicht mehr. Die Küchensklavin erzählte mir am nächsten Morgen, sie habe Marias Lager unter der Treppe unberührt gefunden.

Gleich darauf meldete man mir aus Emmaus:

Dort sei in der letzten Nacht ein fremdes Mädchen in einer Kneipe aufgetaucht, unglückseligerweise in der schlechtesten und verrufensten der Stadt. Drei syrische Lastkutscher hätten sie sogleich an ihren Tisch gezerrt.

Später habe man sie hinter dem Haus um Hilfe rufen hören. Noch später sei einer der Kerle mit einem blutigen Riemen in die Taverne zurückgekehrt.

Unter wüstem Gelächter habe er erzählt, er habe der Kleinen das Fell gegerbt. Vorher hatten sich alle drei an ihr vergangen. Der letzte peitschte sie dann noch aus.

Aristobuls *liebste teuerste Schwester,* seine *Herzenswonne,* seinen *Augenstern.*

Ich wollte die Verbrecher suchen lassen.

Ich wollte sie in den Block legen, am liebsten steinigen lassen. Aber sie waren schon entkommen.

Fünf Tage später: Nun geschah, was ja nicht ausbleiben konnte. Marias Bruder Lazarus ist bei mir erschienen und

hat das Mädchen von mir gefordert. Der Mann brach zusammen, als er das Schicksal seiner Schwester erfuhr.
Wo sie geblieben ist, weiß niemand.

Aristobul
an seine Eltern,
Eljakim ben Joseph auf Sison und Esther, Herrin auf Hebron

Ihr Unglücklichen!
Ja, ich bin es noch, dein Sohn, Esther, dein Sohn, Eljakim,
dazu Neffe des Hohenpriesters, Erbe von Sison, Hebron
und so weiter und so fort...
Was wo wie – auf diese Welt gekommen, Fleisch geworden, Haut, Knochen, Blut, Haar, Eingeweide und Geschlecht, wozu? Um wieder Fleisch zu zeugen, Haut, Knochen, Blut, Haar, das abermals fragen könnte: Was wie
wozu? Ihr Fürchterlichen! In welchen Kreislauf habt ihr
mich gestoßen, an das Rad welcher Mühle geflochten, als
ihr mich zeugtet?
Ihr meine Eltern, Hochgeehrte, Erlesene eures Landes, Er-
wählte eures Standes, eures Volkes, bewundert von vielen,
beneidet von den meisten, wie hättet ihr auf den Gedanken
verfallen können, daß euer Sohn, euer einziger, euch das
Geschenk des Lebens so wenig danken würde?
Erinnert ihr euch noch der Nacht, da ihr ihn zeugtet – zeugtet aus Liebe oder aus Haß? Oder nur aus Langeweile? Erinnert ihr euch noch? Dachtet ihr: Jetzt, jetzt, jetzt! Aus dem
Eimer des Lebens, den Jahwe schwenkt, fällt jetzt der Tropfen –?
Ach nein. Was sagen die Weisen: Erst Stunden nach der Begegnung der Eltern begegnen sich die Ahnen im Schoße

des Weibes, die Ahnen des Gatten, die Ahnen der Gattin, die längst verstorbenen, längst verwesten, jetzt eingeschmolzen in die Winzigkeit des Samens, begegnen einander in dunkler Höhle, im Blutstrom der feuchten, warmen, brütenden Nacht – und *bekämpfen* einander? Bekämpfen einander, denn jeder will siegen, Vaterahn, Mutterahn, jeder will neu werden und lebendig und schlägt sich verzweifelt. O entsetzliche Schlacht der längst Vergangenen. Welcher Engel belauscht sie, welche Dämonen umkreisen sie? Welche Hände teilten mir zu, *was* ich wurde, wozu ich hervorging aus diesem Gemetzel? Welche Zähne und Krallen entrissen mir, was mir fehlt? Wem hab ich zu verdanken, daß ich mißriet?

Denn eins ist wahr: *Als euer Sohn mißriet ich.*

Ihr Unglückseligen! Seid ihr zu früh entschlummert in jener Nacht, statt um einen Sohn zu beten nach eurem Sinn?

Habt ihr Engeln und Dämonen den Kampf überlassen um das Wesen, das da wurde? Habt der Abgründe vergessen, die aus jeder Vergangenheit gegen uns schreien, aus den Sünden eurer Ahnen, aus der Erbsünde Adams?

Nun denn: Was ist aus eurem Sohn geworden, und was habt ihr erwartet, daß aus ihm werde?

Du meine Mutter, strenge Herrin auf Hebron, wie vorzüglich hast du für mich gesorgt! Du – immer fleißig, deinen Besitz zu mehren, weil er einstmals mein werden sollte; immer voll Umsicht, voller Einfälle, Pläne, um mir zu nützen. Mit wieviel Eifer hast du mich auf die Bahn deines Ehrgeizes gedrängt! Wieviel Klugheit hast du mir gepredigt! Ich sollte den Mächtigen gefallen, ich sollte ihnen dienstbar sein, ich sollte ihnen, wenn möglich, unentbehrlich werden. Wie unermüdlich hast du die Fäden geknüpft, die mich an wohlbestellte Futterkrippen lotsen sollten. Goldener Weizen sollte mir gestreut werden – ach, und wäre er auf dem Felde Satans gewachsen.

Eine so gute Mutter bist du mir gewesen.

Du, lieber Vater, warst so leicht nicht zu durchschauen in dem, was du aus mir machen wolltest. Gewiß, auch du wolltest mich gerne reich, geehrt und glücklich sehen. Und da Reichtum, Ehre und Glück ganz offenbar nur in Übereinstimmung mit den Mächtigen im Lande genossen werden können, so wünschtest du, daß auch ich eine Art Übereinstimmung mit ihnen suchen sollte. Widerborstigkeit und Widerspruch, so hast du dich oft geäußert, brächten nur Ärger und wenig Nutzen.

So hast du mich zur Friedlichkeit erziehen wollen, zur Unauffälligkeit, und beinahe, lieber Vater, wär es dir auch geglückt. Freilich – du hast noch andere Wünsche für mich gehegt. Schon früh habe ich das Wohlgefallen bemerkt, das du am griechischen Wesen hast. Das Schöne, Freundliche, Angenehme dieses Wesens ist dir teuer. So hast du eine gewisse Genugtuung gezeigt, wenn ich gern griechische Kleider trug, wenn ich griechische Schriften las, ja selbst, wenn ich mich den Händen eines griechischen Masseurs anvertraute.

Deinen geliebten Freund Antisthenes hast du mir als das Beispiel eines weltmännischen Cynikers hingestellt.

O guter Vater. Was hast du dir dabei gedacht?

Du führst ein elendes Leben, halb Jude, halb Hellene, krank an deiner Halbheit.

Und dasselbe Leben hast du auch mir zugedacht.

Jude sollte ich sein, das heißt Eigentum des Allerhöchsten – und zugleich Liebhaber der bunten Traumwelten, die seit Homer und Sappho die Völker betören; Anbeter des *einen*

Jahwe und Näscher zugleich an den Honigwaben der Viel-
götterei. Nein, Vater, diesem Leben widersage ich.

Ich widersage dem Leben, das mir meine Mutter zugedacht
hat, und ebenso dem, in dem du dich frettest. Du zitterst
vor deinem Bruder Kaiphas, vor den formelhaften Gesetzen des Tempels, du krümmst dich unter der Peitsche des
Gewissens und lechzest dabei doch danach, frei und leicht
wie ein Vogel im Ungebundenen zu schweifen.

Mein Vater, ich wähle einen anderen Weg.

Der Eine, den zu sehen ich gewürdigt wurde, ehe er starb,
er hat mir anvertraut, ein ANDERER werde kommen und
dieser sei der ERWARTETE.

Ich soll IHN suchen.

Ich soll IHN sehen.

Das versprach mir Jochanaan, gesegnet sei sein Name.

IHN suche ich.

IHN will ich finden.

IHM werd ich folgen.

Seid gewiß: Ich irre mich nicht.

ZWEITER TEIL

Der Sohn

Lange hast Du, o Herrin, keinen Bericht mehr von mir verlangt (geschweige denn, daß Du mir meinen letzten hono-
riert hättest). Ich zittere, Dir zur Last zu fallen, wenn ich
trotzdem berichte. Noch mehr aber fürchte ich, eine Pflicht
zu versäumen, wenn ich schweige. Darum schreibe ich.
Vergib mir, wenn ich zu eifrig bin!
Vergib mir auch, wenn ich zu nachlässig war!
Wieder hat unser Herr eine schwere Zeit hinter sich.
Hat er schon seit jeher an allerlei rätselhaften Erkrankungen
gelitten, ist er nun seit dem vergangenen Sommer von einem schweren Kummer heimgesucht. Dieser Kummer
muß mit dem Fernbleiben des jungen Herrn Aristobul (der
Heilige behüte ihn!) zusammenhängen.
Immer, wenn der Herr Besuch empfängt, kommt die Rede
auf Aristobul und, daß er derzeit unbekannten Aufenthalts
sei. Der Herr schreibt viele Briefe, mittels derer er Aristobuls Verbleiben zu ergründen hofft. Tagsüber liegt er meist
zu Bett, in der Nacht geht er schlaflos umher. Oft höre ich
ihn auch laut mit sich selber reden.
Nach der Tag- und Nachtgleiche und im Monat Marheschwan, als heuer der erste Regen kam, schien seine körper-
liche Verfassung etwas gebessert. Das Fieber blieb aus oder
kam nur selten, auch Durchfälle und Bauchschmerzen hatten abgenommen. Dafür zeigte sich ein Ausschlag an Armen und Beinen. Der Herr berief zwei Leviten, die ihm
versicherten, es handle sich nicht um Aussatz. Auch der
griechische Arzt, der fast immer da ist, sagte so. Trotzdem
begann unser Herr sogleich mit einer Kur, die sonst bei Aussatz verschrieben wird. Die Kur war ihm sehr ekelhaft, da
sie in Tränken bestand, in die faschierte Krötenhaut und das

Knochenmehl einer Viper gemischt werden. Häufig erbrach er den Trank, ließ sich aber gleich den nächsten reichen. So quält er sich. Manchmal spricht er davon, daß er am liebsten nicht mehr leben möchte. Dann weinen wir und trauern vor seiner Tür, denn er ist uns ein gütiger Herr.

Joram, Flickschuster zu Sison,
an Mardochai, Priester und Sekretär seiner Heiligkeit,
des Hohenpriesters zu Jeruschalaim

Gehorsamste Aufzählung von Vorkommnissen:
In den letzten Tagen des Tischri neuerliche Ankunft des griechischen Arztes. Freundliche Begrüßung, aber nicht so freudig wie das erstemal. Lange Gespräche über die in Machärus stattgehabten Begebnisse. Weitschweifige Erörterungen um Herodes, Jochanaan, die Essener.
Starke Tätigkeit in den Monaten Marheschwan und Kislew. Briefe werden diktiert, auch handschriftlich verfaßt. Einsicht in die Briefe leider jeweils unmöglich, da diese stark verschlossen und versiegelt werden. Antwortbriefe versetzen in Erregung und Niedergeschlagenheit.
Der griechische Arzt hat zwar wieder die Villa auf dem Gomer bezogen, doch ist seine Versorgung diesmal nicht so hervorragend. Neue Schriften, die er mitbrachte, bleiben eher unbeachtet. Dafür verstärkte Lektüre Heiliger Bücher, vor allem Jesaias und Hesekiel.
Anfallsweise starke Unruhe. Das Haus wird verlassen, Gomer und andere Anhöhen werden erstiegen. Sogar Versuche, wieder zu reiten. Dagegen werden Flötenspielerinnen und derartige abgewiesen. Behauptung: Mannheit sei erloschen. Unglaubwürdig, da Zeichen vorhanden.

Sabbatvorschriften im allgemeinen eingehalten, auch Reinheitsgebote in Küche und Keller strenger befolgt als früher, ausgenommen bei Zubereitung von Medizinen, in die Teile verbotener Tiere gemischt werden. Fortwährende Furcht vor Aussatz und dergleichen.

Eljakim ben Joseph, Gutsbesitzer zu Sison,
Priester des Tempels und so fort
an den Vorstand der Essenischen Gemeinde
zu Qumran

Am 2. Kislew (17. November)
Ehrwürdiger,
ich grüße dich und die Brüder deiner Gemeinschaft.
Beiliegendes Geschenk wirst du, wie ich hoffe, nicht verschmähen, da es nichts weiter als ein Zeichen aufrichtigen Wohlwollens ist.
Eine Frage habe ich an dich und bitte inständig darum, mir so rasch wie möglich und die volle Wahrheit zu antworten.
Mein Sohn Aristobul hat mein und seiner Mutter Haus verlassen.
Wir sind ohne Nachricht von ihm seit vielen Wochen.
Bestimmte Anzeichen deuten darauf hin, daß er in eurer Gemeinschaft weilt.
Seine Mutter und ich sind in großer Sorge um ihn.
Gib uns Botschaft, ob er in eurem Hause aufgenommen wurde.

Der Vorstand der Gemeinde Gottes,
hochgelobt sei sein Name,
an Eljakim, Bruder des Hohenpriesters,
Gutsherr zu Sison

Am 24. Kislew

Ich sende dir dein Geschenk zurück.

Kein Verwandter von dir befindet sich in unserem Haus,
noch wünschen wir einen aufzunehmen.

Anträge dieser Art haben wir abgewiesen.

Sollten neue gestellt werden, müssen wir sie abweisen.

Die Söhne des Lichts wahren sich gegen die Finsternis.

Eljakim ben Joseph, Gutsherr auf Sison,
an Esther, Herrin zu Hebron

Am 30. Kislew

Es ist genug, Esther, es ist genug.

Quäle mich nicht mit weiteren Klagen, Vorwürfen, Be-
schimpfungen. Ich habe getan, was ich konnte, um Aristobul aufzufinden. Allen unseren Verwandten, Bekannten, allen, die je unsere Freunde waren, habe ich geschrieben und
sie gebeten, uns Nachricht zu geben, wenn unser Sohn bei
ihnen aufgetaucht sein sollte. Die törichtesten Ausreden
habe ich dabei gebraucht, um ihn, um uns nicht bloßzustel-
len.

Aber keiner hat ihn gesehen, nirgends ist er zu Gast gewesen. Niemandem hat er sich zu erkennen gegeben.

In meiner Verzweiflung habe ich sogar an das Kloster von
Qumran geschrieben. Du kannst vielleicht ermessen, was
es mich kostete, bei diesen Leuten nach meinem Sohn zu

fragen. (Diese Leute sind ja schon seit jeher der Familie Zaddoks aufs feindlichste gesinnt.) Aus Beigelegtem kannst du
sehen, was mir geantwortet wurde.

O Esther, es fällt mir schwer, mir vorzustellen, wie unser
Junge dahin gelangte, dort an die Pforte der Essener an-
zuklopfen. Doch – es kann kein Zweifel sein – er klopfte
an.

Er bat um Aufnahme. Er sagte, wer er sei. Er gestand vielleicht sogar, daß er vorher in der Liste der *Vertraulichen* gestanden habe, daß er von meinem Bruder zum Aufpasser
des Jochanaan bestellt worden sei. – Oder auch: Er gestand
es nicht. Er versuchte uns, seine Eltern, seine Familie, seine
Verwandtschaft zu verschweigen – und wurde dann von einem der Essenerbrüder erkannt, *entlarvt,* mit Schimpf und
Schande davongejagt!

Beides zu denken ist mir schrecklich. Eins ist sicher: Er
wurde gedemütigt. Er wurde abgewiesen. Er mußte gehen,
er, unser Aristobul, mußte von der Qumraner Pforte gehen
wie ein lästiger Bettler. Wie ich diese Leute dafür hasse!
(Und wie sehr ich sie erst haßte, wenn sie ihn bei sich behal-
ten hätten!)

Kaiphas ben Joseph, Hoherpriester zu Jeruschalaim,
an seine Schwägerin Esther, Herrin zu Hebron

Am 1. Tebeth

Der Heilige und Barmherzige (g. s. s. N.) tröste dich in deinen Kümmernissen und schenke dir wieder glückliche
Tage. Zu meinem Bedauern und Erstaunen erfahre ich
eben, daß ihr von eurem Sohn seit Monaten keine Nachricht habt. Wie du mir versicherst, hat sein Verschwinden

mit dem Auftrag zu tun, den ich ihm gab. Ich glaube das so verstehen zu dürfen, daß sich der Knabe aus Scham, Zerknirschung und Verwirrung über das Scheitern seiner ersten Erkundungsaufgabe vorerst einmal an einen unbekannten Wohnort zurückgezogen hat (eine Annahme zu, wie du wohl verstehen wirst, seinen und damit auch deinen Gunsten).

Obwohl ich ein solches Betragen einesteils mißbilligen muß, erkenne ich andernteils an, daß es als Zeichen besonderer Pflichttreue gewertet werden kann. Ich nehme freilich auch an, daß der Zustand der Niedergeschlagenheit bei einem so jungen Burschen nicht lange anhalten und daß er dann zu dir und seinem Vater und vor allem in den ihm aufgetragenen Dienst eines *Vertraulichen* zurückkehren wird. Sollte er zuerst bei dir auftauchen, versichere ihm, daß ich sein Verhalten zwar nicht gutheißen kann, daß ich aber trotzdem nicht zürne, sondern bereit bin, ihm eine neue Aufgabe zu übertragen. Du darfst ihm sogar mitteilen, daß es sich dabei wieder darum handeln wird, Gründe und Hintergründe einer neuen Unruhe in Galiläa aufzudecken.

Dort soll nun nach dem geköpften Jochanaan ein gewisser Jeschua mit allerlei Zeichen und Wundern aufgetreten sein. An diesem soll sich Aristobul erproben. Ein erschüttertes Gemüt hat nichts nötiger, als daß es auf neue Ziele hingelenkt wird.

Jeder Adept muß einmal Lehrgeld bezahlen.

Ist er einmal gescheitert, wird er das nächste Mal klüger handeln. Du siehst, Esther, ich will ihm wohl.

Liebste Esther, welch ein Glück: Mein Herr und Gemahl
gestattet mir, seinem Schreiben einige Zeilen hinzuzufü-
gen. Liebste und Teuerste, ich bin außer mir. Wo ist dein
Junge, dein Aristobul?
Ich fühle mit deinem Mutterherzen.
Seit dreißig Jahren gelähmt, hilflos ans Bett gefesselt, weiß
ich, was leiden heißt.
Ich denke deiner und auch Eljakims, Gefährten so ferner Ju-
gendjahre.
Besuche mich wieder einmal, ich bitte dich!

Aus Flavius Josephus: DER JÜDISCHE KRIEG

Als nun Pilatus von Kaiser Tiberius als Statthalter nach Judäa geschickt worden war, ließ er etliche Kaiserbilder, die
sogenannten Legionsadler, nächtlicherweise verhüllt nach
Jerusalem bringen. Schon tags darauf entstand darüber unter den Juden in der Hauptstadt eine außerordentliche Be-
unruhigung, da die Aufstellung von Bildwerken auf Zion
durch die religiösen Gesetze aufs strengste verboten war. So
glaubten die Juden, daß Pilatus die Legionsadler nur aus
dem Grund herbeigebracht habe, weil er die Satzungen der
Väter verhöhnen wollte.
Bald war die Nachricht davon auch auf das flache Land hin-
ausgedrungen und regte auch dort die Massen auf. Sie
strömten herbei und bejammerten den Gesetzesbruch.

Heute habe ich Dir, Herrin, eine Menge zu berichten, darunter Dinge, die noch vor kurzem niemand von uns für möglich gehalten hätte. Unser Herr ist bis Jeruschalaim gereist – und hat die Reise überlebt. Nein, nicht nur überlebt. Er geht umher, durchschweift die halbe Stadt und läuft wie ein Gesunder.

Wie ist so etwas möglich? So fragen wir alle. Gewiß ist auch Dir längst zu Ohren gekommen, daß man etliche verfluchte Götzenbilder auf Zion geschafft hat. Der Procurator, verdammt sei sein Name, soll solche Greuel befohlen haben.

Da gab es Auflauf, und viel Volk ging herauf, um zu protestieren. Auch unser Herr hat davon vernommen.

Obgleich er eben erst wieder einen dieser Fieberanfälle erlitten hatte, nach denen er zumeist nur traurig, kraftlos und beinahe stumpfsinnig ist, war er diesmal aufgeregt, verlangte immer wieder nach neuen Berichten, er schien sogar von einer Art freudiger Spannung erfüllt.

Noch einmal berief er zwei geprüfte Leviten nach Sison, um sich bestätigen zu lassen, daß er keinesfalls an Aussatz leide. Am nächsten Morgen befahl er den Aufbruch. Sein Reitpferd wurde vorgeführt.

Wir alle umringten ihn und stellten ihm vor, daß er nach wenigen Meilen aus dem Sattel sinken und auf den Tod darniederliegen werde. Es nutzte nichts, er wollte reisen.

In der Tat ging dann die Reise besser vonstatten als vermutet. Nur wenige Leute begleiteten ihn, darunter ich, mein Vater Joram und der griechische Arzt.

Nun sind wir richtig da, in Jeruschalaim. Wir haben in der Zaddokschen Villa an der Davidmauer, die ja sonst immer leersteht, Wohnung genommen. Unser Herr schickte gleich Botschaft an seinen Bruder, Herrn Kaiphas. Aber Herr Kaiphas ist, obwohl die ganze Stadt voll Aufruhr ist, auf das Land verreist.

Dafür ist unser Herr um so mehr unterwegs. Statt sich auszuruhen, sein vom Sattel wundgedrücktes Gesäß zu pflegen und mich, wie gewöhnlich, die vorgeschriebenen Umschläge, Salbungen und Massagen vornehmen zu lassen, besteht er darauf, sich unter das Volk zu mischen, das sich vor der Burg Antonia versammelt hat.

Mir, meinem Vater Joram, sogar dem Griechen, allen, die bei ihm sind, hat er befohlen, immerfort in den Gassen herumzugehen und nach dem jungen Herrn auszuschauen.

Er glaubt, daß dieser in Jeruschalaim sei.

Er glaubt auch, daß der junge Herr an dem Volksaufstand teilnimmt. Er will ihn finden. Das sei, sagt er selbst, der Zweck seiner Reise.

Aus Flavius Josephus: DER JÜDISCHE KRIEG

...da die Massen, die sich sammelten, gegen die Wachen vor Antonia nichts ausrichten konnten, beschlossen die Juden, eine starke Abordnung nach Cäsarea zu Pilatus zu schicken, um ihn inständig zu bitten, daß er die anstößigen Bilder aus Jerusalem entfernen und die alten Gesetze wieder in Kraft treten lasse.

Pilatus lehnte ab.

Nun warfen sich die Bittsteller im Umkreis um seinen Palast auf das Angesicht nieder und verbrachten fünf Tage und fünf Nächte in dieser Weise, ohne sich von der Stelle zu rühren.

Mardochai, Privatsekretär des Hohenpriesters,
an Seine Heiligkeit, den Hohenpriester Kaiphas ben Joseph,
derzeit zu Hebron

Am 23. Tebeth des Jahres 3789
(9. Januar des Jahres 32)

Eurer Heiligkeit zu dienen, habe ich gestern im Gefolge der sogenannten *Abordnung* Cäsarea erreicht.

Die Abordnung – ein regelloser Haufen – hat sich sogleich zum Palast des Procurators begeben und dort, angeführt von etlichen Vorsängern aus pharisäischen Kreisen, die üblichen Klagelieder angestimmt.

Wachen haben die Menge vom Tor abgedrängt, sonst aber gewähren lassen. Einmal zeigte sich der Procurator am Fenster und verspottete die Menge.

In der Nacht lagerte man in den Gassen rings um den Palast. Gruppen, die auch jetzt mit ihren Klagegesängen fortfahren wollten, wurden von Bütteln barsch zur Ruhe gewiesen.

Sonst keine Übergriffe.

Am anderen Morgen erfahre ich zu meinem größten Erstaunen, daß Eurer Heiligkeit Bruder Eljakim ben Joseph nun auch in Cäsarea aufgetaucht sei. Er soll, obwohl in den Palast des Procurators geladen, die Einladung abgelehnt und statt dessen Anschluß an die Abordnung gesucht haben.

Ein Gerücht besagt, sein Sohn Aristobul befinde sich in der Gruppe der Kläger.

Obwohl durch Eure Heiligkeit gewarnt, mich bei den Rebellen erkennen zu lassen, versuchte ich mich durch Augenschein zu überzeugen.

Dieser bestätigte mir die Gerüchte:

Vater und Sohn befinden sich in der nun bereits viele Hunderte umfassenden und sich immer heftiger gebärdenden Abordnung.

Dennoch erscheinen die beiden fast immer getrennt: Dein Bruder Eljakim in der Gesellschaft einiger Schriftgelehrter, gestützt von seinen Dienern, meist abseits sitzend oder auf eine Sänfte gebettet, hält sich eher im Hintergrund und fern von den Radikalen, dagegen Eurer Heiligkeit Neffe stets mit einer Rotte Anha-arez, rohen und ungebildeten Leuten, mitten unter den schlimmsten Schreiern.

Welche Rolle Euer Neffe dort spielt, ist nicht leicht auszumachen. Zweimal sah ich ihn Mundvorrat und Getränke für die Genossen kaufen.

Sonst: Keine Veränderung der Lage.

Auch heute, am vierten Tag, dasselbe, Klagegesänge und Sprechchöre. Die Wachen eisern am Tor. Wer zu nahe kommt, wird mit Schlagstöcken zurückgeprügelt. Der Procurator soll sich über den Verlauf der Demonstration sehr erbittert geäußert haben.

Die Menge ist inzwischen auf viertausend Mann angewachsen. Der Procurator zieht aus Tyrus Truppen herbei.

Morgen, so heißt es, wolle er dem Unfug ein Ende machen.

Fünf Stunden später: Die Menge erwartet einen Angriff. Aristobul wieder unter den Radikalen gesichtet.

Eurer Heiligkeit Bruder Eljakim ist mit einer Gruppe Kranker und Schwacher in die Vorstadt gebracht worden.

Anderntags: Kein Angriff. Die Menge wird aufgefordert, sich in die Arena zu begeben. Dort werde man ihr wegen der Bilder und anderer Beschwerden Audienz gewähren. Großer Jubel. Man erwartet von Pilatus Milde und Gehör. Ich aber fürchte...

Anderntags begab sich Pilatus in die große Rennbahn, stellte sich dort auf die Rednertribüne und befahl das Volk zu sich, wie wenn er ihm von hier aus antworten wollte. Doch von hinten aus versteckten Orten näherten sich, wie vereinbart, des Pilatus Soldaten, schwer bewaffnet, und umstellten die Juden.

Ob des überraschenden Anblicks, als sie die dreifache Schlachtenreihe hinter und um sich sahen, befiel die Juden lähmendes Entsetzen.

Da ergriff Pilatus das Wort und drohte ihnen, er werde sie umbringen lassen, falls sie nicht aufhörten, die Entfernung der Kaiserbildnisse zu verlangen.

Schon gab er seinen Soldaten den Befehl, die Schwerter blankzuziehen. Doch die Juden fielen allesamt zu Boden auf ihre Angesichter und boten ihre Nacken dar, schreiend, sie wollten lieber auf der Stelle sterben, als daß das Gesetz ihrer Väter mißachtet würde.

Da war Pilatus betroffen ob ihrer Gottesfurcht.

Er verließ das Stadion und veranlaßte, daß die Bildnisse aus Jerusalem verschwanden.

Ezechiel ben Joram an Esther, Herrin zu Hebron

Böse böse Tage haben wir hinter uns.

Auch Du, o Herrin, wirst vernommen haben, was in Cäsarea geschah. Nie hätte ich geglaubt, daß derartiges möglich sei: Unser Herr hat mehr erlitten, als wir je dachten, daß er erleiden könnte. Nun sind wir zu Kopht, das ist, wie du weißt, eines seiner kleinen Güter in Galiläa. So wollte er und sagte, der Weg hierher sei angenehmer als die Karawanenstraße nach Emmaus. Der Weg war schlechter und, wie mir scheint, nicht kürzer. Wir haben von einem Sabbatabend zum nächsten gebraucht. Nun sind wir da und warten, was geschehen wird.

Unser Herr hat Dir, Herrin, schon ein Schreiben schicken lassen. Gewiß erzählte er darin, daß er Aristobul getroffen hat. Nur um Aristobul zu treffen, ist er ja zuerst nach Jeruschalaim, dann nach Cäsarea gezogen.

Aber es war nicht gut, wie dieses Treffen verlief. Unser Herr hat Aristobul mit großer Liebe angesprochen, und im ersten Augenblick glaubten wir, auch Aristobul sei sehr froh über dieses Wiedersehen.

Doch scheint er geglaubt zu haben, unser Herr sei nur wegen der Kaiserbildnisse nach Cäsarea gekommen, und wegen des Frevels damit. Hätte ihn unser Herr nur bei diesem Glauben gelassen. Doch er sagte: Was sind mir schon diese Kaiserbilder, ob sie nun da oder dort aufgestellt sind. Deinetwegen habe ich die lange, beschwerliche Reise gemacht. Nur deinetwegen und auch, um deine Mutter zu beruhigen.

Da war Aristobul enttäuscht und erzürnt. Er zog sich von unserem Herrn zurück und blieb bei den Gefährten.

Unser Herr hat sehr gelitten. Schon nach kurzer Zeit waren seine Medizinen verbraucht, und neue waren in keiner Weise zu beschaffen. Er hatte keine entsprechende Unterkunft in Cäsarea. Jeder Winkel war von den Juden besetzt, die bei Pilatus klagten. Wir mußten unter Bäumen nächtigen, und der Wind blies kalt.

Am Tage, ehe Pilatus ins Stadion kam, wollte der Herr schon aufgeben und Cäsarea verlassen. Da hörte er von des Pilatus Angebot und verlangte, ebenfalls ins Stadion gebracht zu werden. So haben wir dort alles miterlebt.

Aristobul war unter jenen, die ganz vorn an der *rostra* standen. Zweifellos wäre er einer der ersten gewesen, die die Römer durchbohrt hätten, wenn nicht der Landpfleger anderen Sinnes geworden wäre.

Wir Juden haben einen Sieg über den bösen Pilatus errungen. Es gibt Leute, die darüber jubeln. Aber der griechische Arzt, der mit uns nach Jeruschalaim und Cäsarea zog und sich dann wieder unserem Herrn angeschlossen hat, sagt, Pilatus sei nicht der Mann, der eine solche Niederlage vergißt.

Kaiphas ben Joseph, Hoherpriester zu Jeruschalaim,
an Eljakim, derzeit zu Kopht

Am 5. Schebeth (20. Januar)
Bravo, bravo, Brüderchen Immerkrank, Drückeberger, Jammerbüchse. Was muß ich von dir hören, Liebster, Bester?! Wie setzest du mich in Erstaunen, Allerwertester?!
Seit Jahren habe ich keine andere Nachricht von dir, als daß du darniederliegst, todkrank und kraftlos, bald von Aussatz, bald von Atemnot, bald von Leberentzündung geplagt. Laubhüttenfest und Chanukka verbringst du zu Bett, während die heiligen Zeremonien am Tempelberg abrollen. Der Allerhöchste fragt mich: Kaiphas, wo ist dein Bruder? Ich muß bekennen: Er liegt zu Sison im Sterben.
Aber plötzlich, plötzlich, hast du's nicht gesehen, kommst du angereist, nimmst Wohnung in meiner Villa (weil ich verreist bin), mischst dich unter das Volk, das du sonst meidest, *da es stinkt, von Flöhen wimmelt, Seuchen verbreitet,* mischst dich unter die Massen, die aufbegehren, weil sich die Römer irgendeinen dummen Streich erlaubten. Und dann ziehst du noch mit einer Rotte Verrückter nach Cäsa-

128

rea, heulst dort mit vor des Procurators Palast, läßt dich womöglich noch in den Zirkus schleppen unter Pilatus' Augen und unter das Eisen seiner Legionäre – du, der sonst zwei Ärzte beruft, wenn ihm ein Fingernagel entzweiplatzt.

Bist du rasend, Bruder? So erreichen wir nichts bei diesen Römern. So erreichen wir nur, daß sie uns noch mehr mißtrauen. Sie halten uns für ein Volk von Halb-Wahnsinnigen; statt daß wir uns, bei Wahrung aller unserer Glaubenssätze, ihnen durch Handel und Wandel und vernünftiges Wesen unentbehrlich machen; statt daß wir ihnen Vermittlerdienste anbieten bei den Völkern des grünen Länderbogens zwischen Nil und Euphrat; statt daß wir von ihnen Nutzen ziehen, so gut das immer möglich ist; statt dessen, ein solcher Affront! Ich habe an dem Tag, an dem diese verfluchten Kaiserbilder herangekarrt wurden, Jeruschalaim so rasch wie nur möglich verlassen. Das war *mein* Protest. Ich habe mich samt Deborah nach Hebron begeben, um dort die Entwicklung der Dinge abzuwarten. Ich meine, klug gehandelt zu haben. Denn nachdem die Kaiserbilder wieder verschwunden sind, konnte ich seelenruhig in die Stadt zurückkehren. So habe ich mich frei gehalten, erstens von der Befleckung durch die kultisch verbotenen Bilder, zweitens von der Möglichkeit, in einen Tumult hineingezogen zu werden. Der Hohepriester ist nicht dazu da, an beliebigen Raufhändeln teilzunehmen.

Leider bin ich nicht von allen richtig verstanden worden. Der alte Annas macht mir Vorwürfe (wann macht er mir schon keine?), ich hätte feig gehandelt. Aber nicht genug. Er hat von *deiner* Teilnahme am Zug nach Cäsarea vernommen. Immer hat er dich für einen laschen Burschen, für einen schlechten Priester, für einen halben Heiden gehalten; jetzt plötzlich bewundert er dich: Du habest als echter Enkel Zaddoks gehandelt.

Ich gratuliere. Pflichtgemäß vermittle ich dir seine Grüße und seinen Segen. Nochmals bravo, bravo!

Eins aber kann ich dir ankündigen, Eljakim, allen Ernstes: Solange ich Hoherpriester bin, wirst du kein Fest mehr versäumen, wirst auch keine Sitzung mehr schwänzen. Du wirst mir zur Verfügung stehen, wann und wo immer ich will.

Zuletzt kommt das Beste, herzliebes Bruderherz.

Ich habe in Hebron deine Gattin Esther getroffen und, obgleich sie sich gewunden hat, die Wahrheit zu gestehen, ich habe sie doch erfahren. Euer Sohn hat euch den Rücken gekehrt. Er hat sich nicht nur entblödet, wie du, an der Demonstration in Cäsarea teilzunehmen, sondern hat sogar Beziehungen zu den Essenern und anderem Gesindel gesucht, er, mein Neffe, er, dessen Name einst in der Liste der *Vertraulichen* stand ...

Selbstverständlich ist sein Name gestrichen.

Ich habe nie einen Verwandten namens Aristobul besessen.

Aus den Notizen des Antisthenes,
derzeit zu Kopht in Galiläa

Da sind wir nun und sitzen fest: Seltsame Laune meines Gastgebers, sich nach den aufregenden Tagen in Cäsarea gerade hier zu verkriechen. Ein Gütchen, so winzig klein, daß es von weitem beinahe wie ein in die Landschaft gestreutes Kinderspielzeug aussieht. Ringsum Weingärten, Ulmen, Terebinthen; hügeliges Gelände. Der See ist eine knappe Wegstunde entfernt. Eljakim hat einige seiner Kinderjahre in dieser Gegend verbracht; Kopht ist ein Erbgut seiner Mutter. Obgleich das Wohnhaus schlecht ist, der Garten verwildert, das Wasser der Zisterne getrübt, kein Bad und keinerlei Bequemlichkeit, behauptet er, sich hier und nirgends sonst erholen zu können. Nur hier könne er nach dem Elend vor dem Procuratorenpalast wieder zu Kräften kommen. Was habe ich dagegen einzuwenden? Ich habe zu schweigen.

Mein Freund Pilatus hat mich sehr ungnädig empfangen, als ich ihn während des Aufstands in seiner Zitadelle aufsuchte. Er schien wütend und ziemlich verängstigt. (Das Klagegeheul des Volkes draußen unter seinen Fenstern klang auch zu fürchterlich.) Sein Betragen war das eines gefangenen Tigers: Hin- und herlaufend, stierte er die Wände an, kratzte sich Schenkel und Schultern, stieß dumpfe Drohungen aus. So hat er auch nicht daran gedacht, mir eines seiner üblichen Geschenke anzubieten. Mit leeren Händen verließ ich seinen Palast.

Nun bin ich darauf angewiesen, meinem Gastgeber Gesellschaft zu leisten, und muß noch froh sein, wenn ich mich ihm angenehm machen kann. So spielen die Götter mit uns, sie lehren uns Geduld, Geduld, Geduld.

Esther, Herrin zu Hebron,
an Eljakim, Priester und so fort,
derzeit zu Kopht

Der Herr und Heilige nehme sich deiner an und lasse dich nicht in der Sünde, du Hartherziger. Hartherziger, ja! Ich bin unterrichtet. Jahwe sei Dank, noch habe ich Freunde, die mir Nachrichten geben. Du hast Aristobul in Cäsarea gesehen. Du hast mit ihm geredet, lange Gespräche hast du mit unserem Sohn geführt. Und dennoch ist er weder zu dir noch zu mir zurückgekehrt. Was soll ich denken, wie soll ich's verstehen, hast du denn keine Macht mehr über sein Herz?

Hast du ihm nicht gesagt: Esther, deine Mutter, wartet auf dich. Esther, deine Mutter, schreit nach dir wie die Ziege nach ihrem Zicklein. Esther, deine Mutter, stirbt vor Kummer, wenn du nicht bei ihr bist.

Hast du ihm das gesagt?

Nein. Nein.

Sonst wäre Aristobul zu mir zurückgekehrt.

(Ich kenne doch meinen Jungen.)

Sag ihm, seine Verirrungen sind verziehen. Ich werde neue Aufgaben für ihn finden, ein neues Leben, wenn er nur will.

Aus den Notizen des Antisthenes

Macht der Frühling meinen Gastgeber wieder redseliger? Hier in Kopht führen Eljakim und ich häufig lange Gespräche.

Heute erzählte er mir zum erstenmal von seiner besonderen und schwierigen Beziehung zu seinem Bruder, dem Hohenpriester.

Halbbrüder, haben sie verschiedene Mütter gehabt: Eljakim die arme, aber angeblich sehr schöne und gute Risa, die Tochter des Gutsbesitzers von Kopht. Als Eljakim ein Jahr alt war, ist sie gestorben.

Der Witwer, erst untröstlich, habe auf Drängen seiner Familie die Zadduzäerin Elivia zur Frau genommen. Ihre Mitgift habe seine Latifundien verdreifacht, sein Vermögen verdoppelt. Sie sei die Mutter des Kaiphas geworden. Kaiphas war von Kindesbeinen an von der ganzen Familie als künftiger Haupterbe und, womöglich, schon als künftiger Hoherpriester betrachtet worden.

Eljakim war vier Jahre alt, als dieser Bruder in seinem Leben auftauchte. Er war noch nicht einmal zehn, als er sich damit bereits abgefunden hatte, daß er die Rolle des Zweitplacierten zu spielen haben werde – und zwar sein Lebtag lang.

Als Kaiphas sechzehn und Eljakim zwanzig war, begegneten beide der jungen Tochter des amtierenden Hohenpriesters Annas, Deborah.

–Wir lebten damals in Jeruschalaim, erzählte Eljakim. Die Familien waren befreundet, die Häuser grenzten aneinander, die Dächer gingen mit ihren Terrassen ineinander über. Die Wipfel der Lorbeer- und Zypressenbäume in beiden Gärten vermischten ihre Äste. So kam es, daß wir jungen Leute manchen Tag miteinander verbrachten. Wir lebten zu dritt wie Geschwister. Damals war Kaiphas noch nicht, was er heute ist, ein grober, fetter, abgebrühter Intrigant. Er war hübsch und schön mit seinen schwarzen Augen, mit seinem kräftig keimenden Bart. Er hatte schon als Knabe gut gesungen, jetzt, nach dem Stimmbruch, sang er noch besser. Er tanzte mit Anmut federnd und feurig, am federndsten und feurigsten, wenn Deborah zusah.

Deborah war erst neun höchstens zehn Jahre alt, ein stilles, zartes, eher schüchternes Kind, der Abgott ihres Vaters. Annas hatte keine anderen Kinder. Wir beide liebten Deborah, Kaiphas und ich.– Eljakim verstummte für eine Weile. Ich erwartete, daß er mir nun erklären werde, wie Kaiphas die schöne Deborah errang. Aber Eljakim schweifte ab:

In jener Zeit habe König Herodes wieder einmal an einem Anfall wütender Todesfurcht gelitten. Der Idumäer glaubte sich ständig von Feinden umgeben, von Meuchelmördern umringt. In jedem seiner Söhne witterte er einen Verschwörer, in jedem Verwandten einen möglichen Nachfolger, der auf die Krone lauere.

–Herodes war damals schon ein kranker Mann. Dennoch hing er mit verzweifelter Inbrunst am Leben. Alle seine ungeheuren Gründungen, Bauvorhaben und Umgestaltungspläne waren nichts weiter als der Ausfluß seiner Sehnsucht, ewig zu leben. Und ewig zu leben, bedeutete selbstverständlich für ihn, wie für jeden Dynasten, auch ewig zu regieren. Er sog das Land aus, um den Tempel in aller Pracht zu errichten; dazu die Festung Massada, die Aquädukte von Cäsarea, das Theater von Jericho, das Herodaion bei Bethlehem. Das ganze Land bedeckte sich mit Baustellen. Immer neue Projekte entwarf er, und immer tollere Pläne träumte er. So hatte er viele Feinde im Land. Viele warteten mit Ungeduld auf ein Anzeichen, daß es mit der Herodianischen Herrschaft zu Ende gehe.

Die Astrologen von Tyros, Sidon und Damaskus gaben damals eine Schrift heraus, in der sie das Auftauchen eines neuen Gestirns prophezeiten. Es werde stärker sein als alle bis dahin bekannten Gestirne und die Helligkeit des Mondes erreichen.

Selbstverständlich knüpften sich an diese Voraussagen sofort allerlei verwegene Erwartungen. In unserem Land flammte die abergläubische Hoffnung auf, daß demnächst der Messias geboren werde.

Herodes nahm das mit schrecklichem Ingrimm wahr.

Er ließ die prophetischen Bücher unseres Volkes nach Hinweisen durchsuchen, woher ein allenfalls zu vermutender neuer Herrscher stammen könnte. Aus Davids Geschlecht, lautete, wie kaum anders zu erwarten, die Antwort. Aus Davids Geschlecht? Herodes tobte. Was konnte er mit dieser

Antwort anfangen? Im ganzen Land waren Leute verstreut, von denen man sagen konnte, sie seien aus Davids Geschlecht; Leute, die keineswegs königlich lebten, im Gegenteil. Es war armes Volk darunter, Bauern, Hirten, Handwerker, abgesunkener kleiner und kleinster Adel. (Wie weit zerstreuen sich nicht die Samen eines großen Baumes? Er steht auf der Höhe, herrlich, weithin sichtbar. Seine Samen aber trägt der Wind weit übers Land, und wenn der Baum längst gefallen ist, siedeln noch seine Abkömmlinge auf steinigen Rainen, in abgelegensten Klüften.)

Herodes überlegte, wie er gegen diese allenthalben zerstreuten Davididen vorgehen könnte. Wo hätte er beginnen sollen, sie auszurotten? Ihrer waren zu viele. So verzichtete er vorerst darauf, doch er geriet in eine Art Raserei, als eines Tages in der Tat das neue Gestirn am Himmel erschien. (Eljakim zeigte sich ergriffen, als er mir von diesem Gestirn berichtete.) Es erschien vor der Regenzeit und fiel durch seinen Glanz auf. Dann war es durch etliche Wochen hinter Wolken verborgen. Eines Nachts aber klarte der Himmel auf. Er, Eljakim, stürzte mit Kaiphas und allen Hausgenossen auf das Dach. Auch sein Vater war dabei, auch Annas, auch Deborah. Auf allen Dächern der Stadt standen die Menschen und staunten zum Firmament empor. Der Stern stand wie eine weißliche Fackel südwärts, wenige Grade über dem Sternbild der Fische, über den Hügeln von Bethlehem.

Nacht für Nacht erschien er in gleicher furchtbarer Herrlichkeit.

Kaiphas, Eljakim und Deborah waren zutiefst überzeugt, ein solches Licht müsse den Messias anzeigen.

Sie kauerten stundenlang auf den Zinnen des Daches. Mit bebenden Stimmen zitierten die jungen Männer die Texte der Propheten. Sie priesen sich glücklich, das Zeichen des

Heils zu schauen. Kaiphas und Deborah schlossen einander in die Arme. Sie, noch fast ein Kind, stimmte, außer sich vor Erregung, den großen Lobgesang israelitischer Frauen an:

Gesegnet mein Schoß,
denn das Kind,
das er gebären wird,
schauen wird es den Retter seines Volkes…

Am anderen Morgen warb Kaiphas bei Annas um das Mädchen. Annas gab ihnen seinen Segen. Er hätte auch keinen angemesseneren Schwiegersohn finden können. Seine einzige Bedingung war, daß Kaiphas zu warten habe, bis Deborah mannbar geworden sei.

Von nun an kamen wir drei allnächtlich auf dem Dache zusammen. Mit Trauer sahen wir, daß die Himmelsfackel immer schwächer, immer trüber brannte. Was hatten wir erwartet – sie werde bleiben und weiterleuchten und die Welt verändern? Die Winterwolken wallten wieder darüber hin. Das Geheimnis verging in Geheimnis. Wir konnten es kaum fassen.

Da – die Zeit rückte wohl schon auf den Schebat zu (etwa Mitte des Januaris) – kam gegen Mitternacht ein gewaltiger Regen von Sternschnuppen aus der Schwärze der Nacht. Deborah hatte ihn als erste gesehen, sprang auf und schrie: –Seht her, seht her, der Stern kommt wieder!– und stürzte rücklings ab über den Rand des Daches. Schreiend rannten wir hin. Unter uns bildeten die Wipfel der Zypressen und Lorbeerbüsche ein dichtes Dach. Wir sahen Deborahs Körper hell schimmernd im dunklen Laub. Wäre sie auf das Pflaster des Hofes abgestürzt, wäre sie unfehlbar zerschmettert worden. So hing sie in den Ästen. Kaiphas war der erste, der sich an einem Seil zu ihr hinabließ, Annas folgte. Aber als sie sie bargen, war sie nicht bei sich und atmete nur schwer. Sie war von Stund an gelähmt und ist es noch heute.–

In Eljakims Augen standen Tränen, als er mir das erzählte. Ich begriff: Die Hauptsache hatte er mir nicht mitgeteilt. Sie ist auch nicht mitteilbar zwischen Männern unserer Art. Wer auch will gestehen, daß er Jahrzehnte nicht verwindet, was sein Herz verloren hat, als es jung war, vor allem, wenn das Verlorene nichts weiter mehr ist als ein alterndes, krankes, verkrüppeltes Weib?

Ich tat, als hätte ich Eljakims Erschütterung nicht bemerkt. Ich fragte: –Wieso hat Kaiphas dieses Mädchen doch geheiratet, da sie lahm und damit zu erwarten war, daß sie nie gebären würde?–

–Wieso? Wieso? fragte Eljakim zurück. Sie war die Tochter des Hohenpriesters und war sein einziges Kind.–

–Ich verstehe, sagte ich. Wer Annas Schwiegersohn wurde, der durfte damit rechnen, dereinst selbst auch Hoherpriester zu werden.–

Eljakim betrachtete mich einige Sekunden lang mit dem Ausdruck des Hasses. –Wie scharfsinnig du bist! sagte er dann und hob die hagere Faust. Ich denke, so ist es auf der ganzen Welt und nicht nur bei uns Juden. Das Amt geht nach Macht und Besitz und wird dann der Gnade Gottes zugeschrieben.–

–Du hast mir nicht zu Ende erzählt, sagte ich am nächsten Morgen zu Eljakim. Du hast gestern von Herodes gesprochen und von seiner Wut über den Stern. Was hat er unternommen?–

Eljakim schien einen Augenblick lang nicht zu verstehen, wovon ich sprach. Dann aber besann er sich: –Ach ja, Herodes. Du hast recht zu fragen – was konnte er schon unternehmen gegen das Himmelslicht? Aber er schickte seine Horcher und Späher aus und ließ sich berichten, welche Hoffnungen an den Stern geknüpft würden und ob er in der Tat als Anzeichen neuer Herrschaft und eines neuen Königtums gedeutet würde. Natürlich war das der Fall, und Herodes war erst recht erbittert. Sogar Ausländer erschienen an seinem Hof und ärgerten ihn mit allerlei Fragen nach einem neugeborenen Königskind. Herodes wagte nicht, die Ausländer anzutasten, denn sie waren fürstlicher Herkunft. Darum stellte er sich harmlos und tat, als sei auch er begierig, mehr von diesem Kind zu erfahren, auf dessen Geburt das Himmelslicht schließen ließ.

Es sollte angeblich unterdessen in Bethlehem geboren worden sein.

Selbstverständlich war das alles nur leeres Gerede. In keinem einzigen der vornehmen Häuser von Bethlehem war in dieser Zeit ein Knabe geboren worden.

Doch Herodes beruhigte sich noch immer nicht. Er soll – so flüsterte ein Gerücht – sogar den Befehl gegeben haben, alle Knaben unter zwei Jahren in Bethlehem und dessen Umgebung zu töten. Obwohl es unwahrscheinlich ist, daß ein solcher irrwitziger Befehl ausgeführt worden wäre – dem Herodes wäre er allerdings zuzutrauen gewesen. Manchmal enthält auch eine Lüge mehr Zutreffendes als ein genauer und trockener Bericht.

Es ist das Vorrecht des Volkes, solche Lügen zu ersinnen und weiterzugeben. Aus seinen Mären leuchtet der Glanz der Wahrheit. –

Wie der Bauer sein Korn worfelt, so worfelst du, o Gott, mein Herz.

Seit Jahren wieder zum erstenmal ist mir das *Kind,* das KIND im Traum begegnet.

Es hat sich mir lange nicht mehr gezeigt, und ich habe kaum noch daran gedacht.

Mir ist, als hätte ich hierher nach Kopht kommen müssen, wo meine Mutter geboren wurde und wo sie starb, an diesen Ort der Stille und des Friedens, daß es, das KIND, aus der Tiefe des Traumes von neuem hervorzulocken war. Und Es zeigte sich mir deutlicher denn je.

Soll ich versuchen niederzuschreiben, was mir damals, bei seinem ersten und wirklichen Erscheinen, zustieß?

Es war vor zwanzig Jahren, etliche Wochen vor der Geburt meines Aristobul. Esther hatte mir kurz zuvor gemeldet, sie habe die ersten Bewegungen der Frucht gespürt und sie erwarte ihre Niederkunft noch vor dem Laubhüttenfest. Ich bezeigte ihr meine Freude, wie üblich. Doch mein Herz blieb kalt. Ich klagte mich im geheimen dessen an und bat den Herrn, mein Gefühl zu erwecken: vergeblich. Wie ein fremdes Geschöpf erwartete ich meinen Erstgeborenen, und kalt wie Stein.

Da geschah es, daß ich dem KIND begegnete. Und von der Stunde an konnte ich an das meine nur denken, indem ich es auf jenes bezog, so als wäre da ein Faden, ein Band geknüpft von einem zum andern, ein Band in eine fremde, aber einzigartige Zukunft.

Und so blieb es auch.

Nicht, daß ich in Aristobuls Zügen Züge jenes Knaben zu entdecken trachtete – Aristobul glich ihm auch in keiner Weise. Unser Junge war immer groß und stark, auch weit hellhäutiger als jener, war gern bei Spiel und Scherz und Gelächter – und brach dann auch wieder leicht in Tränen aus. Nein, nichts an Aristobul erinnerte mich an den fremden Knaben, und doch hatte ich lange die Empfindung, als wüchse unser Junge auf etwas zu, was mit dem anderen zusammenhinge, und dann und wann fragte ich mich im Laufe der Zeit: Wie alt wird *er* jetzt sein und wo wird *er* sich befinden? Als Aristobul fünf war, mußte der andere etwa siebzehnjährig, und als Aristobul begann, erwachsen zu werden, mußte jener schon ein reifer Mann geworden sein. Manchmal, wenn ich auf Zion war bei den großen Opfern und Zeremonien, ließ ich meine Blicke über die Menge schweifen und dachte: Ist *er* unter ihnen? Und würdest du ihn wiedererkennen? Was ist aus ihm geworden? Lebt er denn noch? Und in meinem Innern regten sich die zwiespältigsten Gefühle: Hoffnung, daß er lebe, und Furcht zugleich. O, welche Verwirrung! Welche Unruhe, welche Fragen! Was bedeuteten sie?

Ich weiß, was sie bedeuten. Sie bedeuten nichts Geringeres, als daß jener fremde Knabe der einzige Mensch war, dem ich je begegnete und von dem ich dachte: So könnte ER sein, DER LANG ERWARTETE, DER MESSIAS.

Es war in jener Nacht vor Passah, kurz ehe das Fest begann. Der Mond war schon fast voll und schien so hell, daß jeder Pflasterstein auf dem Tempelvorplatz, jede Zinne und jedes Hausdach rings um Zion so klar und silberweiß dalag, als wären sie aus glänzendem Kreidestein geschnitten. Ich wohnte damals noch in dem kleinen Haus am Südosteck des Tempelbezirks und wußte: Es war das letzte Passahfest, das ich darin verbringen sollte. Das Haus sollte demnächst geschleift und dem Erdboden gleichgemacht werden, denn man hatte schon einen gewaltigen Teil der von Herodes gestifteten Königshalle aufgeführt, mein Haus sollte dem Weiterbau zum Opfer fallen. Mir war schon längst nicht mehr leid darum, denn es war fast unerträglich geworden, hier auf dem Tempelberg zu leben, während all diese Neubauten aufgeführt wurden: ständig belästigt von Lärm, Staub, Lasttieren und -wagen, von den Armeen zerlumpter und ausgemergelter Sklaven, die hier herumwimmelten und Tag und Nacht zu schuften hatten.

Jetzt freilich vor dem Passahfest war Ruhe eingekehrt. Man hatte die Arbeiten eingestellt, die Höfe rings um das Heiligtum gesäubert, die Balkenstapel abgeräumt, die Gerätebuden abgeschlagen, sogar das Pflaster geschwemmt. Niemand durfte sich hier aufhalten, außer natürlich die eingeteilten Wachen und die Priester, die hier wohnten und zu denen ich selbst gehörte. So, dachte ich, würde ich einmal hier in Jeruschalaim eine stille und angenehme Nacht verbringen. Ich war allein in meinem Haus. Esther war ihres Zustands wegen auf Sison geblieben. Meine Diener hatte ich weggeschickt. Ich wollte mich auch schon zur Ruhe begeben und zuvor nur noch einen Blick auf den Tempelplatz werfen, um meine Gedanken auf das morgige Fest zu sammeln, als mir etwas Merkwürdiges auffiel. Eine einsame Gestalt bewegte sich über die Fläche zwischen Tempel und Königshalle, eine kleine und helle einsame Gestalt. Sie bewegte sich langsam, blieb stehen, bewegte sich weiter und immer hin und her, so daß sie bald ins volle Mondlicht trat, bald wieder in den Schatten der Säulenreihe tauchte. So näherte sie sich meinem Hause. Ich dachte: Das muß doch noch ein Knabe sein und rief und rief ihn an. –Du, höre, du! Was machst du da? Weißt du denn nicht, daß es verboten ist, hier herumzugehen?–

Der Knabe stand still, dann kam er auf mich zu. Er schien keine Ahnung zu haben, in welcher Gefahr er sich befand, denn wenn ihn ein Wächter bemerkte – und so wie er her-ankam, mußte er ja schon im nächsten Augenblick bemerkt werden –, würde er sogleich ergriffen und, wie in solchen Fällen üblich, abgeführt und mißhandelt werden. Ich weiß nicht, was mich bewegte, dem Knaben entgegenzugehen und ihn zu warnen.

Doch er schien ganz furchtlos zu sein.

Merkwürdigerweise sprach er mich auch gleich mit mei-nem Namen an, als ich ihn aufforderte, in mein Haus einzu-treten. Woher kannte er mich? Als ich ihn fragte, ob er hier in der Nähe wohne, verneinte er: Er sei aus Galiläa und mit seinen Eltern zum Passahfest gekommen.

–Und was tust du hier nachts auf dem Tempelberg? fragte ich und suchte meiner Stimme einen strengen Klang zu ge-ben. Weißt du denn nicht, daß es sträflich ist, sich hier nach Sonnenuntergang herumzutreiben?–

Er blickte mich an und lächelte. Ein solches Lächeln hatte ich noch nie gesehen. Es war nicht spöttisch, nicht überle-gen oder gar frech, es strahlte etwas daraus hervor, das ich nicht anders als ein unergründliches Vorwissen nennen kann. Ich fühlte, daß er meine Strenge nicht ernst nahm, so wie er die Gefahr nicht ernst nahm, vor der ich ihn eben ge-warnt hatte. Die Gefahr betraf ihn gar nicht.

Das verwirrte mich, und ich fragte ihn, ob er nicht hungrig sei; ich könnte ihm etwas zum Essen bringen.

Er nahm an und dankte und dankte dann noch einmal, als ich ihm Brot und Hirsebrei und ein paar Bitterkräuter brachte. Er brach das Brot und aß den Hirsebrei, inzwi-schen betrachtete er mich immerzu mit seinen dunklen und glänzenden Augen, die mir sehr schön schienen, ob-wohl sie ein wenig zuviel hervortraten.

Als ich ihn fragte, wie alt er sei, sagte er: –Zwölf Jahre.– Ich fand ihn klein und schmächtig für sein Alter. Beim Essen glitten ihm die Ärmel zurück und ließen seine Handgelenke sehen, und ich glaubte, nie im Leben an einem Knaben so zarte Gelenke gesehen zu haben.

Doch er aß mit gutem Appetit, und als er fertig war, kratzte er den Grund der Schüssel noch einmal aus, leckte den Löffel ab und gab mir Löffel und Schüssel mit freundlich strahlendem Blick zurück. −Danke, Priester Eljakim, sagte er, du bist ein guter Mensch.− Mich überlief es. Warum denn nur? Und ich sagte: −Woher willst du wissen, daß ich ein guter Mensch bin?−

Er zog die Brauen hoch und sein Blick verschattete sich. Dann sagte er mit dem Anflug eines Seufzers: −Du wirst es nicht immer leicht haben, ein guter Mensch zu bleiben.−

Mich kam ein Lachen an. Was redete denn dieses Kind? Da lachte der Knabe mit mir und sagte: −Ja, du wunderst dich. Aber mein Vater hat mir von dir erzählt − und von allem, was dir geschehen wird.−

−Ist dein Vater am Ende ein Prophet?− fragte ich, immer noch mehr lachend, doch mit einer Art Herzzittern, und ich hätte mich geschämt, den Knaben auszufragen, was denn dieser Vater über mich erzählt habe.

Aber gleich darauf erzählte mir das Kind, daß sein Vater ein einfacher Zimmermann sei, der, zwar Israelit, vor etlichen Jahren auf einer Schiffswerft am Nil, also in Ägypten, gearbeitet habe.

Ich reimte mir schnell zusammen, daß die angebliche Weissagekraft dieses Zimmermanns vielleicht ein Überbleibsel sei aus dessen ägyptischer Zeit; als ich indessen diese Meinung äußerte, lächelte der Knabe wieder sein unbeschreiblich tiefgründiges Lächeln und antwortete nicht.

Ich hatte Schüssel und Brotbrett hinaus in die Küche getragen und hatte mir dort einen Trunk hergerichtet.

143

Als ich in mein Gemach zurückkam, fand ich den Knaben mit den Schriftrollen beschäftigt, die da herumlagen; sie enthielten die heiligen Texte der Weisheitsbücher.

Ich fragte ihn: –Kannst du lesen?– Er nickte: Ja! und ich wollte ihm eine Rolle öffnen, um ihn auf die Probe zu stellen, aber er hatte schon eine andere aufgewickelt, beugte sich darüber, legte den Finger seiner Rechten auf die oberste Zeile und las:

–Ehe die Erde war, war ich.
Ehe die Berge gegründet wurden
und die Hügel und Meere, war ich.
Mich hat der Herr gehabt von Anfang an.
Ich war, ehe der Morgenstern aufging,
eingesetzt bin ich von Ewigkeit.
Doch meine Wonne ist es gewesen,
bei den Menschenkindern zu wohnen,
vor ihnen zu spielen
in Ewigkeit.–

Diese Worte hörte ich aus seinem Mund, Knabenmund.

Ich höre sie immer noch.

Ich habe sie vorher dutzende Male gelesen und hunderte Male seither. Aber nie mehr konnte ich mir den Klang seiner Stimme aus den Ohren reißen, dieser Stimme, von der ich damals einen Augenblick glaubte, sie habe für mich den Sinn einer Offenbarung.

Ich wußte doch, wovon die Rede war: Eine Stelle aus den Salomonischen Büchern, Rede der Weisheit. Die Weisheit Gottes sagt aus, daß sie ja bei JAHWE gewesen sei, ehe er die Welt erschuf, ehe Berge, Hügel, Meere und der Morgenstern gewesen. Sie, die Weisheit, die, laut alter Lehren, ein Teil Gottes war und ist, eingeschmolzen in IHN, Teil von IHM, und doch sagt sie: DER HERR, und redet von ihm wie von einem Zweiten. Rätselhaft.

War ER denn nicht allein, als ER die Welt erschuf? War die Weisheit in IHM auch die Weisheit eines anderen? Wer sah IHM zu, als ER den Morgenstern aufgehen ließ? Wer stand IHM bei, als ER Länder und Meere trennte? Und wessen Wonne war es denn dann, bei den Menschenkindern zu wohnen, vor ihnen zu *spielen*? Doch wohl nicht JAHWES Wonne? JAHWES, der strafte, der richtete, der die Sintflut schickte und Sodom untergehen ließ? So konnte es nur die Wonne eines Zweiten sein, eines ANDEREN. Entsetzen ergriff mich bei diesen Gedanken des Abfalls und der Sünde. Doch hinter, unter, über diesem Entsetzen stieg eine ungeheure Freude auf und drang hervor aus diesem Entsetzen, wie Licht durch eine Wolke dringt – und mein Herz wollte jauchzen.

All dies, Fragen, Entsetzen, Freude durchschauerten mich, als der Knabe las und nachdem er gelesen hatte. (Nie hatte ich Ähnliches gedacht und empfunden.) Ich verbarg wohl mein Gesicht in den Händen und ächzte. Und als ich die Hände wegtat von meinen Augen, sah ich die seinen mir nah, freundlich mir zugewandt, trotzdem ernst und voll mitwisserischer Teilnahme.

Da fragte ich: BIST DU DER MESSIAS?

Im selben Augenblick wußte ich, daß meine Frage ungeheuerlich war. Ich hätte sie mir in den Mund zurückschlagen mögen. Ich sah den Knaben zusammenzucken, sein Blick verschleierte sich, er senkte die Lider und senkte den Kopf über die Rolle, aus der er gelesen hatte, als wollte er seine Stirn auf den Tischrand stützen. Für einen Moment glaubte ich, Blut aus seinen Schläfen treten zu sehen. Ich erschrak, doch es war nur eine Täuschung.

Wie lange wir so saßen, einander gegenüber und durch den mit Rollen und Schrifttafeln bedeckten Tisch getrennt, ich weiß es nicht. Zwischen uns brannte eine Öllampe mit drei schönen klaren Flammen, und durch die geöffnete Tür fiel der weißblanke Mondenschein. Draußen schallten die Tritte der Wächter und ihr stündlicher Ruf.

Noch später sprachen wir miteinander, der Knabe und ich. Ich merkte, er war sehr bewandert in unseren Heiligen Büchern. Ich wunderte mich über seine Kenntnisse und die Fragen, die er mir stellte. Doch keine seiner Fragen kam der ersten gleich, die er mir, ohne sie auszusprechen, zugehaucht hatte.

Noch später bereitete ich ihm ein Nachtlager. Ich behielt ihn bei mir bis zum anderen und zum übernächsten Morgen. Ich nahm ihn zum Tempel mit und stellte ihn anderen Priestern, darunter auch Kaiphas und dem Nikodemus vor. Ich bewegte allerlei Pläne in mir, diesen Knaben aufzunehmen in die Hohe Schule und ihn zu einer Leuchte der Theologie auszubilden. So richtete ich es ein, daß er mit etlichen Schriftgelehrten zusammenkam, daß sie ihm Fragen stellten und von ihm befragt wurden, und ich erlebte die Genugtuung, daß sie alle sein Wissen und seine Klugheit erstaunlich fanden.

Doch am dritten Tag nach dem Fest, als ich mich soeben für kurze Zeit von ihm entfernte, wurde er von seinen Eltern abgeholt. Seine Eltern hatten ihn während des Festes aus den Augen verloren und überall schmerzlich gesucht. Nun nahmen sie ihn mit sich, ich sah ihn nie mehr wieder.

Die sogenannte Kalliope, Wirtin zu Tiberias,
an die hochgeehrte Herrin Esther zu Hebron

Die treue Chara grüßt Euer Gnaden und empfiehlt sich
dero Gedenken. Euer Gnaden werden sich noch erinnern,
daß ich vor etlichen Monaten einen Bericht schickte über
eine gewisse Maria aus Med-schel, Tochter des Zephanja
oder Zepharja, eine zu jener Zeit noch unbescholtene Jungfrau. Welche Gründe Euer Gnaden auch hatten, sich nach
der Person zu erkundigen, ich habe nun wieder Nachricht
zu geben, allerdings sehr anderer Art.

Wie ich Euer Gnaden mitzuteilen die Ehre hatte, führe ich
ein gutes und wohlangesehenes Haus zu Tiberias.

Ich bin bemüht darum, daß meine Kundschaft immer bestens bedient und nie von minderem Volk oder gar von her-
umstreifendem Gesindel, derlei jetzt so viel auf dem Weg
ist, belästigt werde.

Um solches abzuwehren, habe ich zwei kräftige Knechte,
die alles Unliebsame schon von der Tür entfernen.

Geschah nun vor zwei Tagen, daß eine Gruppe abgerisse-
ner Herumstreuner Einlaß begehrte.

Es entspann sich, wie in solchen Fällen meist, ein Disput im
Hinterhof.

Die Gruppe der Fremden, Männer und Weiber, wollten
den Knechten weismachen, daß sie ebenfalls gute Kundschaft seien. Zum Beweis zeigten sie ein Mädchen vor, das –
ich höre und staune – dem jungen Herrn zu Hebron und Sison, Euer Gnaden Sohn Aristobul, angehört habe und sich
als dero Versprochene bezeichnen dürfe.

Ich – den Namen vernommen – bin auch schon draußen
und sehe mir die Leute und vor allem das Mädchen an. Auf
den ersten Blick erkenne ich, daß es sich hier nur um eine
infame Lüge handeln kann. Das Mädchen in Lumpen, mit

grellen Farben bemalt. Die anderen: Bagage der schlimmsten Sorte. Ich, eingedenk Euer Gnaden und empört,
daß solches Volk sich Eures Sohnes brüstet, zerrte das Mädchen ins Haus und weise die Knechte an, ihres Amtes zu
walten.

Die Rotte schreit und verlangt nach dem Mädchen Maria.
Maria schreit und verlangt zurück, verstummt dann plötzlich und fällt zu Boden.

Sie liegt wie gestorben.

Ich weiß nicht, ist die Ohnmacht gespielt oder echt. Ich versuche sie zu wecken. Vergeblich. Ich denke: Wenn sie zu
sich kommt, wird sie reden. Ich lasse sie allein und gehe
meiner Arbeit nach.

Da ich zurückkehre, hat das Mädchen ein Glas (das hübsche
Duftfläschchen übrigens, womit Euer Gnaden mich einmal
beschenkt haben) zerbrochen und sich mit den Scherben
am linken Handgelenk eine tiefe Wunde beigebracht.

Sie blutet stark.

(Mehrere bunte Tücher, die in der Nähe lagen, sind durch
Flecke verdorben.) Ich ohrfeige sie und rufe, da ich Blut
nicht sehen kann, eine meiner Frauen, die sich zufällig auf
Abbinden von Gliedmaßen und derlei versteht. Die Frau
besieht sich die Schnitte und sagt: —Sieht aus wie ein großes
lateinisches A.—

Das Mädchen wimmert nur, es möchte sterben.

Bis jetzt war nichts weiter aus ihr herauszubringen.

Ich habe sie bei mir gelassen und versorge sie.

Zu Diensten habe ich sie bis jetzt nicht herangezogen.

Wenn Euer Gnaden die Güte haben, mir einen Wink zu geben, ob ich mich weiter um sie kümmern soll.

Sonst setze ich sie einfach vor die Tür.

Eure treue Chara erwartet Nachricht.

Post Scriptum

Der Rücken des Mädchens zeigt einige vernarbte Striemen. Abgesehen von ihrem verlumpten, verlausten und halb verhungerten Zustand – keine Krankheiten.
Die Wunde beginnt zu heilen.

Aus den Notizen des Eljakim

Und wieder ist mir heute das Kind im Traum erschienen, es hat mich zu Aristobul hingeführt ... Welch eine Freude, welch ein Trost.
Aber auch so viel Rätselhaftes!
Ich war unterwegs, ich weiß nicht wo. Augenblicksweise meinte ich die Gegend zu kennen, nördlich von Kapharnaum, ein Berg, eine Schlucht, ein langer schräger schwindelnder Pfad, der immer aufwärts führte und dennoch, so kann uns nur der Traum verwirren, in einer tiefen hallenartigen Höhle endete.
Die Höhle: Irgendwo mußte ein Feuer brennen, denn Wände und Decken waren gelbrot bestrahlt, ein Auf und Ab von Schatten umher. Vor mir ging das Kind, es ging schon die ganze Zeit immer vor mir, sein Gesicht sah ich nicht, nur seinen Rücken, seinen Nacken – und dann die Füße, die sehr schmal und flüchtig über die Steine setzten, Fersen, Rist, die zarten Fußgelenke, die sah ich deutlich, ich eilte ihnen nach, ihr Schritt zog meinen hinterher. Wohin? Ich wußte nicht, wo wir waren.
Ich wußte das eine nur: Das Kind führt mich zu Aristobul.
Und da sah ich ihn auch schon, meinen Sohn, fern und klein auf dem Grund der Höhle hocken, der Höhle, die

149

sich noch einmal tief und gleichsam bis in eine Vorhölle hinabgesenkt hatte, dort kauerte Aristobul in einen weißen Mantel gehüllt und schärfte eine Waffe. Welcher Art diese Waffe war, konnte ich nicht erkennen, aber ich hatte sehr große Furcht vor ihr, ob sie ein Messer oder Schwert oder nur eine Lanzenspitze war. Denn irgend etwas sagte mir, daß Aristobul selbst durch diese Waffe bedroht sei. Ich wollte rufen und drängte mich vor, mir war, als drängte ich durch das Kind und als ließe es mich durch sich selbst zu meinem Sohn hinab.

Da aber war die Waffe fort. Noch immer saß Aristobul gebückt am Grund der Höhle, doch statt der Schwertesschneide lag eine Frau vor ihm, das Haupt in seinem Schoß, und seine Bewegungen bewegten kein Werkzeug, sie galten vielmehr der Frau, die er liebkoste und deren Haar, langes, lockiges, dunkelhonigfarbiges Haar, er um seine Hand gewickelt hatte.

Da erwachte ich. Und obwohl ich in Tränen schwamm darüber, daß ich Aristobul nicht erreichen konnte, fühlte ich doch etwas wie Erlösung durch meine Adern strömen, ein Gefühl möglicher Genesung, süß und schwer wie Honig.

Lazarus ben Zephanja, Pächter in Bethanien,
an Eljakim, Priester und Gutsherr zu Sison und Kopht

Am 15. Adar (1. März)
Sehr großen Dank sage ich Dir, du mein Gutsherr. Dein Rat war freundlich und deine Hilfe war groß. Ich und meine Schwester Martha sind nun in Bethanien und haben hier viel Gutes gefunden, Felder, Kleinvieh und ein besse-

res Haus, als wir zu Med-schel hatten. Aber das Beste war, daß unsere kleine Schwester zurückkehrte, und sie lebt wieder bei uns.

Ein Rabbi gebot ihr, und sie hat gehorcht. Dennoch gedenkt sie noch Deines Sohnes. Den Brief, der meinem Briefe beiliegt, hat sie Dir geschrieben. Der Pachtzins folgt nach der nächsten Ernte.

Maria, Tochter des Zephanja,
an Eljakim

Großer, gütiger Herr,
wehe dir, haben meine Geschwister geredet, verloren wirst du gehen, wenn du ihn liebst. Ich habe ihn geliebt, der dein Sohn ist, Aristobul.

Ich bin verlorengegangen.

Da kam einer und sagte: –Geh nach Bethanien. Dein Bruder Lazarus ist dort. Geh hin, wo dich niemand kennt. Dort kannst du genesen.–

Ich sagte: –Rabbi, wie soll ich hingehen?–

Er sagte: –Geh. Du hast viel geliebt, dir wird viel vergeben werden.–

Ich ging, und meine Geschwister nahmen mich auf. In seinem Namen vergaben sie mir. In seinem Namen wird auch ihm vergeben werden, Aristobul. Bete für ihn.

Im Monat März

Immer noch in Kopht.

Eine meiner letzten Eintragungen schloß mit der Feststellung: Die Götter lehren uns Geduld.

Wie wahr!

Doch wenn wir nahe daran sind, alle Hoffnung auf Abwechslung zu begraben, alle Erwartung auf Unerwartetes aufzugeben, bedenken sie uns mit den überraschendsten Erfahrungen.

Wie folgt.

Von der Kuppe des Hügels, unter der unser Wohnhaus liegt, läßt sich weitum ins Land schauen. Eljakim und ich sitzen dort manchmal unter einem alten Feigenbaum, schwatzen, lesen, nicken wohl auch einmal ein. Jenseits der niederen Bachsteinmauer führt ein Weg vorüber, ein anderer quert von den Ufern des Sees über vorgelagerte sanfte Weinbergkuppen. Vor etlichen Tagen fiel uns auf, daß sich auf diesen beiden Wegen eine größere Anzahl von Menschen bewegte, sie wanderten landeinwärts, als wollten sie alle in das Gebirge hinauf.

Ich fragte Eljakim, was das Ziel dieser Leute sein könne. Er sagte, er wisse es nicht, denn die Heerstraße führe weiter nördlich westwärts, und hinter den Hügeln von Kopht beginne unbebautes Land und ziehe sich viele Meilen gegen Tabor hin.

Die Leute wanderten in einem langen Zug an uns vorbei, immer neue kamen heran. Dann versiegte der Strom. Am anderen Tag zeigten sich nur noch wenige, am dritten Tag blieben die Pfade leer.

Nun aber erschien heute gegen Mittag ein Reiter und verlangte Eljakim zu sprechen. Er bitte um Hilfe, sagte er. –

Hilfe – für wen? fragten wir ihn. – Für Tausende! antwortete der Reiter – und dann erzählte er: Er sei auf seinem Weg von Kana an einer Stelle vorbeigekommen, wo eine große Menge Menschen lagerten, Männer, Weiber und Kinder, alle waffenlos und die wenigsten mit Reittieren. Die Gegend, wo sie lagerten, sei wüst, kein Dorf in der Nähe, nur eine verfallene Zisterne. Die Menschen hätten sich dort um einen Mann versammelt, der ihnen predigte. Sie lagerten und hörten ihm zu.

Auch er, der Reiter, habe sich eine Weile aufgehalten. Da der Mann, der zu den Menschen sprach, nicht zu allen zugleich sprechen könne, gehe er zwischen ihnen umher und wende sich von einer Gruppe zur anderen. Immer sei etwa ein Dutzend bei ihm gewesen und auch eine Schar Kinder.

Die Massen machten einen elenden und ermüdeten Eindruck. Der Reiter habe gefragt, wie lange sie denn schon hier seien. Zwei Tage, sagten die einen, andere drei, wieder andere sagten sogar vier, und viele fügten hinzu: Seither haben wir nicht mehr gegessen. – Da habe sich der Reiter gewundert und gefragt, warum sie denn nicht schon längst aufgebrochen und zu ihren Dörfern zurückgekehrt seien. Da hätten sie geantwortet: –Wir wollen IHM zuhören, dem Meister.–

Er fragte: –Wie lang wollt ihr denn das?–

Darauf erwiderten sie: –Solange er zu uns reden will. Denn er redet wie einer, der mehr Macht hat als das Gesetz.–

Der Reiter bot einigen an, mit ihm zu kommen. Da zeigte es sich, daß die wenigsten fort wollten, und vielleicht waren sie auch schon zu schwach.

–Sie werden dort erliegen, sagte der Reiter, werden erliegen, wenn ihnen niemand zu Hilfe kommt.–

–Und wer soll diese Hilfe leisten? fragte Eljakim.

–Ich weiß es selbst nicht, sagte der Reiter. Vielleicht kannst du ihnen Brot schicken. Vielleicht kannst du auch die Gemeindevorsteher von Tiberias, Med-schel und Kapharnaum benachrichtigen, daß man ihnen Beistand zukommen läßt. Du vermagst viel, du bist Priester...–

Eljakim wehrte ab: –Ich bin nicht Priester, um Unsinnigen beizustehen. Und unsinnig muß ich nennen, was dort geschieht.–

Dann begann er eine lange Rede über den Unverstand des Volkes, das allen möglichen Lehrern folgt und von unerprobten Wanderpredigern Erleuchtungen erwartet.

Der fremde Reiter fühlte sich entlassen. Mit betrübter Miene nahm er Abschied und setzte seinen Weg fort.

Eljakim schalt noch eine Weile weiter. Dann aber schien er sich anders zu besinnen. Was er tun solle? fragte er mich. Wo so viele hungern, reicht keine Hilfe aus. –Geh dennoch hin, sagte er dann, und fülle einige Körbe mit dem, was wir haben. Joram soll die Maultiere beladen und zu ihnen hinaufreiten.–

Ich überbrachte Joram den Befehl. Da fiel mir ein, daß ich mit ihm reiten könnte. Ich war neugierig, die Menge in Augenschein zu nehmen, die da oben ausharrte, nur um einem Prediger zu lauschen, und ich dachte: Vielleicht kannst du auch ihn in Augenschein nehmen, der solche Macht ausübt. Dieses Land ist voll Merkwürdigkeiten. Die einen heulen vor dem Procurator und wollen sich in Stücke hauen lassen um ihrer Gesetze willen. Die anderen hungern und dürsten in der Wüste, um einen zu hören, der über das Gesetz hinaus spricht. Und ich beschloß, den Anblick nicht zu versäumen.

So folgte ich Joram und seinen beladenen Maultieren. Wir ritten über die Hügel hinter Kopht westwärts in das Gebirge hinein. Es ging schon gegen Abend, und die Schatten fielen, da sah ich auf einer Halde vor uns ein Wimmeln und Winken. Im ersten Augenblick glaubte ich, daß eine galoppierende Herde auf uns zukomme, dann aber sah ich: Es waren Menschen, scharenweise. Sie trugen Zweige, man hörte sie singen, und je näher sie kamen, desto deutlicher war zu merken: Was sie sangen, waren Jubelgesänge.

Ich hielt an, auch Joram hielt an mit seinen Lasttieren. Nun kamen auch auf der anderen Talseite Leute herab. Sie hüpften und sprangen über die Steine und wogten zwischen den Stämmen der Terebinthen heran. Alle lachten und sangen und waren voll Freude.

Unsere mit Körben beladenen Lasttiere beachteten sie nicht.

Ich hielt einen auf und fragte: –Woher kommt ihr?–

Er antwortete: –Wir kommen vom Meister.–

–Und warum seid ihr so vergnügt?–

Er lachte und antwortete: –Er hat uns alle genährt. Uns alle hat er gesättigt. Mit fünf Broten und sieben Fischlein hat er uns gestärkt.–

Ich sagte: –Mann, bist du von Sinnen? Hunderte seid ihr, wenn nicht noch mehr. Was redest du von fünf Broten und sieben Fischen?–

Da rief er: –Frag doch die anderen! Wir alle haben es mit eigenen Augen gesehen.–

Und ließ mich stehen, Joram und mich und unsere Lasttiere mit ihren Körben voll Fladen, Früchten und Rauchfleisch – und einen sah ich an uns vorüberlaufen, er hielt mit beiden Händen ein rundes Brot hoch und hielt seine Augen darauf geheftet als wärs ein Heiligtum und trug es dahin wie eine Trophäe.

So zogen die Scharen an uns vorüber, das Tal entlang, singend, lachend, taumelnd im Übermaß der Freude.

Jeschua, riefen sie, sei der Name des Meisters.

Nun brenne ich darauf, Eljakim zu erzählen und ihm zu berichten. Leider schläft er heute schon. Morgen werde ich ihn befragen, was er von den merkwürdigen Ereignissen hält.

Fortsetzung in den Notizen des Antisthenes

Zu meiner Überraschung hat sich Eljakim an meinen gestrigen Erlebnissen sehr wenig interessiert gezeigt. Er unterbrach mich einige Male und versuchte, mich mit spöttischen Fragen aus dem Konzept zu bringen. In düsterer Laune begab er sich zu Tisch. Schweigend nahmen wir unsere Mahlzeit ein. Danach versuchte ich ihn in ein anderes Gespräch zu verwickeln. Er aber blieb einsilbig. Plötzlich erhob er sich und begann in der Laube hinter dem Haus, wo wir gesessen hatten, mit großen heftigen Schritten auf- und abzuschreiten. Von Zeit zu Zeit griff er sich eine Granatfrucht aus dem Korb und schleuderte sie hinaus in den Garten, als wären die Früchte Steine, mit denen er nach unbekannten Feinden zielte.

Dann begann er zu reden: –Lehr mich die Menschen kennen, die Menge lehr mich kennen, Blinde, Taube, Blöde, die jedem Blendwerk erliegen, jedem Verführer auf den Leim gehn, das Tollste für wahr halten und das Vernünftigste von sich schütteln wie einen Skorpion. Lehr sie mich kennen, die Menschen unseres Volkes, dieses armen verzweifelten, immer wundergläubigen Volkes ... Seit zwei Jahrtausenden schleppt es sich durch die Geschichte im Fieberwahn seiner Hoffnungen.–

Jaja, er Eljakim wisse, wovon er spreche ... (und wieder schleuderte er die Granatfrüchte, mit einer Kraft und einer

Wut, die einer besseren Sache würdig gewesen wären!) wovon er spreche, wenn er diesen Fall der Sättigung in der Wüste als Finte und Betrug bezeichne, als Täuschung, in der jeder vom anderen und alle zusammen von Einem getäuscht
worden seien.

Er, Eljakim, so fuhr er fort, habe schon gestern von dem Er-
eignis da oben in den Hügeln gehört: von Nachbarn,
Dienstboten und so fort, nun sei auch ich ihm mit dieser Lü-
genmär gekommen. Er habe den Vorgang durchschaut. Er
könne ihn durchaus erklären. –Nun? fragte ich, und blickte
ihn erwartungsvoll an.

Meine Neugier schien ihm zu schmeicheln. Seine Laune
heiterte sich auf. Er setzte sich zurück an den Tisch.

–Fürs erste, sagte er, eine ganz gewöhnliche Sache: Ein Prediger spricht. Man sammelt sich um ihn. Vielleicht spricht
er gut. Darum sammeln sich viele. Der Prediger redet und
redet. Aber weil er redet, was nicht alle hören sollen, zieht
er mit seinen Zuhörern hinaus in unbebautes Land, in die
Wüste. Dort ist er allein mit ihnen, die ihm Glauben schenken, allein mit seinen Gläubigen, allein mit seiner Gemeinde.–

–Und weiter?–

–Stunden vergehen. Tage vergehen. Der Prediger redet
noch immer. Die Leute beginnen zu dürsten, zu hungern,
sie sind matt. Sie möchten essen und trinken und möchten
sich erholen. Aber keiner wagt, seinen Mundvorrat hervor-
zuziehen. Denn – natürlich haben sie alle ihren Mundvorrat bei sich. Kein Wüstenanrainer wird jemals in die Wüste
gehen, ohne sich nicht eine Wasserflasche und Brot, ein
paar Datteln oder Fische in den Ranzen zu stecken.–

–Mag sein. Aber–

–Aber! Da liegt der Hund begraben. Man mißtraut einander. Keiner will als erster die Flasche ziehen. Keiner als er-

ster nach seinem Fladen greifen. Denn weiß er, weiß er denn mit Gewißheit, daß auch der Nachbar versehen ist? Nein. Er weiß es nicht. Doch in dem Augenblick, da er seinen Ranzen auspackt, könnte jener kommen und sagen: –Gib mir! Teile!– So sitzen sie lieber dürstend und hungernd und warten, bis der Prediger endet.

Schließlich merkt der Mann, was die Stunde schlug. Er wendet sich an den ersten Besten, etwa an einen Knaben: –Sag, hast du nichts bei dir?–

Und der Knabe, der noch kein Arg kennt, zieht in der Tat ein paar Brote hervor. Auch Fische hat er mit ... er legt sie hin. Der Rabbi lobt ihn. Ein zweiter tut desgleichen. Der Rabbi nickt ihm zu. Ein dritter, vierter, fünfter öffnet sein Bündel. Brot, Fische, Früchte – alles in Fülle. Plötzlich ist jedermann bereit, seinen Ranzen zu leeren. Ein Schmausen beginnt, ein fröhliches Kosten, Teilen, Tauschen... Am Ende kommen sich alle beschenkt, in Fülle gelabt und gesättigt vor.

So wird es gewesen sein, schloß Eljakim beinahe triumphierend.

–Darin bestand das Wunder, das Wunder dieses Rabbi – wie sagst du, heißt er?–

–Jeschua. Ich glaube, sie sagen Jeschua.–

Eine Weile schweigen wir. Ich mußte zugeben, Eljakims Erklärung hatte viel für sich. Sie entsprach der Vernunft und der Erfahrung. Dennoch war mir nicht ganz wohl. Ich erinnerte mich der ungeheuren, unfaßlich trunkenen Freude, die den Heimkehrern aus der Wüste ins Gesicht geschrieben gewesen war. Ihre Rufe: –Er hat uns gesättigt, er hat uns alle gesättigt!– tönten mir noch im Ohr. Alles Täuschung? Alles Lüge?

Aus Flavius Josephus: DER JÜDISCHE KRIEG

Es dauerte nicht lange, da gab es erneut Anlaß zur Beunru-
higung, Pilatus wollte nämlich eine Wasserleitung bauen,
und die Wasser der Quelle Ait Atan in die Hauptstadt
leiten. Dies war aber eine Strecke von mehr als 400 Stadien.
Um diese Arbeiten durchführen zu können, richtete er
seine Begehrlichkeit auf den sogenannten Korban. Darunter wird der Tempelschatz verstanden.

Pontius Pilatus, Procurator von Judäa,
an den göttlichen Cäsar Tiberius,
derzeit zu Capua

                              An den Kalendae des Februaris
Göttlicher Cäsar, Dein Diener Pontius Pilatus erstattet Bericht.
Judäa, das Du meiner Verwaltung anvertraut hast, verharrt
in Demut und Anhänglichkeit. Die Steuern fließen zwar
stockend, aber wo fließen sie anders? Die regierenden
Kreise sind schurkisch und korrupt, aber wo wären sie besser? Das Volk ist geduldig. Es hängt zwar allerlei Träumereien nach, doch diese Träumereien würden im Notfall,
wenn Deine Legionen aufmarschierten, im Nu in Nichts
zerstäuben.
Das weiß man auch. So läßt man die Träume nicht überhandnehmen. Über einen Umstand habe ich allerdings
Klage zu führen. Du hast befohlen, göttlicher Cäsar, daß
ich mich stets bei den verschiedenen Festen der Juden in
die Hauptstadt zu begeben habe. Sehr weise muß ich Deine

Vorsicht nennen, da uns die Geschichte der letzten Jahrzehnte lehrt, daß gerade zu Festzeiten die unangenehmsten Vorfälle zu gewärtigen sind.

Besonders das Passahfest (Frühlingsfest) ist dafür bekannt, daß die Leidenschaften überhandnehmen. So ist Deine Weisung, mich eben an diesem Fest in Jerusalem aufzuhalten, nur zu berechtigt.

Doch bedenke, göttlicher Cäsar, was an solchen Tagen hier vorgeht. Eine Stadt, deren Fläche nicht viel größer ist als etwa die von Tarquinia, wird von Zehntausenden Menschen heimgesucht. (Die Juden sagen, daß es sogar Hunderttausende sind.) Sie drängen sich also auf engem Raum zusammen. Sogleich gleicht die Stadt einer riesigen Kloake. Die Brunnen versiegen. Seuchen greifen um sich. Der Gestank wird unausstehlich. Wie soll ich, wie sollen auch Deine Offiziere und Beamten eine solche Unbill ertragen?

Erlaube deshalb, o göttlicher Cäsar, daß ich, um einen neuen Brunnen zu erschließen und eine Wasserleitung einzurichten, den Juden ein Gnadengeschenk Deinerseits in Aussicht stelle; überdies, daß ich, wenn die Arbeiten einmal in Angriff genommen sind, die Tempelbehörden zwinge, uns ihre Schätze zu verpfänden. Ich weiß es wohl, daß Du durch kaiserliche Gnade und Gesetze die kultischen Gegenstände der Juden geschützt und garantiert hast. Doch die Notwendigkeit, Seuchen abzuwehren, gebietet uns, bestimmte Eingriffe vorzunehmen.

Habe die Güte, Göttlicher, mir das Recht zu solchen Eingriffen zu bestätigen.

Kaiphas, Hoherpriester zu Jeruschalaim,
an den kaiserlichen Procurator Pontius Pilatus,
derzeit zu Cäsarea

Am 20. Schebeth des Jahres 3789 (6. Februar)
Der Gott unseres Volkes, der Einzige und Allmächtige
schütze Dein teures Haupt und bewahre es vor allen Übeln.
Verzeihe, Gestrenger, daß ich mich auf Grund verschiede-
ner Gerüchte an Dich wende. Wie man mir zuträgt, beab-
sichtigst Du, ein erhabenes Werk in Angriff zu nehmen
und unsere Hauptstadt mit einer Wasserleitung zu beschenken.
Dieses Werk würde Dir und der römischen Staatsmacht
(der Herr segne sie) höchsten Ruhm in diesem Land und
im ganzen Reich verschaffen.
Glücklicherweise bin ich in der Lage, Dir dabei mit Rat
und Tat zur Seite zu stehen.
In den Latifundien unserer Familie sind bedeutende Steinbrüche, die über allerbestes Material verfügen. Überdies
fehlt es nicht an Lehmgruben und Fabriken, in denen in
kurzer Zeit große Mengen von Ziegeln gebrannt werden
könnten. Auch Spanndienste würden zu günstigsten Prei-
sen geleistet werden.
Es bedarf nur eines Winkes von Deiner Seite, um die Vorbe-
reitungen in Bewegung zu setzen.
Ich bin gewiß, daß Dir meine Ergebenheit bekannt ist und
daß Du sie einzuschätzen weißt.
Deiner Nachricht bin ich gewärtig und zu Gesprächen jederzeit bereit.

Pontius Pilatus
an Kaiphas, Hoherpriester zu Jerusalem

Deinen Brief und Deine Vorschläge erhalten.

Plan neuer Quellenerschließung für die Stadt Jerusalem erwogen, ihre Notwendigkeit zwar unbezweifelbar, ihre Finanzierung aber völlig offen.

Keinesfalls kann die Procuratur dafür herangezogen werden. Allenfalls wäre auf ein Gnadengeschenk des Kaisers zu hoffen.

Vor allem aber sind die Kosten im Lande selbst aufzubringen, da ja auch das Land seinen Vorteil wahrnehmen wird. Mangel vorzuschützen, wäre sinnlos, da der exorbitante Wert des Tempelschatzes bekannt und als Pfand einzubringen ist.

Was die angebotenen Lieferungen betrifft, wird sich unter Umständen eine Abmachung treffen lassen.

Der Göttliche Cäsar Tiberius
an Pontius Pilatus, Procurator von Palästina

Alles bewilligt. Zeige den Juden, wer Herr im Haus ist. Laß die Tempelbehörde wissen, daß ihre Kompetenzen die Grenzen der Provinz nicht überschreiten.

Lebe wohl und regiere gerecht.

Kaiphas, Hoherpriester zu Jeruschalaim,
an den Procurator Pontius Pilatus

Gestrenger, Dein Ansinnen, Dir einen Teil des Korban zu verpfänden, hat mich aufs empfindlichste getroffen. Bedenke, was der Tempelschatz jedem gläubigen Juden bedeutet und was er mir, dem Hohenpriester, erst recht bedeuten muß.

Ich fürchte zu sündigen, wenn ich Deine Wünsche erfülle. Ich fürchte freilich auch zu sündigen, wenn ich mich ihnen widersetze. Denn es ist wahr, beim Himmel! Unsere Hauptstadt braucht Wasser und um so dringender, als unsere heilige Religion jedermann tägliche, ja, nahezu stündliche Waschungen vorschreibt. Auch entspricht es Moses Gesetz, daß ansteckende und vor allem durch Schmutz verursachte Krankheiten mit allen Mitteln zu bekämpfen seien.

Aus diesen und keinen anderen Gründen will ich Deinem Ansinnen, Gewaltiger, entgegenkommen.

Ich will einen Teil des Korban unter Deinen Schutz stellen, unter der Bedingung, daß dieser nicht aus der Hauptstadt weggebracht und sicher auf der Burg Antonia gelagert werde. Ich rechne auf Dein Wort, daß nichts, aber auch gar nichts von dieser Überstellung bekannt wird. Ich rechne ebenfalls auf Deine mir neulich gegebene Zusage, daß der Aquädukt in meiner Regie gebaut wird. Freilich müßte der Wert der Dir überlassenen Schätze zu einem Zehntel auf die bewußte Bank gelegt werden. Unter diesen Voraussetzungen sind meine Steinbrüche und Kiesgruben jederzeit lieferbereit.

Aus den Notizen des Antisthenes

Und wieder einmal Exodus in Richtung Jerusalem. Passah ist nahe, und Freund Eljakim darf es diesmal nicht wagen, das Fest zu schwänzen. Er fürchtet seines Bruders Zorn und zeigt sogar hektische Beflissenheit. Nicht nur, daß er an allen Zeremonien teilnehmen will, er ist auch entschlossen, alle seine Ämter und Agenden zu erfüllen, und zwar in pedantischer Ausführlichkeit. So hat er seinen Schreibsklaven bereits lange Memoranden diktiert, wie der Tempelschatz besser verwaltet, wie die Salomonischen Teiche wiederhergestellt, wie der Marstall des Tempels erneuert und mit besseren Zuchthengsten versehen werden könnte. So will er sich Liebkind machen – und um Gnade einkommen bei seinem verabscheuten Bruder Kaiphas, vielleicht auch bei dem allgemein gefürchteten Alt-Hohenpriester Annas – und alles das nicht um seiner selbst, sondern nur um des Sohnes willen. Um die Ungnade zu mildern, in die Aristobul gefallen ... oh Väter, oh Herzen, oh Narrheit!

Pilatus
an den göttlichen Cäsar Tiberius,
derzeit in den Schwefelbädern bei Neapel

Am 7. des Aprilis
Ewiges Leben mögen Dir, göttlicher Cäsar, Deine olympischen Geschwister gewähren: Segen, Sieg, Ruhm in Fülle. Auch von Deinem häßlichen Gliederreißen mögen sie Dich befreien, das, wie berichtet wird, wieder überhand genommen hat. (Hierzulande steigen Leute, die daran leiden,

in das warme Salzmeer und lassen sich nachher in heißen Sand packen. So suchen sie Heilung und, wie man mir versichert, nicht vergeblich.)

Göttlicher Cäsar, in Ergebenheit wende ich mich an Dich: Das Passahfest ist vorüber. Auf Deinen Befehl war ich in die Hauptstadt gereist, um das dort versammelte Volk im Zaum zu halten. Erhabener Herrscher, welch eine Aufgabe!

Aus allen Ländern strömen die Gläubigen heran, zu Fuß, zu Pferd, auf Kamelen, Maultieren, Eseln, in Wagen, etliche Vornehme auch in Sänften.

Man lagert vor der Stadt, man lagert rundum, man drängt herein und füllt Gassen, Höfe, Treppen und Keller bis zum letzten Winkel. Dazwischen werden Herden getrieben, Herden von Schafen, vor allem von Lämmern, denn jeder jüdische Hausvater hat am Abend vor dem Passahfest ein Lamm zu schlachten und es dann mit seiner Familie zu langen Halel-Gesängen und einem vorgeschriebenen Ritual als eine Art Opfermahl zu verzehren. Ein Brauch, der jedes städtische Leben zum Erliegen bringt.

Der Ort der Schlachtung ist der Tempelhof. Dort versammeln sich Tausende, jeder trägt ein Tier unter dem Arm oder auf der Schulter. Die Tiere schreien. Die Männer suchen, ebenfalls schreiend, ein Plätzchen, wo sie das ihre ausbluten lassen können. Wie Du weißt, göttlicher Cäsar, haben die Juden die Vorschrift, ihr Schlachtvieh nicht abzustechen oder zu erschlagen, sondern es bei geöffneten Adern langsam absterben zu lassen.

Somit strömen unglaubliche Mengen von Blut auf das Pflaster des Tempelhofs. Es erstarrt, es verkrustet, Fliegen lassen sich darauf nieder.

Indessen nehmen die Leute die Lämmer und suchen, aus dem Tempelhof hinausdrängend, nach einer Stelle, wo sie ihr Ostermahl bereiten können. Das heißt: An allen Ecken werden Lämmer ausgenommen, enthäutet, gebraten. Die Herdstellen der Stadt reichen nicht aus dafür. So werden in den Gassen kleine Feuerchen angemacht, Spieße gedreht, Bitterkräuter gegart. Aus allen Winkeln quillt Rauch und strömt das brenzliche Aroma angebräunten Fleisches. Über die ganze Stadt lagert sich eine Wolke von Dunst, Lärm und unsäglichen Gerüchen. Durch die vielen Feuerchen kann es nicht ausbleiben, daß Brände ausbrechen. Ebensowenig, daß es in Enge und Gedränge zu Streitigkeiten kommt.

Ich gebe Dir ein Beispiel, göttlicher Cäsar, wie auch Deine Soldaten in die Greuel verwickelt werden können.

Ich habe eine Gruppe Bogenschützen auf dem Dache eines Gebäudes postiert, das nächst der Burg Antonia gelegen, als Vorbau der Zitadelle angesehen werden kann. Die Bogenschützen haben darüber zu wachen, daß die Menge den Toren fern bleibt.

Einer der Männer schlägt – wie sollte er sich denn sonst erleichtern? – sein Wasser über den Rand der Zinne ab.

Unglückseligerweise tritt in diesem Augenblick ein alter angesehener Levite aus seiner Tür. Der Strahl trifft ihn. Sein Gebetsmantel ist befleckt. Der Mann fühlt sich beleidigt, seinen Glauben entehrt. Auf sein Geschrei ballt sich eine Rotte zusammen und beginnt meine Bogenschützen mit Steinen zu bewerfen.

Die Bogenschützen setzen sich zur Wehr.

Zwei drei Leute werden durch ihre Pfeile verletzt. Darauf verdoppelt, verzehnfacht sich die Wut der aufgeregten Menge. Jemand bringt einen Pechkranz und versucht, das besetzte Haus in Brand zu stecken.

Nun muß ich mit schwerem Geschütz auffahren.

Am Ende liegen drei Dutzend Tote da, Legionäre, Juden, auch einige Griechen, die durch Zufall in das Gemetzel geraten sind. Plötzlich aber, so plötzlich, wie er sich entzündet hat, ist der Aufruhr vorbei. Der Sabbat hat begonnen – und eher ließen sich die Juden in Stücke hauen, als daß sie am Sabbat kämpften. Gerade noch, daß sie in aller Hast ihre Toten wegschleppen. Dann lagert sich Grabesruhe über Jerusalem. Kein Wagen rattert. Kein Feuer brennt mehr, die Rauchsäulen verziehen sich.

Die Leute kauern in den Gassen, auf Stufen, in Rinnsalen – und beten. Nur da und dort sieht man noch ein Weib mit seinen kleinen Kindern beschäftigt. Verstohlen sucht jemand, einen Eimer Wasser aus einer Zisterne zu ziehen. Vergeblich. In ganz Jerusalem ist längst der letzte Tropfen verbraucht.

Göttlicher Cäsar, in einem solchen Augenblick der Ruhe oder, wenn ich mich so ausdrücken darf, der frommen Ermattung habe ich die Gelegenheit ergriffen und bekanntgegeben, daß Jerusalem einen Aquädukt erhalten soll.

Ich rechne damit, daß diese Aussicht auch noch von den Aufsässigsten und Undankbarsten als kaiserliche Wohltat empfunden werden wird. Dem Hohenpriester freilich ließ ich ein Handschreiben zustellen, in dem ich ihm ankündigte, daß, ehe des Cäsars Gnadengabe eintrifft (die ja nie eintreffen wird, wie ich wohl weiß), einige Geräte aus dem Korban, das heißt aus dem Tempelschatz, als Pfand gestellt werden müßten.

Zugleich machte ich dem alten Fuchs Hoffnungen, daß wir ihm Gelegenheit geben werden, uns beim Bau der Wasserleitung mit Kalk, Steinen und Ziegeln aus seinen Latifundien zu beliefern. Damit glaube ich verhindert zu haben, daß er wegen des Korban Lärm schlägt. So versuche ich Deine Zufriedenheit zu verdienen, Allererhabenster.

Am Ende dieses Briefes möchte ich nicht versäumen, meinen göttlichen Cäsar um die Erlaubnis zu bitten, mich ver-

mählen zu dürfen. Das Mädchen, das ich ins Auge gefaßt
habe, ist die Tochter des ehemaligen Statthalters Cyrinus,
Claudia, ein schönes und züchtiges Mädchen.

Ezechiel ben Joram
an Esther, Herrin zu Hebron

Passah ist vorbei, dem Heiligen sei Dank, der Herr sagt es
auch. Er hat auf Zion gefeiert, allen Opfern und Zeremonien beigewohnt genau so, wie es Seine Heiligkeit der Hohepriester von ihm verlangt hat. Danach kam noch das, was
unser Herr immer den *großen Zirkus* nennt, Empfänge, Sitzungen, sogar Gerichtsverhandlungen. Du, Herrin, weißt
es ja selbst, wieviel Ämter unser armer Herr zu bewältigen
hat. Ich habe ihm vorher viele Medizinen bereiten müssen,
vor allem solche, die mit Honig versetzt sind. Der Herr
sagte immer dazu: –Honig bedeutet soviel wie Leben, aber
Honig bedeutet auch Traum und Tod. So gib mir davon.–
Auch in das Bad läßt er sich seit einiger Zeit Honig tun. Er
meint, er schläft dann besser. In Wirklichkeit denkt unser
Herr aber immer nur an den jungen Herrn. Während des
Festes hat er uns alle immerfort in die Stadt geschickt, wir
möchten Ausschau halten, ob wir ihm nicht etwa begegneten. Sogar den griechischen Arzt hat er dazu angestellt.
Aber nach Zion wagte sich dieser nicht hinein, da er ja ein
Unbeschnittener ist und solche während des Festes nicht
gerne gesehen sind. Er wohnte auch nicht in der Stadt, sondern in Bethanien bei den Kindern des Zephanja. Aber die
kennst Du nicht, es sind die neuen Pächter.

Ich war vergeblich auf Zion. Vergeblich die Mühe, die An-
strengung, die Langeweile. Kaiphas' Unwillen – nicht zu
dämpfen. Vergeblich auch alle Versuche, Aristobul ausfindig zu machen oder doch wenigstens etwas über ihn zu erfahren. Wir kehren jetzt nach Kopht zurück.
Doch diesmal muß ich den Weg über Sison nehmen. Zu
lange war ich abwesend, die Pächter treiben sonst, was sie
wollen. Ich muß Ordnung schaffen, schon damit Aristobul im Falle meines Todes auf sichere Einkünfte rechnen
kann.

                    Drei Tage später
Ordnung wollte ich schaffen auf Sison. Doch – was hab ich
dort gefunden?
Esther war da. Am Rüsttag vor Passah hat sie das Haus verlassen, nachdem sie alles durchwühlt und durchsucht und
in ein Chaos verwandelt hat. Der Verwalter wagte nicht, sie
zu entfernen oder auch nur in die Schranken zu weisen.
Sie suchte nach Briefen unseres Sohnes, nach irgendwel-
chen Lebenszeichen von ihm. Zeichen dafür, daß ich mit
ihm in Verbindung stehe. Sie soll sich wie eine Irre betragen haben. Arme Esther, ich verstehe ihre Verzweiflung,
aber ich verdiene nicht ihre Wut. Nur mit Wehmut sah ich,
wieviel sie bei dieser Suche zerstört hat: das kostbare Alabastergeschirr in Scherben geschmissen, unersetzliche Hand-
schriften zerfetzt. Ihren Schmuck freilich, der noch immer
bei mir in Sison liegt, hat sie nicht angerührt. Mein guter
Antisthenes hat sich höchlich darüber verwundert. Er
meinte, keine Römerin oder Griechin hätte der Versuchung widerstanden, diese kostbaren Ketten, Halsbänder,
Ringe und Reife mit sich zu nehmen, zumal sie doch ihr Eigentum sind. Ich verwunderte mich meinerseits über des

Antisthenes Staunen: Sind denn Römerinnen und Griechinnen nicht Mütter, wie Jüdinnen Mütter sind?

Wieder auf dem Weg nach Kopht
Ich war zu ermattet, um auf Gut Sison mehr als nur die oberflächlichste Ordnung schaffen zu lassen; nach Feldern und Weinbergen zu sehen, mich um Pachtzins und Steuern zu kümmern, vermochte ich nicht mehr. Das schöne Haus, der prachtvolle Hof, die Fischteiche in den Gärten, all diese Dinge, die ich früher mit Sorgfalt pflegen ließ, die mir Freude gemacht und meine Tage erhellt haben, sind mir entfremdet, wie öde und tot. Mein Herz hat keinen Anteil mehr an ihnen. So brach ich wieder auf, wohl wissend, daß niemand begreifen kann, warum ich jetzt lieber in dem armseligen Kopht als hier auf Sison lebe. Dem guten Antisthenes merkte ich an, daß er seine Enttäuschung nur mit Mühe verbiß. Der Ärmste hat sich gewiß goldene Zeiten bei mir erträumt, statt dessen ... Auch hier zu Kopht hat Esther unsere Abwesenheit benützt, Nachforschungen anzustellen. Auch hier hat sie gesucht, Truhen und Körbe durchstöbert, nur daß es hier nicht wie in Sison Alabastergeschirr zu zerschlagen und kostbare Schriftrollen zu zerreißen gab. Der Verwalter sagte, sie habe während ihres Aufenthaltes fast die ganze Zeit geweint.

Aus den Niederschriften des Antisthenes

Nun sitzen wir wieder in Kopht. Passah, von dem wir beide uns so viel erhofft hatten, liegt nun schon etliche Wochen zurück. Der Sommer beginnt. Freilich: Wir leben hier jetzt nicht mehr so einsam und eintönig wie in den vergangenen

Monaten. Gäste kommen, zumeist am Abend, Nachbarn von den nahen Gütern, kleine Gutsbesitzer, Weinhauer, sogar Handwerker. Etliche von ihnen haben Eljakim schon als Kind gekannt, der eine oder andere sogar schon seine Eltern. Das schafft Vertraulichkeit. Eljakim läßt die Leute so gut bewirten wie möglich. Wenn die Dunkelheit einfällt, läßt er Windlichter in die Vorlaube stellen. Dann lagern die Leute unter den Rebstöcken. Er fragt sie nach Neuigkeiten der Gegend aus, doch dieser Fragen bedürfte es eigentlich gar nicht. Denn sie packen gleich aus und schwatzen los, von allem, was sie bewegt; und zumeist dreht sich ihr Gespräch um ein und dasselbe.

In der Gegend wandert ein Rabbi, ein merkwürdiger Mann, von dem sie tausend Wunderdinge berichten. Er soll mächtig predigen, Kranke heilen, Dämonen bannen, allerlei Zeichen setzen. Sie nennen ihn Jeschua oder den Nazarener. Offenbar handelt es sich bei ihm um den gleichen Jeschua, der − wie auch immer − die Hungernden in der Wüste gesättigt hat.

Eljakim hört nicht gern von ihm reden. Er versucht die Schwätzer abzulenken, sie auf andere Gegenstände zu bringen. Meist verstummen die Leute und lassen Eljakim das Wort, denn sie zollen ihm als einem Tempelpriester und Bruder des Kaiphas große Achtung. Dennoch: Nach einer Weile beginnen sie wieder und fangen wieder über ihren Rabbi an.

Gestern hat einer der jüngeren Gutsbesitzer ein Schriftstück mitgebracht, auf dem einige Punkte aus Jeschuas Lehre verzeichnet waren. Er ließ das Schriftstück da und sagte, er wolle es anderntags wieder holen. Ich las es. Das Dokument kam mir sehr wunderlich vor. Ich wollte es am anderen Morgen kopieren. Doch ehe ich dazu kam, hatte es Eljakim an sich genommen.

171

Selig seid ihr, die ihr mich höret,
denn ihr höret den Sohn, zu dem der Vater gesprochen hat.
Selig sind die Kleinen,
zu ihnen bin ich gesandt.
Selig sind, die da hungern,
ihrer ist das Reich.
Selig, die da dürsten
nach Gottes Wort,
die Barmherzigen, Friedsamen
und die, die reinen Herzens sind, selig sie alle,
sie werden Gott schauen.
Ich sage euch: liebet eure Feinde,
tut denen wohl, die euch hassen,
segnet, die euch verfluchen,
dann werdet ihr Kinder des Allerhöchsten sein.
Wer dich schlägt auf eine Backe, dem biete auch die andere
dar.
Wer dir den Mantel nimmt, dem wehre nicht den Rock.
Wer dich bittet, eine Meile mit ihm zu gehen, mit dem
geh eine zweite, und wer des nachts an deine Türe pocht,
um sich ein halbes Brot von dir zu leihen, dem gib ein
ganzes.
So werdet ihr Kinder Gottes sein.
Doch merket: Nicht das Gesetz aufzuheben, bin ich gekommen, sondern es zu vollenden; so wie der volle Tag die
Dämmerung des Morgens nicht aufhebt, sondern über-
steigt, wie die Ähre über den Halm wächst und die Traube
aus der Rebe, so wachse ich aus dem Gesetz und werde es
vollenden...

Heute, am Tag nach den Iden des Mai, ist ein höchst unerwarteter Besuch eingetroffen, ein Abgesandter des geliebten Aristobul, aber einer von recht eigentümlicher Art.

Der Verwalter von Kopht, ein braver und harmloser Mann, wollte ihn anfangs gar nicht zu seinem Herrn vorlassen; erst als der Fremde den Brief übergab, den er bei sich führte, und als Eljakim die Schriftzüge erkannt hatte, wurde ihm das Tor geöffnet, da allerdings in freudiger, fast überstürzter Hast. Es fehlte nicht viel, daß Eljakim den Fremden in die Arme geschlossen und ihn an seine Seite auf das Triclinium gebeten hätte. Im letzten Augenblick erst, nachdem er den Burschen etwas näher ins Auge gefaßt, zuckte er zurück und bezwang seine Bewegung. Dann saß er und las, und seine Augen schweiften von der Schrift zu dem Gesicht des Fremden und wieder zurück.

Ich spürte, er wollte allein sein mit diesem Gast, und verließ den Raum.

Einige Zeit später wurde ich wieder hereingerufen.

Ich fand Eljakim vor seiner Truhe und damit beschäftigt, seine Silberschekel in einen Beutel zu klauben.

Doch der Beutel war groß, und der Silberschekel waren nicht allzuviele. (Eljakims Schätze ruhen in Sison unter gutem Verschluß. Nach Sison liefern auch alle Pächter ihren Pachtzins ab. Einiges Vermögen hat Eljakim in Schiffen, Bergwerken und Plantagen angelegt. Was in der Bank von Italien liegt, habe ich bis jetzt nicht erfahren.)

–Höre, Antisthenes, rief Eljakim, als ich eintrat, kannst du mir nicht einiges Geld borgen?–

–Ich – borgen?–

Er bemerkte meine entgeisterte Miene und rief laut und

ein wenig schrill lachend aus: –Verzeih, mein Freund, du sollst nicht leihen, was du nicht entbehren kannst. Aber tu mir den Gefallen, reite aus, du kennst jetzt unsere Nachbarn, sie kennen dich. Bitte sie, mir auszuhelfen mit allem, was sie im Hause haben, ich werde es ihnen mit Zinsen und Zinseszinsen wiedererstatten.–

Und er drängte mich zur Eile.

Also: Ich ritt aus und klopfte da an und dort und brachte Eljakims Anliegen vor. Man gab mir gern und sogar reichlich, und alle, die borgten, waren einer Meinung: Mein Herr (meinen *Herrn* nennen sie nun alle den Eljakim) müsse ein recht einträgliches Geschäft in petto haben, sonst würde er gewiß nicht borgen wollen. Und manche witzelten über dieses Geschäft und meinten, meinem Herrn (meinem *Herrn!*) stünden gewiß goldene Berge ins Haus.

Ich hütete mich zu verraten...

Spät kehrte ich nach Kopht zurück.

Beim Licht dreier Öllampen leerte ich meine Lederkatze und legte die Schuldverschreibungen, Zettel und Täfelchen nebeneinander auf den Tisch.

Eljakim sagte, jaja, es sei gut, ich hätte meine Sache vorzüglich gemacht.

Dann füllte er alles in den einen Beutel, in dem schon seine Silberschekel lagen, und wandte sich dem Fremden zu. Der saß nämlich auch noch immer da und rührte sich nicht. Er hatte reichlich gegessen, das sah ich an den Überresten, die neben ihm in der Abfallschüssel lagen, Lammknochen, Hühnerbeine, Fischgräten, Dattelkerne, und mit einem Blick bemerkte ich: Hier hatte einer gegessen, der selten an gut besetzter Tafel sitzt, so abgeklaubt waren die Fischskelette, und einige der Knochen waren sogar zerknackt, als hätte man versucht, das Mark herauszusaugen. Unwillkürlich überkam mich Ekel und auch ein Anflug von Furcht,

174

angesichts des dunklen, dicht und wollig behaarten Kopfes, der so rund schien wie eine Kugel und dessen Stirn und Backen so dunkel glänzten wie braunes Erz, in das man weiße Augenkugeln eingesetzt hatte.

Der ganze Mann schien mir wie ein Bild aus Erz, wie er so dasaß, in seinen Mantel gehüllt, unbeweglich, trotzdem hellwach: Seine Blicke folgten jedem Handgriff, jedem Handgriff, mit dem Eljakim die Münzen sammelte, zu Stößen türmte, und dann, einen nach dem anderen, in den Sack kippte. Der Sack füllte sich und wurde prall und endlich, als noch knappe zwei Fingerbreit bis zum Rande fehlten, zugebunden und über den Tisch geschoben.

–Hier, nimm für Aristobul. Sag meinem Sohn, nichts ist mir zuviel für ihn. Er soll nur umkehren und zu mir kommen.–

Der Fremde blies seine Backen auf. Dann nickte er und für eine Sekunde entblößte er sein weißes Gebiß. Der Sack verschwand in seinem Mantel.

–Ich kann jetzt gehen–, sagte er.

Eljakim drückte ihn auf seinen Sitz zurück. –Nein, nein, noch nicht, ich will Aristobul erst schreiben.–

Der Brief des Sohnes an den Vater

Ich bin betrübt, daß ich dich betrübt habe, Vater. Ich bereue meine Härte in Cäsarea.

Doch begreife, Vater, ich habe Freunde gefunden, zum erstenmal in meinem Leben.

Habe ich nicht meine Jahre bis jetzt wie ein gefangener Vogel verbracht? Nein, nicht nur wie ein Vogel in einem Käfig, sondern wie eine Mücke, die in gelben Bernstein eingeschlossen ist. Da liegt sie, klein und schwarz in ihrem goldenen Harz, jedermann sichtbar, aber von allem geschieden, was anderer Mücken Leben ausmacht. So war ich geschieden von dem, was anderer junger Leute Leben ausmacht, als dein Sohn, als meiner Mutter Kind, als Zaddoks Enkel.

Nie habe ich mit anderen Kindern toben dürfen. Nie mit anderen meine Kräfte messen. Nie durfte ich wie andere Knaben die Schule schwänzen, denn ich ging ja gar nicht zur Schule, man hatte mir eigene Lehrer gemietet. Meine Mutter bewachte mich. Sie prüfte meine Kleider, meine Schuhe, meine Bücher, meine Nahrung, sie prüfte, wann ich zu Bett ging und wann ich aufstand. Du weißt es.

Nun habe ich mir Freiheit gewonnen.

Zum erstenmal erlebte ich etwas von dieser Freiheit in jenen Tagen zu Cäsarea.

Wir lagen schreiend im Staub – aber wir waren mächtiger als des Pilatus Wachen. Und selbst als wir unsere Nacken darboten dort in der Arena, ja, gerade da, in diesem Augenblick, da fühlte ich, wozu wir berufen sind.

Großes bereitet sich vor in unserem Volk. Ich bin sicher: Der Erlöser, von dem mir Jochanaan sprach, ist schon unterwegs. Er kann sich nicht mehr lange verborgen halten, und wir, die wir jung sind, werden für ihn einstehen und für ihn kämpfen.

Wir suchen ihn, meine Freunde und ich. Hilf uns, damit wir ihn noch weiter suchen können. Ein Pfund Silberschekel, eine Handvoll Goldmünzen, was bedeuten sie dir? Gib sie dem Freund, er wird sie mir bringen. Sag meiner Mutter, ich habe ihr vergeben. Die Stunde ist nahe, Vater, für uns alle.

Post Scriptum

Zuletzt noch eine Frage (sie mag dir unsinnig scheinen): Ist

es wahr, daß ein Mädchen Maria aus Med-schel bei dir war
und um mich fragte, daß sie aber dann mit syrischen Kamel-
hirten fortging?

Sie soll sich herumtreiben bei fahrendem Volk und jedermann, der sie begehrt, zu Willen sein.

Der Brief des Vaters an den Sohn,
Eljakim an Aristobul

Sei mir gesegnet, Sohn, was du auch tust, wonach du auch
suchest, sei mir gesegnet.

Ich schicke dir Geld, nimm es, ich habe nichts, woran mir
gelegen wäre, wenn du dessen bedarfst.

Sei auf der Suche, aber, ich flehe dich an, auch auf der Hut.

Deine Mutter weint um dich.

Dein Vater hofft auf dich.

Was diese Maria aus Med-schel betrifft: Sie war in der Tat
einmal bei mir. Sie hat nicht nur dir, sie hat auch ihren Geschwistern viel Kummer bereitet. Ihr Bruder Lazarus hat
um der Schande willen sein Haus in Med-schel verlassen.
Ich bot ihm das kleine Gütchen in Bethanien an. Nun lebt
er dort als Pächter. Indessen soll auch die Schwester wieder
bei ihm sein. Ich rate dir: Vergiß sie, da sie deiner nicht
wert war.

Aus den Notizen des Antisthenes

Nachdem uns der Bursche verlassen hatte, saß Eljakim
lange stumm, in sich zusammengesunken, auf seinem Bett.

Was ging in ihm vor? Begriff er, daß er soeben einen Fehler begangen hatte?

Ich überließ ihn seinen Gedanken.

Am anderen Morgen lief mir der Verwalter in den Garten nach. Er tat geheimnisvoll. Er habe mir etwas anzuvertrauen. Aber ich sollte es dem Herrn nicht sagen…

Was nicht sagen?

Der arme Herr, er liebe seinen Sohn so sehr…

Ja, und?

Aristobul sei gestern ganz in der Nähe von Kopht gesichtet worden.

Ach nein?

Er habe den Schwarzen vorgeschickt, sei selbst im Hinterhalt geblieben und habe dort auf den Kumpanen gewartet. Nachdem der seinen Sack voll Geld erhalten habe, seien sie dann beide unter viel Gelächter und übermütigen Ausrufen nordostwärts in Richtung Kapharnaum gewandert.

O diese Söhne!

DRITTER TEIL

Barabbas

Durch Eilboten
Joasch, Burghauptmann von Machärus,
an Seine Majestät, den König Herodes Antipas,
genannt der Vierfürst

Zerknirscht bittet Dein Sklave, o König, um Vergebung,
obwohl keine Schuld ihn trifft.
In der Nacht von gestern auf heute, den 9. Siwan (24. Mai),
wurde der Nordturm der Festung aufgebrochen und das
dort befindliche Waffenlager beraubt.
Niemand hat die Diebe bemerkt.
Es wurden weggeschafft
   16 Kurzschwerter
    3 Langschwerter
   15 Lanzen
    4 Helme
    4 Eisenpanzer
   etliche Wurfschleudern
   dazu Ketten, Riemen, Sporen.
Die Räuber müssen alles über die innere Mauer hinabgelas-
sen und dann durch die kleine Pforte der Außenmauer hin-
ausgebracht haben. Spuren waren bis an die Straße nach Sodom festzustellen. Dort verloren sie sich.
Es müssen mindestens vier oder fünf Mann gewesen sein
und solche mit Ortskenntnissen.
Vergib Deinem Sklaven, o gnädigster König, er hat – beim
Allmächtigen – keine Schuld.

Eilbericht
Geder, Gutsverwalter zu Pella,
an Seine Heiligkeit, den Hohenpriester Kaiphas
zu Jeruschalaim

Habe zu berichten, daß sich mit den Schafherden Eurer
Heiligkeit ein Unglück begeben hat.

Eine Herde von etwa 400 Stück, ohne Lämmer gerechnet,
weidete wie gewöhnlich auf dem Westwerk bei Pella; bei
einbrechender Dunkelheit des 16. Siwan (2. Juni) erschienen einige fremde Reiter und trieben die Herde den Felsen
zu, unter denen das alte Gräberfeld liegt. Die meisten Tiere
gerieten über den Rand und fielen sich zu Tode. Die Hirten flohen, denn sie wurden mit Schwertern bedroht.

Eilnachricht
der dritten Bogenschützencenturie der Garnison Sepphoris
an den Procurator Pontius Pilatus zu Cäsarea

Heute nacht am Nonae des Junius (5. Juni) überfiel eine
Rotte Aufständischer einen Wachtposten an der Nord-
brücke, machte zwei Mann nieder, verwundete einen dritten schwer. Diesem und den Toten wurden Waffen und Rü-
stungen abgenommen.
Die Rotte verschwand unerkannt in den Bergen.
Der Verwundete sagte aus, er habe die Männer aramäisch
sprechen gehört.
Einer von ihnen soll von sehr dunkler Gesichtsfarbe gewesen sein.
In derselben Nacht ging eine aus Holz errichtete Unterkunft drei Meilen östlich von Sepphoris in Flammen auf. Es

ist noch nicht geklärt, ob der Brand gelegt oder durch Unvorsichtigkeit verursacht worden ist.

Kaiphas, Hoherpriester zu Jeruschalaim,
an seinen Sekretär Mardochai

Du kommst heute nacht um die fünfte Stunde *dorthin.* Es genügt, zwei, allerhöchstens drei der allerverläßlichsten Leute mitzubringen. Kisten, Stroh und Stricke liegen bereit.
Auf Burg Antonia wird eine kleine östliche Pforte offen sein. Ein Hauptmann des P. wird dich erwarten.
Du übergibst ihm alles, doch nur gegen Quittung.
Laß dich nicht erkennen.

Quittung über Erhalt einiger Gegenstände
aus dem sog. Korban

Silberbarren	zu je 15 Pfund	2 Stück
Räuchergefäße aus Silber	zu je 2 Pfund	6 Stück
Siebenarmiger Leuchter	zu 9 Pfund	1 Stück
Siebenarmiger Leuchter		
Silber vergoldet	6½ Pfund	1 Stück
eherne Schalen	zu je 3 Pfund	9 Stück
Dochtscheren aus Gold		2 Stück
30 Perlen erbsengroß		
15 Perlen fingernagelgroß		
goldbestickte Rauchmäntel mit Amethyst-		
bzw. Rubinschließen		3 Stück

Am Idus des Monats Junius im Jahr 785 post urbem condi-
tam bzw. am 28. Siwan des Jahres 3789

gez. Mardochai   gez. Lucius Cassius Raban
Privatsekretär Sr. Hl.   Hauptmann der Garde

Eilige Note des Pontius Pilatus
an Kaiphas

Ich habe Beschwerde zu führen. Die von Dir und Deinen
Behörden garantierte Ruhe wird ringsum gestört. Man berichtet mir von allen möglichen Seiten, daß verbrecheri-
sche Anschläge im Gange sind.
Ich frage nach den Ursachen. Welche hast Du mir anzubieten? Die Leute scheinen sich mit Waffen versehen zu haben. Dabei könnte der Diebstahl in Machärus eine Rolle
spielen.
Aus Gründen der Sicherheit werde ich die mir verpfände-
ten Wertgegenstände aus dem Tempelschatz nach Cäsarea
in meine Zitadelle überführen lassen.
Mache dem Volk bekannt, daß ich mit Härte durchgreifen
werde. Rom läßt seiner nicht spotten.

Aus den Notizen des Antisthenes

Ein erstaunlicher Skandal hat sich ereignet: Ein römischer
Konvoi wurde überfallen und das von ihm beförderte Gut
geraubt. Die Sache ereignete sich auf der Straße nach Sebaste bzw. Cäsarea.

Die Straßenräuber haben den Ort des Überfalls nicht schlecht gewählt. Sie sollen in einer Schlucht, über einer Engstelle der Fahrbahn eine Steinlawine errichtet und sie im richtigen Augenblick losgelassen haben. Während Felsblöcke und Balken auf die ganz überraschten Wachmannschaften niederpolterten, sprangen die Räuber aus einem Hinterhalt hervor, machten die Überlebenden nieder, erbrachen die Schatztruhen, leerten sie aus und suchten das Weite.

Ein einfacher Fall schwerer Räuberei, möchte man meinen.

Doch das Skandalöse besteht darin, daß es sich bei den geraubten Gegenständen offenkundig um einen Teil des Korban, also um einen Teil des bei den Juden hochgeheiligten Tempelschatzes, gehandelt habe. Wie es in solchen Fällen oft geschieht, ging in der Eile den Räubern ein Teil der Beute verloren, er wurde gefunden und an Inschriften und Stempeln als Bestandteil des Tempelschatzes erkannt.

Nun erhebt sich die Frage: Wie konnten diese Gegenstände in römische Hände gelangen?

Eljakim hat sogleich nach dem Eintreffen dieser Neuigkeit einen Eilboten in die Hauptstadt gejagt mit dem dringenden Ersuchen um Erklärung: Wie habe es geschehen können, daß im Tempelbereich eingebrochen worden sei — oder ob die Römer die Kultgegenstände gar mit Gewalt an sich genommen hätten?

Eljakim scheint durch den Vorfall tief betroffen, ja nahezu außer sich.

Da sieht man es wieder einmal: diese Juden! Sie können sich noch so aufgeklärt und urban geben, in gewissen Dingen sind sie ganz strikt und verstehen keinen Spaß.

Annas
an Kaiphas, Hohenpriester zu Jeruschalaim

Mann, was ist geschehen? Man berichtet mir, das Eigentum des Allmächtigen sei in die Hände von Verbrechern gefallen. In Staub und Unrat habe es gelegen, an der Straße verstreut. Was ist geschehen? Ich fordere eine Erklärung, ich fordere, bei des Allmächtigen Fluch, daß du mir augenblicklich Beweise lieferst, daß du mit dem schmachvollen Handel nichts, aber auch gar nichts zu tun habest. Denn nicht die Räuber, die sich des Schatzes bemächtigen, sind die Frevler, sondern jene, die den Schatz aus dem geheiligten Ort entwendet, dem Tempel entzogen, den Heiden ausgeliefert haben. Sie sind des Todes schuldig. Erkläre mir, daß du, des Heiligtums oberster Wärter, keine Schuld trägst!

Kaiphas
an Annas, Alt-Hohenpriester, derzeit zu Joppe

Vater, welche Kränkungen fügst du mir zu!
Seit zwölf Jahren führe ich das Amt des Hohenpriesters und führe es untadelig. Jetzt soll ich auf einmal die heiligsten Güter preisgegeben oder gar verkauft oder verpfändet haben? Wie denkst du von mir, dem Gatten deiner Tochter?
Habe ich soviel Mißtrauen verdient, der ich dir doch immer ein gehorsamer Sohn und ein aufmerksamer Schüler deiner Weisheit gewesen bin?
Eine unglückliche Verkettung von Verbrechen hat sich ereignet. Hast du nicht vernommen, daß sich in den untersten Schichten unseres Volkes allerlei subversive Elemente re-

gen? Übeltaten werden da und dort begangen. Auch mich und meine Güter haben sie schon *schmerzlichst* betroffen. Nun haben die Rebellen mit besonderer List sogar Hand an den Tempel gelegt, haben dort feste Türen aufgebrochen und sind in die Schatzkeller eingedrungen. Dort raubten sie hervorragende Stücke und versuchten sie in ihre Schlupfwinkel zu transportieren. Einige von ihnen scheinen als römische Soldaten getarnt gewesen zu sein. Eine konkurrierende Räuberbande mag den Verbrechern den Weg verlegt und sich der heiligen Geräte bemächtigt haben. Keinesfalls ist anzunehmen, daß der Procurator oder seine Beamten mit im Spiele sind.

Manifest
(in der Nacht vom 3. zum 4. Tammuz [18./19. Juni]
an die Tore der Synagogen von Kapharnaum, Tiberias,
Sichem, Hebron, Emmaus und an das Ephraimtor von
Jerusalem geheftet)

AN ALLE!
Juden, Freunde, Brüder!
Die unerträgliche Unterdrückung durch Rom, die Ausbeutung und Erniedrigung unseres Volkes durch eine Schar Rom höriger Verräter müssen ein Ende finden.
Steht auf, schüttelt das Joch von euch.
Jede Tat der Gewalt gegen die Übeltäter ist gerecht, wenn sie zur Freiheit führt.
Merkt auf und folgt uns.
Gott will es.

Rundschreiben des Procurators Pontius Pilatus
an alle Behörden in Judäa und den angrenzenden Provinzen

Am Kalendae des Monats Julius
Die verbrecherischen Anschläge, die unser Land in letzter
Zeit erschüttert haben, dauern an.
Weitere Überfälle, Zerstörungen und Brandstiftungen sind
erfolgt. Wir haben uns entschlossen, eine allgemeine Fahn-
dung einzuleiten. Deshalb ergeht an alle Behörden, Ge-
meinde- und Synagogenvorsteher der Provinz folgende
Aufforderung:

1. die Wachen zu verstärken;
2. alle außergewöhnlichen Vorkommnisse sofort an die
   nächste Garnison zu melden;
3. auftauchende Gruppen fremder herumziehender und
   verdächtiger Individuen entweder festzuhalten oder, wo
   dies nicht möglich ist, so lange zu beobachten, bis römische Hilfe herbeigeholt wurde;
4. der Bevölkerung einzuschärfen, daß jede Unterstützung
   solcher Gruppen schwerstens bestraft wird.

Die Gruppe verfügt über Waffen und nicht unbedeutende
Geldmittel. Sie operiert in kleinen Untergruppen, deren
Anzahl in letzter Zeit gestiegen ist. Da sie rücksichtslos vor-
geht, ist auf jeden Fall Vorsicht geboten.

Post Scriptum

Steckbrief
Als Anführer und Anstifter oben erwähnter Verbrechen ist
ein gewisser Barabbas zu betrachten, ein übelbeleumunde-
tes Individuum aus Cypern: Er ist von kleiner und gedrun-
gener Statur, dunkler Hautfarbe, schwarzem dichtwolligem
Haarwuchs. An seiner linken Hand fehlt am vierten Finger
ein Glied.

Heute Nacht weckte mich Eljakim und stellte mir einige Fragen. Ob ich mich des Mannes erinnern könne, der Aristobuls letzten Brief gebracht?

–Ja doch, ich erinnere mich. War es doch dieser Wollhaarige?–

–Ja, dieser Wollhaarige. Du weißt noch, wie er aussah?–

–In etwa.–

–Hat er eine verstümmelte Hand gehabt? Hat ihm am vierten Finger der Linken ein Glied gefehlt?–

–Das habe ich nicht bemerkt.–

–Versuche dich zu erinnern, Antisthenes!–

–Ich versuche es.–

–Nun – und?–

–Ich weiß es nicht.–

–Nein, wirklich nicht?–

–Ich habe nicht auf seine Hände geachtet, vielmehr...–

–Vielmehr?–

–Ich habe auf seine Rechte geachtet, die er unter dem Mantel verborgen hielt.–

–Und warum?–

–Weil ich dachte, er halte eine Waffe und verstecke sie.–

Eljakim warf mir einen düster flammenden Blick zu. – Natürlich, schrie er, natürlich hatte er eine Waffe bei sich. Kein Mann, der über Land reist, reist ohne Waffe.–

Ich schwieg. Dann sagte ich: –Ja, so ist es wohl. Er war es nicht. Sicher war es nicht dieser Barabbas. Dunkelhäutige und wollhaarige Leute gibt es in Massen.–

–Ja, in Massen.–

Dann saßen wir eine Weile nebeneinander, ohne zu reden. Schließlich erhob sich Eljakim und bat mich um Verzeihung, daß er mich gestört habe.

Ich erbot mich, ihn in sein Schlafgemach zurückzubeglei-
ten. Er nahm es an, denn er taumelte vor Schwäche.

Manifest
(in der Nacht des 10. auf den 11. Tammuz an Brunnen, Tore
und andere öffentliche Plätze zu Jericho, Sepphoris, Med-schel
und Tiberias geheftet)

AN ALLE
Dieses ist ein Sendschreiben der Brüder des Lichts.
Geliebte!
Merkt auf und wisset. Die Zeit ist gekommen. Die Stunde
ist nah. So sprach Jochanaan: Mit Wasser taufe ich euch –
und er war wahrlich ein Großer –, doch einer wird kom-
men, der euch mit Feuer taufen wird. Er wird der Größte
sein.
Merkt auf und wisset: Mit Feuer taufen wir und werden kei-
nen schonen.
Denn wer das Feuer fürchtet, ist verloren.
Wer das Schwert scheut, ist schon verworfen.
Wer vor dem Richter zittert, ist schon gerichtet.
Hütet euch vor den römischen Wölfen. Ihr Reich wird
nicht dauern. Hütet euch vor den Angemaßt-Mächtigen,
sie werden gestürzt werden.
Merket und wißt: Die Zeit ist nahe, die Stunde gekommen.

Aus den Notizen des Antisthenes

Gestern sind in mehreren Städten am See, so in Tiberias und Med-schel, öffentliche Anschläge aufgetaucht, die, wie mir scheint, mehr Verwirrung stiften, als sie an Wirkung verdienen. *Söhne des Lichts* nennen sich die Verfasser, sie sollten sich besser Söhne der Finsternis nennen, so verworren und nichtssagend ist ihre Botschaft.

Das Volk wird aufgewiegelt, Drohungen werden ausgestoßen, gegen die Römer, gegen *Angemaßt-Mächtige.* Wer ist damit gemeint?

Was wollen die Leute?

Und wer steckt dahinter?

Eljakim meint, hier habe sich wieder einmal eine der ganz unbedeutenden Splittersekten der Zeloten zu Wort gemeldet, Desperados, die heute auftauchen und morgen wieder verschwinden; Leute, die sich alle zu Gegnern machen, weil sie die Gegner von allen sind. Mag sein, mag sein.

Aber der Umstand, daß Jochanaan zitiert wird, stimmt mich bedenklich.

Esther an Eljakim

Am 7. Tischri (22. September)

Endlich weiß ich, wo sich unser Sohn befindet.

Himmel und Hölle hab ich in Bewegung gesetzt, um etwas über ihn zu erfahren. Auf die einfachste Lösung bin ich zuletzt gekommen. Ich habe mir Ischabel, die Wahrsagerin von Sichem kommen lassen, und sie hat mir folgendes mitgeteilt: Aristobul hat unser Land schon im vergangenen Herbst verlassen und befindet sich auf einer Reise durch Italien. Dort hat er sich mit einem Verwandten getroffen und einen Handelsauftrag von ihm erhalten. Mit diesem wird er nach Spanien weiterreisen, eine Tochter des Synagogenvorstehers von Sagunt zur Frau nehmen und in drei Jahren samt seiner Familie zu uns zurückkehren. Ischabel hat eine unfehlbare Methode angewandt, ein Irrtum ihrerseits ist ausgeschlossen. Ich weiß schon jetzt, daß du diesen Mitteilungen nicht glauben wirst. Immer hast du schon über Wahrsager und Auguren gespottet und hast dich dabei auch auf die religiösen Gesetze berufen, die uns Juden verbieten, Magie zu treiben. Mein lieber Mann, was allen Völkern hoch und heilig ist, soll es für uns gar nichts bedeuten? Wollen wir ganz allein klüger sein als sie? Der Kaiser in Rom und der Senat befragen bei allen Entscheidungen erst die *haruspices* und halten sich an deren Auskünfte.

Ich halte mich in diesem Fall auch daran.

Übrigens hat mir Ischabel etwas bestätigt, was ich schon wußte, daß nämlich Aristobul vor seinem Verschwinden ein Mädchen geliebt hat. Das war, dessen bin ich sicher, diese Maria aus Med-schel. Sie ist inzwischen in einem Bordell in Tiberias gelandet. Wenn du willst, kannst du sie von dort herausholen. Meine alte Kammerfrau Chara stellt sie uns zur Verfügung.

Post Scriptum

Indessen freue ich mich auf Aristobuls Rückkehr aus Spanien. Ob mir seine Frau wohl gefallen wird? Tochter eines Synagogenvorstehers aus der Provinz! Unser Junge hätte etwas Besseres verdient. Doch sollen die Judengemeinden in Spanien ziemlich begütert und von angenehmen Sitten sein.

Am 10. Tischri

Der Heilige schütze deinen armen verwirrten Kopf vor weiterer Verwirrung.

Ich muß dich enttäuschen, Esther, leider muß ich dich enttäuschen. Deine Wahrsagerin hat gelogen. Unser Sohn ist nicht in Rom, und er ist nicht in Spanien. Er ist nicht ins Ausland gegangen. Er ist in unserer Nähe, nur allzusehr in unserer Nähe.

Er hat mir einen Boten geschickt. Er hat mir einen Brief geschrieben. Der Bote war, als ich ihn ausfragte, sehr einsilbig, und der Brief enthielt nichts als Anklagen gegen die Art und Weise, wie Aristobul seine Kindheit verbracht hat, verbringen mußte, in deinem Haus, unter deiner Fuchtel. Über seinen derzeitigen Aufenthalt, über seine künftigen Pläne – kein Wort.

Er brauche Geld, schrieb er mir. Ich schickte ihm das Geld. Gebe Gott, er brauchte es für sich allein.

Die Leute, mit denen er Umgang hat – ich habe keine Ahnung, welcher Art diese Leute sind. Unser Aristobul war immer vertrauensselig, immer bereit, den erstbesten schmutzigen Hüterjungen in seine Arme zu schließen. Diese Eigenschaft ist ihm wohl angeboren. Nicht einmal du konntest sie ihm austreiben.

Er muß wissen, daß wir leiden, wir beide. Trotzdem läßt er uns leiden. Du erwähnst das Mädchen, das er geliebt hat. Auch sie hat er leiden lassen. Übrigens befindet sich diese Maria nicht mehr dort, wo du sie vermutest; sie ist zu ihren Geschwistern zurückgekehrt.

Der Heilige segne deine Unternehmungen und deine
Pläne.

Du teilst mir mit, du habest sichere Nachricht über unseren
Sohn: Er sei auf eine weite Auslandsreise gegangen.

Seine Ziele seien Rom und die jüdische Gemeinde in Sagunt in Spanien. Das sind, nach Maßgabe der Dinge, recht
erfreuliche Nachrichten.

Ich bitte dich bei deiner mütterlichen Liebe zu Aristobul,
verbreite diese Nachrichten unter unseren Bekannten und
Freunden und lasse sie auch Kaiphas zu Ohren kommen.
Unterdrücke aber den Hinweis darauf, daß du diese Einsich-
ten einer Wahrsagerin verdankst. So verläßlich deren Aussagen sein mögen, so ist zu befürchten, daß viele Leute ihre
Aussagen in Zweifel ziehen. Außerdem sind, wie du selbst
weißt, Wahrsagereien dieser Art bei uns Juden verboten.

Sei also klug, meine Gattin, und auf der Hut.

Solltest du neuere Nachrichten (von anderer Seite) über
Aristobul erhalten, so flehe ich dich an: Teile sie mir mit.

Im übrigen: Ich gratuliere dir heute schon zu deiner saguntinischen Schwiegertochter. Die saguntinischen Jüdinnen
sollen sehr schöne und tugendhafte Mädchen sein.

In der Herdasche zu Kopht verstreute angekohlte Papyrusreste,
mit der Handschrift des Hausherrn

...unseliges
         ...Kind
                  ...wie geschehen...
                                    Sohn...
die Stille donnert es mir ins Ohr, Tag und...
         mein Kopf zersprengt...
              wie einst...
                       deine Mutter...
                           zurück...
                                   geöffnet

Esther, Herrin zu Hebron,
an Deborah, die Gattin des Hohenpriesters zu Jeruschalaim

Deborah, mein Herz, beste Schwägerin, Freundin, Kusine! Ich habe dir eine wundervolle Nachricht zu geben und bete zu Gott, daß dein Gatte, der Hohepriester gestattet, daß dieser Brief dich erreiche.

Habe ich dir nicht bei deinem letzten Besuch bitterlich geklagt, daß mein lieber Junge, daß Aristobul seit vergangenem Herbst nicht mehr zu mir nach Hause gekommen ist, daß er auch seinen Vater meidet...?

Ach, Liebe, nun weiß ich, wo er ist und daß seine Wege gesegnet sind.

Aristobul ist nach Italien gereist, von dort will er nach Spanien weiter. Eine Braut ist ihm versprochen, eine Saguntinerin, und etliche Nachkommen. Wie herrlich! Noch habe ich keine Enkelkinder (– aber graue Haare, viele graue Haare!).

Wie liebe ich sie jetzt schon, die Kleinen!

.

Aus den Notizen des Eljakim

Heute um Mitternacht mit schwerem Herzklopfen erwacht.

In den Hof hinaus, von dort in den Garten, über Baumwurzeln gestürzt, Kinn und Knie aufgeschlagen.

Schmerz an Kinn und Knien beinahe als Wohltat empfunden.

Lange im Finstern gehockt, neue Beängstigung.

Gefühl, als würde irgendwoher gerufen.

Langes hallendes Echo. Doch nur im Inneren hörbar. Wie

ein Tauber, der den Donner eines Gewitters nicht als Geräusch, nur als Erschütterung fühlt.

Entsetzliche Furcht zu versäumen, was mich geweckt hat. Etwas Wichtiges, unwiederbringlich Wichtiges, weithin Entscheidendes, was aber, was? Kann es mit Aristobul, mit Esther, mit mir, mit wem noch zusammenhängen?

Deborah, Tochter des Alt-Hohenpriesters Annas,
Gattin des Hohenpriesters Kaiphas,
an Esther, Herrin zu Hebron

Mein Herr und Gebieter (der Höchste schütze ihn!) hat mir gnädigst erlaubt, dir zu schreiben. Meine liebe Freundin, meine Esther, welch ein Glück, welch eine Freude. Endlich weißt du, wo sich dein Sohn befindet: auf großer Reise zu fernen Verwandten, womöglich auf Brautschau — wie einstmals Tobias zu Sara. Ein Engel begleite ihn und führe ihn dir gesund in die Heimat zurück!

Aus Mitfreude schicke ich dir ein Paket goldener Borten und einen Ballen schneeweißen Byssos. Nimm diese Grüße als Zeichen, daß meine Seele bei dir ist, da ich andere Zeichen nicht zur Verfügung habe.

Hilflos bin ich ja und gänzlich ausgeliefert dem Wohlwollen meiner Umgebung. Wie anders ergeht es doch dir, meine liebe Esther. Mit welcher Kraft regierst du noch deine Besitzungen! Mit welcher Unermüdlichkeit gehst du durch deine Gärten, mit welcher Behendigkeit steigst du noch über Treppen! Ich staunte, als ich dich in Hebron sah.

Ich bin an mein Bett ganz angewachsen. Manchmal fühle ich mich schon zu einem Stück Holz geworden. Dann streiche ich über meine tauben Beine und frage mich, ob nicht schon alles Blut aus ihnen gewichen ist. Vielleicht, so denke ich, sind sie mir schon vorausgestorben? – Neulich war ich so erbittert, daß ich mit einer Schere in meine Wade stach. Ich erwartete, daß ich nichts mehr empfinden würde. Doch siehe da, der Stich schmerzte, Blut tropfte heraus. Seither beginne ich wieder zu hoffen.

Vielleicht könnte mir doch noch geholfen werden...

Meine Kammerfrau erzählte mir von einem Bettler, der am Teich von Bethesda gelegen habe; er sei angeblich schon über dreißig Jahre gelähmt gewesen. Er wartete dort wie so viele andere Kranke darauf, daß sich das Wasser bewegte (es kommt, wie du ja wohl weißt, immer nur stoßweise aus einem Spalt und ist dann warm und wird für heilkräftig gehalten). Nie war es dem gelähmten Bettler gelungen, rechtzeitig in das quellende Wasser zu kommen, immer waren ihm andere voraus und drängten ihn weg.

Neulich soll ihn ein wandernder Rabbi aus Kapharnaum geheilt haben.

Auch einer gichtbrüchigen Frau mit Namen Dina, einer Aufräumerin in den Tempelvorbauten, soll er geholfen haben.

O Esther, wenn er auch mir helfen könnte?

Aristobul an Eljakim
Ein Brief, der nie geschrieben wurde

Mein Vater, heute schreibe ich dir, aber mein Wort wird dich nie erreichen. Ich schreibe es in den Sand der Wüste, in das Wasser des Laugenmeers, in den Staub der Sterne. Ich schreibe in den Text, den die Jahrtausende über diesem

Lande weben, den der Webstuhl der Zeit seit Moses und Abrahams Tagen aus Elend und Leiden unseres Volkes zu einem undurchdringlichen Filz zusammengewirkt und zusammengewalkt hat. O Vater, unser Volk – welchem Gott hat es sich ausgeliefert? Welchem Plan hat es sich ausgesetzt?

Ich bin, du weißt es, ausgezogen, um den Verkündigten zu finden, um die Zeit des Heils wie an Seilen heran und auf die Erde herabzuziehen. Glaub mir, ich habe das Größte gewollt. Glaub mir, ich habe Gleichgesinnte gefunden, goldene Herzen, die dasselbe ersehnten. Glück, Segen, Wohlfahrt, Freiheit, Glaube, Seligkeit ... sie alle, diese Gnaden des Himmels, waren bei uns, als wir miteinander wanderten, miteinander an Hirtenfeuern saßen, Brot buken in der heißen Asche, Brot brachen unter Halel-Gesängen, einig, fröhlich, begeistert, brüderlich. Vater, Vater, ermiß, was es heißt, das Reich Gottes nahe zu fühlen, hier und jetzt, greifbar und für den nächsten, den allernächsten kommenden Augenblick!

Wie viele waren wir damals? Erst fünf, dann sechs, dann sieben, sieben Brüder wie die Makkabäer, und genauso bereit wie diese, alles hinzugeben dem Heiligen.

Wir zogen im Land umher, mieden die größeren Städte, sogar die größeren Dörfer. Am liebsten hielten wir uns auf, wo die kleinsten und ärmlichsten Bauern ihre kargen Felder bebauen, und eben die Kleinsten und Ärmlichsten waren am freundlichsten zu uns. Wir spielten mit Kindern, schäkerten mit Mädchen; Lastträgern halfen wir ihre Lasten tragen, Hirten halfen wir ihre verirrten Schafe suchen.

Damals war Barabbas noch nicht bei uns.

Dann verloren wir einen Genossen, weil er erkankte. Ein anderer mußte in einem Dorf zurückbleiben, weil eine seiner Sandalen zerbrochen war und er nicht weiterkonnte im rauhen Gebirge. Er war es dann wohl auch, der Barabbas von unserer kleinen wandernden Gruppe erzählte und ihm sagte, welchen Weg wir genommen hatten.

Wir zogen damals durch Galiläa. Ich glaubte dich längst zurückgekehrt nach Sison. Da hörte ich, du hieltest dich in Kopht auf. Wir hatten ein paar schlechte Tage gehabt und waren ziemlich hungrig. Wir ertrugen den Hunger unter Scherzen und neckten einander damit, wie hager wir geworden waren. Vor allem ich wurde geneckt, denn der kleine Schmer, den mir meine Mutter angemästet hatte, war längst verschwunden, und der Rock schlotterte an meinem Leib.

Da trat uns Barabbas eines Morgens entgegen. Er hatte uns an einer Wegkreuzung erwartet. Er fragte, wohin wir denn wanderten, wir hatten kein Ziel. Auf seinen Rat zogen wir in die Nähe von Kopht. –Da sitzt dein Vater, sagte er, er sitzt im Fetten. Die Gefährten hungern. Was hindert dich, ihm zu schreiben?– Aus einer Herberge besorgte er mir Wachstafeln. Als Griffel benutzte ich einen Dorn.

Barabbas erbot sich, die Tafeln zu überbringen.

Nie und nimmer wäre ich selbst zu dir gekommen. Ich fürchtete deinen Anblick, das heißt, meine Schwäche. Barabbas schickte die Gefährten voraus an den See. Mich hieß er in der Nähe passen. Ich paßte lange. Ich sah deinen Arzt, den Griechen, wegreiten und sah ihn wiederkommen. Ich schlich an das Haus und spähte durch die Ritze einer Tür. Ich hörte drinnen reden. Du sprachst mit Barabbas, und du sprachst liebe- und achtungsvoll zu ihm wie zu irgendeinem Gast.

So wartete ich weiter.

Endlich kam er – er kam mit einem Sack voll Geld. Welch ein Augenblick, Vater! Barabbas war wie toll vor Freude, er stampfte, sprang, schrie, er schüttelte den Sack gen Himmel. (Ich wußte damals noch nicht, daß er aus den Galeeren kam und daß er sein ganzes Leben bisher in bitterster Armut verbracht hatte.)

Dann zählten wir das Geld.

Es war viel, viel mehr, als ich erwartet und erbeten hatte. Mich beschlich eine Ahnung, daß damit eine Wende gekommen war, daß diese Summe nicht ohne Wirkung bleiben werde auf unsere Wanderschaft, unsere Lebensweise, unsere Pläne, vielmehr auf unsere bis jetzt währende schöne und gleichsam trunken dahinwankende Planlosigkeit.

Am anderen Morgen kauften wir auf dem Markt von Tiberias fünf Reittiere, drei Pferde, zwei Kamele. So waren wir beritten und damit frei, frei, große Strecken zurückzulegen, bald da, bald dort zu sein und ebenso schnell, wie wir gekommen, auch wieder zu verschwinden.

Was Barabbas plante, war nur so durchzuführen.

Wir erprobten die Tiere, die er für uns gewählt hatte, und es zeigte sich, daß sie vorzüglich waren.

Wie oft hatte ich den Gefährten von alledem erzählt, was sich in Machärus begeben hatte. Nun drängte es mich, dorthin zurückzukehren, wo mir Unsägliches zugestoßen ist. Es drängte mich, auch weil mein Herz nach Rache verlangte für das Haupt des Propheten, für das Leben des Heiligen. Freilich: Die Missetäter waren längst abgereist. Barabbas war einverstanden, nach Süden zu reisen. Wir brachen auf.

Weil Barabbas mir den Rat gegeben hatte, um Geld zu bitten, und weil er gewagt hatte, es von dir zu holen, weil wir seither angenehmer lebten als bisher, auch weil er sich auf Wegen und Stegen, bei Brunnen, Herbergen, Wetterzeichen am besten von uns allen auskannte, vielleicht auch, weil er meist schweigsam war und stets wie in bedeutende Gedanken versunken schien, hatte er in kurzer Zeit großes Ansehen in unserer Gruppe gewonnen. Keiner wußte mit Herbergswirten zu verhandeln wie er; keiner auf den Märkten besser und billiger einzukaufen. Deshalb fand ich es in Ordnung, daß er den Rest des Geldes verwaltete, das ich von dir erhalten hatte. So kamen wir eines Tages vor Machärus.

Wir lagerten abseits in der Wüste. Mit welchen Gefühlen betrachtete ich die Zinnen und Türme, hinter denen sich das Entsetzliche ereignet hatte. Wieder einmal erzählte ich den ganzen Vorgang, und es war nur natürlich, daß ich dabei das Innere der Festung schilderte, ihre Säle, Treppen, Pforten, Verliese, auch ihre Waffenkammer...

Bei einbrechender Dunkelheit näherten wir uns der äußeren Mauer. Nachts brachen wir eine der Pforten mit einem Brecheisen auf.

Von da drangen wir fast ungehindert in den Keller des Burgfrieds ein und kletterten kurz darauf schwerbeladen über den äußeren Wall. Nun hatten wir Schwerter, Lanzen, Helme, jeder von uns war dreifach bewaffnet. Und dennoch, mein Vater, war mir, als hätte ich in dieser Nacht nichts Schlimmerem als einem Knabenstreich beigewohnt.

Eilig ritten wir nun wieder nordwärts (jetzt wußten wir ja, *warum* wir uns zu beeilen hatten). Vor Pella fiel mir ein, daß mein Herr Oheim, der Hohepriester, hier eine Schafzucht betreibe. Ich dachte mir aus, daß der Dickwanst trauern würde, wenn seine Schafe Schaden nähmen. So wählten wir den Weg über das Westwerk, die Weiden des Kaiphas. Zum erstenmal in meinem Leben bedrohte ich einen Menschen mit dem Schwert. Ich war froh, daß er sogleich Reißaus nahm. Wir lachten, als die wimmelnde Herde, von unseren Lanzen gedrängt, vor uns hergaloppierte und, Welle um Welle, unter lautem Geblök über den Felsrand in der Tiefe verschwand. Erst später, als wir die halbverreckten Tiere von unten schreien hörten, fand ich den Scherz zu weit getrieben – und ich schämte mich.

Nun hatten wir vor, nach Tiberias zu ziehen und dort, wenn möglich, dem elenden Antipas einen Tort anzutun. Dann hörten wir, der Vierfürst sei soeben mit Herodias, Salome und seinem halben Hofstaat nach Rom abgereist. So wandten wir uns gegen Sepphoris.

Eine römische Streife hielt uns an.

Sie waren zu dritt, und wir zu fünfzehn, denn knapp zuvor waren acht neue Gefährten zu uns gestoßen. Barabbas kannte sie.

Der Wortstreit, der dem Kampf vorausging, war nur kurz. Ich bemerkte nicht, wer als erster zuschlug. Dann ging alles gleichsam von selbst: Jeder schwang seine Waffe. Mein Pferd erhielt eine Schramme am Hals. Als ich mich abends wusch, wußte ich nicht, war das Blut an meinem Rock Pferde- oder Menschenblut.

Mein Vater, was sind des Menschen Taten, daß sie ihn selbst verwandeln? Ist er heute dieser, so kann er morgen schon ein ganz anderer sein. Es führt kein Weg zurück. Kein Weg. Mit der Gewalt, mit der ein Stein aus einer Felswand stürzt, so stürzen wir weiter auf unserer Bahn.

Wir alle, auch du, so meine ich, haben die Römer gehaßt von Kindesbeinen an. Doch daß wir einen von ihnen töten könnten, das haben die meisten von uns wohl nie geträumt. Aber die Toten von Sepphoris siegelten uns als solche, die weiterhin unter ihnen töten müssen. Wir sind verfolgt, und das einzige Mittel, der Verfolgung zu entkommen, ist Schrecken zu verbreiten, Schrecken in der Runde. Haben wir eine römische Streife überfallen, stecken wir gleich auch eins ihrer Magazine in Brand. Ist es uns gelungen, vor diesem Dorf einen Lastzug zu kapern, lassen wir in jenem einen Fischteich ab. Die Verfolger müssen verwirrt, müssen hin- und hergehetzt und -gesprengt werden. So verwischen wir unsere Spuren.

Und eines Tages fiel uns der Korban in die Hände.

Der Procurator Pontius Pilatus
an Kaiphas, Hohenpriester zu Jerusalem

Was soll ich von dem Possenspiel halten, womit mir Eure Heiligkeit aufwartet?

Mit großem Geschrei wird mir die Bedürftigkeit der Hauptstadt kundgetan: Es müsse Wasser herbeigeschafft und ein Aquädukt gebaut werden.

Ich verwende mich beim Kaiser und werfe mein Ansehen am Hof in die Waagschale, daß man das Werk gestattet.

Die bescheidene Bedingung, die ich stelle, wird nur unter langen Umschweifen und Winkelzügen angenommen: Ein Teil des Tempelschatzes soll als Beitrag des Landes auf Antonia gebracht werden.

Endlich sind wir soweit: Man übergibt mir einiges Gerät (wieviel es wert ist, sollte erst noch genau geprüft werden).

Die Unruhe mehrt sich im Land.

Ich beschließe, das Pfand, um es sicher zu lagern, nach Cäsarea in meine Zitadelle bringen zu lassen.

Unterwegs wird dem Transport aufgelauert.

Meine Soldaten werden niedergemacht, die Schätze werden geraubt. Sie verschwinden spurlos, indessen bereits drei Prozent des geschätzten Wertes an die Bank von Neapel gewandert sind – auf wessen Konto wohl –?

Welch ein Ränkespiel, Eure Heiligkeit, welch eine infame Machenschaft. Glaubt man wirklich, daß sie sich lohnen wird? Glaubt man wirklich, man werde sich mit Stein, Kalk, Ziegeln und weiß Gott noch was beliefern lassen von Leuten, die wie Strauchritter handeln? Es gibt nämlich Anzeichen, die darauf hinweisen, daß die Verruchten, die den Überfall vollführten, mit Eurer Heiligkeit in gewissen engeren Verbindungen stehen, daß also nicht nur die Hefe des Volkes, sondern auch Vertreter höherer Stände mitverwickelt seien.

Haben Eure Heiligkeit die Gnade, zur Kenntnis zu nehmen: Rom ist großmütig, langmütig, es ist geduldig. Aber es schläft nicht. Und die Hand, mit der es Wohltaten spendet, weiß zuzuschlagen mit eiserner Faust.

Kaiphas an Mardochai
(Handzettel)

Jahwe helfe uns! Das ist des Wahnsinns Gipfel: Ein Mitglied unserer Familie wird bei den Zeloten vermutet. Man möchte seine Kleider zerfetzen, seinen Bart ausraufen. Was hilft bei diesen Römern? Unter ihren Panzern schlägt kein Herz. Dort sitzt nur ein Knäuel Schlangen, Vipern des Mißtrauens, Basiliske der Wut. Und aus ihrem aasigen Gedärm speien sie Verdacht um Verdacht aus.

Kein Enkel Zaddoks würde sich je bei den Zeloten finden lassen, nicht einmal einer aus der entlegensten Linie unserer Familie. Der einzige, dem ich unter Umständen eine annähernd scheußliche Verirrung zutraute, der ist, dem Allmächtigen sei Dank, in weiter Ferne, in Sagunt.

Esther, Herrin zu Hebron,
an Deborah, Gattin Seiner Heiligkeit, des Hohenpriesters
zu Jeruschalaim

Deinen Brief, teure Deborah, habe ich erhalten und habe viele Tränen darüber vergossen. Ja, wahrlich, dein Los ist schwer. Gebe der Himmel, daß dir geholfen werden könnte. Du schreibst, es ziehe in letzter Zeit ein kluger Rabbi durch unsere Länder und heile Kranke, denen sonst von niemandem geholfen werden könnte. Die beiden Beispiele, die du nennst, wären allerdings erstaunlich. Auch ich habe schon von diesem Rabbi gehört, einem gewissen Jeschua aus Galiläa. Er soll eines einfachen Zimmermanns Sohn und selbst beinahe ein Anha-arez sein, denn er hat nie eine höhere Schule besucht. Es gibt Leute, die sich darüber ärgern, daß er bei seinen Ansprachen so viel Zulauf hat, und vermutlich verdächtigt man ihn auch etlicher Ketzereien und Abweichungen. Doch das soll dich, teure Deborah, nicht abhalten, seine Hilfe zu suchen, auch wenn Kaiphas Einwendungen machen sollte. Männer haben immer Grillen und allerlei Unfug im Kopf. Man muß sie nicht zu ernst nehmen und, wenn nötig, muß man ihnen ein Schnippchen schlagen. Erst der Erfolg kann sie überzeugen.
O Deborah, wie herrlich wäre es, wenn du dich wieder regen, wenn du wieder – nach so vielen Jahren – stehen, gehen, laufen könntest. Wenn du meine Unterstützung brauchst, ich bin bereit.

Welch ein Leben, wirst du denken, mein Vater, welch ein elendes Leben! Immer gejagt, gehetzt, unstet und im Elend. Wie ist eine Kette so jämmerlicher Tage zu ertragen?

Sachte, mein Väterchen, sachte. Irre dich nicht!

Wohl! Heute sind wir wie Vögel, die keine Nester haben. Wir leben in Höhlen und Erdgruben, in verschütteten Kellerruinen und verlassenen Schafpferchen. Manchmal mangelts an Brot, und wir kauen die Wurzeln der Wüste. Anderntags aber prassen wir und liegen in weichen Betten. Wir haben Freunde, mein Vater, Freunde im ganzen Land.

Was ich niemals für möglich gehalten hätte, damals als ich tumb und taub im Hause meiner Mutter lebte, auch damals nicht, als ich in Cäsarea war; was vielleicht niemand ahnt oder wahrhaben will von denen, die selbst in Reichtum, Verwöhnung und Ordnung die Welt von Gesetzen regiert und gebändigt wähnen – das habe ich nun in aller Ausführlichkeit erfahren: Unter der Oberfläche unserer gesellschaftlichen und politischen Zustände existiert ein ganz anderes: ein Staat im Staat, ein Volk im Volk, ein ausgebreitetes Geflecht von Rebellion, Gesetzlosigkeit, Gesetzwidrigkeit, etwas wie eine unterirdische Stadt aus Maulwurfsgängen, Fuchsbauten, Rattengehegen. Hier hausen die Unterdrückten, Verachteten, Unreinen ... Leute, die nie gelernt haben zu lesen und, allein schon aus diesem Grunde, von der Synagoge ausgeschlossen sind; Leute, die verpönte Berufe betreiben, Lohgerber, Leichenwäscher, Kamelführer, käufliche Mädchen, obgleich doch jedermann und – fallweise – sogar die höchsten Obrigkeiten nach Lohgerbern, Leichenwäschern, Kameltreibern und lockeren Weibspersonen verlangen (selbst du, mein Vater, hast Umgang mit letzteren nicht gescheut, auch wenn du sie dir jeweils als *Flötenspielerinnen* bestellt hast). Und vor allem sind hier die Zahllosen, die einmal gefallen sind, einmal das Gesetz verletzt haben, die deshalb dem Gericht verfielen und seither geächtet sind. Sie sind unsere Freunde.

Ihre Hütten stehen uns offen, und dann und wann sind wir sogar in schönen und angesehenen Häusern willkommen, wenn wir nur heimlich durch die Hintertür eintreten. Barabbas kennt sie, diese Hütten und Häuser und den heimlichen Weg zu deren Hintertüren.

Vater, in welcher Welt lebst du oder Kaiphas, dein Bruder, oder der alte böse Annas, vor dem ihr alle Schiß habt, dem immer quengelnden, immer wetternden Tyrannen?

Was für Hirngespinste werden in euren Schulen ersonnen? Und welch ein erstickendes Netz von Vorschriften für jedes Leben geknüpft? Da wird gestritten, ob man am Sabbat aus dem Glase trinken darf, aus dem man am Rüsttag getrunken hat, und welche Farbe ein solches Glas haben muß? Darf es grau sein? Oder muß es bläulich schimmern? Da werden Berechnungen angestellt, wie viele Dämonen auf dem Rand eines Brunnens zu sitzen kommen können und wievielmal ein frommer Jude seine Palmzweige schütteln muß, um jene zu verjagen? Und Männer, die sich weise nennen, zerbrechen sich die Köpfe darüber, welche Gebete ein Hochzeiter sprechen muß und wie viele er auslassen darf, ehe er zu seiner Gattin ins Brautbett steigt.

Lieber Vater, dieses System von Gesetzen, das alle Äußerungen des Daseins umfassen und verfestigen soll, ein solches System kann nicht dauern. Es muß eines Tages gesprengt werden – und es wird gesprengt.

Daß wir, Mörder, Räuber, Brandstifter, Freunde finden in diesem Land, ist mir ein Zeichen dafür.

Die Maße Recht und Unrecht, erlaubt und nicht erlaubt, Vater, diese Maße greifen nicht mehr.

Ein Wort wie Gesetz und Ordnung — ist in vielen Ohren nur noch leerer Schall.

Die Herzen sind leer — leergeronnen wie Weinschläuche, die jemand aufgeschlitzt hat: Gottesfurcht, Ehrfurcht, Hoffnung, Liebe — sie sind aus diesen Herzen weggetropft, sie sind aus diesen Herzen ausgepreßt worden.

Nun sind sie leer.

Vater, Vater, wer ermißt das Elend dieser Leere?

Darf ich sagen: Sie sehnen sich danach, ihre Herzen wieder zu füllen. Ja. Ich darf es. Denn daß sie uns dulden, beschenken, uns nähren, verbergen — dieses Wunder, nie erwartete Wunder! ist mir Beweis dafür. Und Glück, Glück ohnegleichen.

Vater, deinen Sohn wirst du nie mehr von seinen Freunden trennen können.

Doch fürchte nicht, daß ich als der, der ich bin, unter ihnen lebe, geschweige denn, daß ich mich deiner rühme (und täte ichs, Hohngelächter würde ich dafür ernten). Einen anderen Namen hat man mir gegeben: *Japhet,* und andere Namen werde ich annehmen, wenn man mir andere Namen geben will. Nur wenige, ganz wenige Gefährten kennen meine Herkunft (und sie versprachen mir, unverbrüchlich zu schweigen). Als *Japhet* diene ich unserer Sache, reite auf Kundschaft, baue Steinlawinen, berge Beute, trage Nachrichten von Ort zu Ort. Ich bin es auch, der die Manifeste verfaßt, und diese Manifeste bleiben nicht ohne Wirkung. Aus allen Winkeln des Landes strömen uns entschlossene Männer zu. Vor dem Sommer waren wir zwei Dutzend, nun sind wir schon zweihundert, demnächst werden wir zweitausend und einst zweihunderttausend sein. Doch erst in der Stunde des Sieges wirst du von mir hören. Dann werde ich vor dir stehen und sagen: Ich bin, der ich bin. Bist du es wert, mein Vater zu heißen?

Deborah an Esther

Der Himmel schütze dich, Esther, meine Liebe.

Dein Brief –. Dein Brief! In welche Verwirrung hat er mich gestürzt. Und auch in welche Ängste! (Denn wenn er in meines Gatten Hände gefallen wäre...)

Du weißt nicht (und kannst es nicht wissen), wie furchtbar die Versuchung ist, in die du mich führst. Mag sein, meine Beste, daß *er* sich erweichen läßt, mich zu dir reisen zu lassen. (Obgleich ich es mir kaum vorzustellen wage!) Mag sein, daß er mir sogar gestattet, längere Zeit bei dir zu wohnen. Aber daß wir dann von Hebron aus geheime Fäden knüpfen zu wem auch immer, das, Geliebte, jagt mir unsäglichen Schrecken ein. Denn Kaiphas hat niemals geduldet, daß ich andere Ärzte konsultierte als die, die er mir zugebracht und zuvor auf Rechtgläubigkeit und Loyalität gegenüber den Enkeln Zaddoks geprüft hat. Wie du selbst schreibst, soll aber jener Rabbi, der solche Wunder wirkt, durchaus kein Geprüfter sein. Er soll nicht einmal bei Pharisäern oder Leviten in die Schule gegangen sein. Er soll alles aus eigener *Macht* tun. *Aus eigener Macht!* Esther, koste dies Wort aus – und du wirst wissen, was es in Kaiphas' Ohren bedeutet.

Andernteils, Liebste, andernteils. Was haben mir jene Ärzte Gutes getan, die *er* mir zugeführt hat? Haben sie mir geholfen? Oh nein! Gequält haben sie mich mit allerlei Kuren, mit Medizinen gefüttert, die meinen ganzen Körper zerrütteten. An Stöcke haben sie meine Glieder gebunden, mit

Riemen auseinandergezerrt ... Und schließlich sind sie achselzuckend davongegangen.

Und auch er, mein Gebieter, hat nichts übriggehabt am Ende als Achselzucken.

Wenn mich aber jener Rabbi heilte, ja, wenn er meinen Zustand auch nur ein wenig zu bessern imstande wäre, *müßte* da Kaiphas nicht Nachsicht walten lassen?

Müßte er nicht...?

O mein armer, verwirrter Kopf. Er gaukelt mir das Unmöglichste vor.

Eins versprech ich dir, meine Esther, damit du siehst, daß es mir nicht ganz an Mut fehlt: Ich werde, wenn mich Kaiphas heute am Rüsttag, wie an jedem Rüsttag, besuchen kommt, ihn fragen, was er von einer kleinen Reise nach Hebron hielte ...

Aus den Notizen des Antisthenes

Dreimal an Pilatus geschrieben. Keine Antwort. Seit Cäsarea kein Sterbenswort, geschweige denn einen Denar.

Ich bin in elender Lage.

Mein letzter Quarant ist längst verbraucht. Ich lebe nur noch von Eljakims Gnaden. Nicht einmal das Stück Papyrus, das ich beschreibe, kann ich bezahlen. Ich muß es aus Eljakims Pult stibitzen.

Was kann den Procurator so gegen mich erbittert haben?

Daß ich ihn damals in einer mißlichen Lage antraf? Kann ich dafür? Bin ich ein Jude? Auch wenn ich unter Juden lebe.

Im übrigen: Das Leben hier im Lande wird langsam ungemütlich. Kein Tag, da man nicht von neuen Übeltaten vernimmt. Kein Gespräch, ohne daß von diesen Verruchten geredet wird. (Nur Eljakim mag nicht von ihnen sprechen.) Geht man über den Markt, so stehen die Leute beisammen und murmeln miteinander. Geht man an ihnen vorüber, hört man sie den Namen Barabbas nennen. Ist eine Gruppe Frauen um den Brunnen versammelt, wovon schwatzen sie? Von den Zeloten.

So frißt sich das Böse in Herzen und Hirne und feiert, auch weitab von den Orten, wo es wirklich in Erscheinung tritt, den Sieg seiner Allgegenwart.

Deborah an Esther

Nächste Woche also, nächste Woche! Seit ich weiß, daß ich reisen darf, bin ich wie im Fieber. In der Nacht liege ich wach und lausche. In jedem Winkel meines Gemachs wispert es von Stimmen, als sprächen Wände und Säulen, die Steine des Bodens und das Gebälk des Daches. Die Flamme meiner Öllampe knistert Hoffnung, und wenn ein Windzug die Vorhänge bläht, so scheinen sie mir von einem stimmhaften Atem bewegt. Eine Botschaft ist unterwegs, ich weiß nicht, welcher Art. Aber – der Heilige vergebe mir, der Allbarmherzige! – ich glaube, es ist eine Botschaft der Rettung für mich. Du kennst die Geschichte meines Unfalls, liebe Freundin. (Gewiß hat dir Eljakim davon erzählt.) Ich stürzte mich halb zu Tode, weil ich den Stern des Heils zu sehen glaubte. Ich stürzte rücklings. In der Sekunde des Sturzes dachte ich: ER hat mich als Opfer angenommen.

ER – wer?

...

Damals liebte ich Kaiphas, oder ich glaubte ihn zu lieben. Er war so voll Kraft und Mut und hinreißender Munterkeit. Dein Gatte (damals noch nicht dein Gatte, ja, noch nicht einmal mit dir bekannt), Eljakim, er war ganz anders. Nie habe ich verschiedenere Brüder gesehen.

Er hielt sich immer im Hintergrund. Er redete wenig und nie von der Zukunft – ganz im Gegensatz zu Kaiphas. – Sogar seine Zuversicht in die Heilsbotschaft des Sterns war gedämpft, soll ich sogar sagen, gebrochen? In Kaiphas ist die unbändige Lebenskraft unseres Volkes gewesen, in Eljakim war seine schmerzliche Bedenklichkeit, seine melancholische Zweifelsucht und die unauslöschliche Erinnerung an seine Opfer und Leiden.

Ja, liebe Esther, erst später, als ich im Elend lag, habe ich gelernt, die Brüder miteinander zu vergleichen. Manchmal dachte ich: Wärest du nicht Kaiphas' sondern Eljakims Weib geworden, wer weiß, vielleicht hättest du an seiner Seite genesen können?

Nun ist er ja selbst so viel krank, du hast mir davon erzählt. Wollte Gott, der wunderbare Rabbi aus Galiläa könnte auch ihn heilen.

Aus den Notizen des Antisthenes

Es geht etwas vor hier im Hause, das ich mir nicht erklären kann. Es hängt mit Eljakim zusammmen, mit seinem Zustand, seiner Gemütsverfassung. So vertraut wir miteinander leben – als Arzt nahm er mich in den vergangenen Monaten kaum in Anspruch. Er weiß, daß ich die meisten seiner Leiden für hypochondrisch hielt und halten muß. So vermeidet er es, darüber zu reden. Er nimmt seine gewohnten Medizinen und läßt sich von seinem Bademeister mit Salben und Umschlägen traktieren. Gut, seine Sache. Ich mische mich nicht ein.

Seit einiger Zeit bemerke ich eine schwere Verdüsterung seines Gemütes. Er sitzt unbeweglich und stiert vor sich hin. Dann wieder schweift er ruhelos umher.

In Augenblicken, in denen er sich unbewacht glaubt, greift er sich an die linke Brust, drückt und knetet daran herum, als fühle er einen Fremdkörper, einen Span, einen Knoten, eine Geschwulst zwischen den Rippen.

Seine Gesichtsfarbe ist bleich, um die Augen schwärzlich, wie sie bei Leuten zu sein pflegt, die an schweren Schlafstörungen leiden. Er trinkt viel und ißt wenig.

Nun aber kam es gestern zu einem merkwürdigen Gespräch. Er fragte mich, ob ich es für möglich hielte, daß ein Wurm in einen lebendigen Körper eindringe und dort an einem Organ, etwa an der Herzspitze, zu nagen beginne.

Ich antwortete, von einem solchen Fall hätte ich noch nie gehört. Doch sei nichts unmöglich, da es ja in der Tat Würmer gebe, die sich in den menschlichen Eingeweiden aufhalten; warum sollte es einem solchen Tier nicht gelingen, sich aus den Därmen heraus und bis ans Herz durchzubohren?

Darauf schwieg Eljakim. Aber ich merkte, daß ihn meine Antwort mit Unruhe erfüllte. Nach einer Weile begann er wieder: Ob es möglich sei, das Herz eines lebenden Tieres freizulegen, so daß man sehen könnte, wie es schlüge? Worin bestehe denn eigentlich der Herzschlag – und warum sei er denn oft so schmerzhaft?

Ich antwortete mit einer Gegenfrage: Fühlst du dich krank, mein Freund?

Er schob meine Hand von sich und starrte unter gerunzel-

ten Brauen vor sich nieder. Aber nach einer Weile sprach er
es doch aus: –Es frißt mich auf, sagte er, es frißt mich auf.–
Und dann immer heftiger und lauter: –Ach, hätte es mich
doch nur schon aufgefressen. Aber das Entsetzliche ist: Es
kommt nicht hoch, nicht hoch genug. Aus dem Zwerchfell
steigt es auf, höher und höher, aber wenn ich denke, es hat
das Herz erreicht, jetzt ist es drinnen, da wird es wieder hin-
untergedrängt, läßt los, fällt ab wie ein vollgesogener Egel,
und ich atme auf. In mir ist unsägliche Wohltat und Erlösung, doch leider dauert es nur ein paar Augenblicke, dann
fängt es wieder zu nagen an, und ich spüre seine Bisse bis in
meine Kehle.–
Ich sagte: –Wie kann ich dir helfen, Freund?–
Er drauf: –Du hilfst mir nicht. Aber ich möchte ein Herz sehen, das noch schlägt, ein Herz, aus dem Blut und Wasser
rinnt, und wär es das Herz eines Lammes.–
Ich war ratlos über diesen seltsamen Wunsch und sagte:
–Wer kann dich hindern, ein Lamm so schlachten zu lassen,
daß du sein Herz noch schlagen siehst?–
Aber er wandte sich unwillig ab und sagte: –Du verstehst
mich nicht. Nein, du verstehst mich nicht. Ich meine ja
nicht ein tierisches Herz. Ich meine ein anderes.–
Und den Abend redete er kaum noch ein Wort.

Ein mit Schriftzeichen beschnitzter Ast,
auf Eljakims Bett zu Kopht gefunden

Ein Froind läst grüsen
er wünsch und wil
der Herr von Sison soll nach Sison gen
Dort krieg er Nachrich
bald
Ferbrene dises

Joram
an Mardochai zu Jeruschalaim

Habe zu melden, daß unser Herr plötzlich den Willen hat,
nach Sison zurückzukehren.
Er hat zuvor nie davon geredet, daß er lieber dort als hier le-
ben will. Nun aber Eile befohlen.
Es wird schon gepackt.
Der Arzt kommt mit.

Aus den Notizen des Antisthenes

Sison. Also wieder Sison. Zurück auf das Gut, von dem Eljakim seit einem Jahr behauptet, es öde ihn an, es sei voll böser Erinnerungen. Nie mehr wolle er dahin zurückkehren.
Nun gut, mir kann es recht sein. Wir werden dort angenehmer leben. Statt wie hier in Holzzubern zu baden, werden
wir dort wieder in marmorne Becken steigen. Statt auf harten Ledergurten, werden wir wieder auf gepolsterten Bet-

ten schlafen, und vor allem werden wir uns nachts mit feinen Vorhängen vor Spinnen, Fliegen und Kakerlaken schützen können, während uns dieses Geschmeiß hier in Kopht gemütlich über die Gesichter spaziert.

Was plötzlich den Ausschlag gab für diesen Entschluß, ist mir noch unklar. Hoffentlich hängt es nicht wieder mit... *(das Folgende ist ausgestrichen und unkenntlich gemacht)* zusammen.

Am Tag darauf

Eljakim zögert den Aufbruch nun doch hinaus. Er will zuvor noch nach Kapharnaum. Ich soll ihn über den See begleiten. Was er da will, verrät er nicht, das heißt, er schützt allerlei Geschäfte vor. Ich habe längst aufgegeben, dem zu trauen, was er sagt. Alle seine Gedanken suchen nach Umweg, Täuschung, Versteck.

Unter Umständen erwägt er, jenen galiläischen Rabbi aufzusuchen und um Hilfe zu bitten, denselben, von dem er mir erst neulich erklärte, daß er ihn nicht nur für einen halben Ketzer, sondern auch für einen Betrüger halte.

Bei Eljakim ist jetzt schon beinahe alles möglich.

Drei Tage später

Nach Kapharnaum sind wir nicht gekommen, geschweige denn, daß wir den galiläischen Prediger erreicht hätten. Dennoch war diese Reise äußerst merkwürdig und ist der Beschreibung wert.

Wir haben ein unerklärliches Naturphänomen erlebt, derlei ich niemals für möglich hielt und das zu beschreiben mir insofern schwerfällt, als mir seine Ursachen vollkommen undurchschaubar erscheinen. Ich habe auch gleich Umfragen angestellt, ob hier in der Gegend Ähnliches schon beobachtet worden sei, habe aber keine bündige Antwort erhalten.

Folgendes ist zu berichten:

Wir haben Kopht am 25. des Decembris verlassen und haben uns an das südliche Ufer des Sees Genezareth begeben. Es war trotz der Jahreszeit schwül und heiß. Seit zwei Tagen schon blies der Südostwind aus der arabischen Wüste. Als wir uns dem See näherten, sahen wir große dunkle Wolken aufsteigen.

Obgleich in dieser Jahreszeit Gewitter selten sind, so war gleich zu erkennen, daß in dem Augenblick, da der Südwind aufhören würde, diese Wolken Sturm und Regen heranführen würden.

Eljakim hatte für uns ein Schiff bestellt. Er war erzürnt, daß es an der Landungsstelle noch nicht bereitlag. Wir mußten, ehe es eintraf, eine gute Stunde warten. Inzwischen war der Südwind beinahe eingeschlafen. Dafür türmten sich die Wolken im Norden um so bedrohlicher. Als wir die Planken betraten, zuckten die ersten Blitze.

Die Schiffsknechte murrten und sagten, es sei nicht ratsam, die Segel zu setzen. In kurzer Zeit werde der See in Aufruhr sein. Aber Eljakim, noch immer erbittert, daß man ihn habe warten lassen, bestand darauf: Er wolle nach Kapharnaum, und zwar sogleich.

So stieß man ab. Als wir die Bucht verließen, sahen wir auf dem freien See schon die Schaumkronen eilen.

Der Wind fuhr in unsere Segel, daß die Leinen krachten. Blitz auf Blitz fiel, und die Donner schallten. Vor uns stiegen Wassersäulen hoch, da hatte es eingeschlagen. Die Uferbüsche bogen sich und peitschten den Boden mit ihren Kronen. Doch bald verschwand alles hinter treibendem Wasserdunst. Nur einmal sahen wir ein zweites Boot, weißlich gespensterhaft, hinter den Wellenbergen schlingern. Etliche Gestalten hoben sich dunkel ab. Waren auch sie auf dem Weg in den Untergang?

Eljakims Gesicht war grau und verzerrt. Auch die Schiffsknechte waren erbleicht. Ich sah mich schon von der toben-
den Flut verschlungen.

Da aber, wir mochten etwa dreißig Stadien weit nach Norden getrieben worden sein, da geschah etwas Merkwürdiges. Der Sturm ließ nach, wie abgeschnitten. Die Regen-
böen teilten sich, als hätte eine Hand sie jäh zerrissen. Die
Wassermassen, die sich soeben noch glasig und, in wilden
Brechern zerstürzend, auf uns zubewegt hatten, schienen
plötzlich wie in einen schwereren Stoff verwandelt, so, als
hätte sich flüssiges Blei in das Wasser gemischt oder als zöge
eine verstärkte Erdkraft die Gipfel der Wellen nieder. Der
Gischt verschwand, als hätte ihn jemand weggewischt, und
das Wellengebirge, das uns noch eben zu verschlingen
drohte, floß ineinander ab. Die Fläche des Sees schien sich
zu wölben wie eine Brust, die sich im Atmen dehnt, doch
sanft, wie ein fliehender Atem, floh ihre Bewegung und
teilte sich in langen blinkenden Zungen gegen die Ufer aus.
Das alles geschah binnen weniger Augenblicke. Zugleich
riß die Wolkendecke, die Sonne brach durch, ein Regenbo-
gen, doppelt und von satter Farbenpracht, wanderte hinter
uns her die triefenden Buchten entlang.

Als wir gegen Tiberias lenkten, war der See glatt wie ein
Tuch aus Seide, und die Strände und Fischerboote und Häuser spiegelten sich darin.

Nach Kapharnaum hätten wir noch eine weitere Stunde se-
geln müssen. Doch plötzlich schien Eljakim die Lust an diesem Ausflug verloren zu haben. An der Mole standen viele
Leute und winkten den einfahrenden Booten. Offenkundig war auch ihnen der seltsame Naturvorgang aufgefallen.
Einige stürzten, als wir anlegten, auf Eljakim zu und begannen wild auf ihn einzureden. Leider verstand ich sie nicht,
da sie diesen vertrackten galiläischen Dialekt gebrauchten.

Was sie sagten, schien Eljakim nicht zu gefallen. Er befahl, sofort aus dem Hafen zu rudern – und wir kehrten, ohne Kapharnaum anzusteuern, nach Kopht zurück.

Ein dritter ungeschriebener Brief des Sohnes an den Vater

Komm, komm, beeil dich. Du solltest schon in Sison sein. Ich weiß, daß du weißt, wer dich nach Sison ruft. Aber noch weißt du nicht warum.

Es wird nicht leicht sein, es dir beizubringen. Eure heiligen Gefäße, die silbernen Leuchter, die goldenen Dochtscheren, die Weiheschalen und Krüge, sie brauchen Unterkunft. Ein Gewölbe, das niemand entdeckt, einen Schacht, den niemand aufbricht, wo sicherer als im Haus eines Priesters, wo sicherer, als unter der Lustvilla auf dem Gomer? Dort wagt niemand zu suchen, gegen Zaddoks Familie werden keine Razzien angeordnet.

Ich erinnere mich wohl: Du hast dieses Lusthäuschen auf dem Hügel mit allem Luxus ausgestattet, um deinem griechischen Freund gefällig zu sein. Dort wolltest du, Schöngeist mit Schöngeist, homerische Verse zitieren und philosophische Gespräche führen: Anaxagoras gegen Anaximenes, Sophist gegen Stoiker. Und wolltest mit ihm vielleicht, vielleicht sogar unsere Heiligen Schriften verlachen, weil sie nicht griechisch verfaßt und weil sie nicht elegant, mit ästhetischem Schwung, sondern düster und schwer und mit dem Herzblut unseres Volkes geschrieben sind.

Lernst du nun um, mein Vater?

Dann ist, was mir auferlegt ist, nicht ganz vergeblich gewesen.

Hör zu: Wir hatten keine Ahnung, daß der römische Konvoi die Schätze des Tempels mit sich führte. Und wie hätte auch einem Juden einfallen sollen, daß diese heiligsten Dinge an die Feinde ausgeliefert worden sind? Selbst als wir den Schatz schon genommen und in unsere Höhlen gebracht hatten: Wir ahnten nicht, was wir in Händen hielten. Erst als Geschrei entstand um die verlorenen Stücke, da gingen uns die Augen auf. Es war ein großer Tag für uns, mein Vater, ein großer Tag, wenn ich so sagen darf, vor allem für deinen Sohn. Denn da lagen sie nun vor ihm, diese Weiheschalen, diese Leuchter, Dochtscheren und goldstrotzenden Mäntel, Stück für Stück, Teile des unverletzlichen Korban, und du mein Vater kanntest sie alle. Ich sah dich vor mir, wie du diese Leuchter ansstecktest, diese Weiheschalen fülltest, sah dich, in die Prunkgewänder gehüllt, das Rauchfaß schwingen. Eben dies Erz, dies Silber und Gold, das ich in Händen hielt in finsterer Höhle, das hast du *dort* in Händen gehalten, dort wo ein armes unterdrücktes und ausgebeutetes Volk das Heiligtum vermutet.

Das *Heiligtum* – o Vater, welch ein Irrtum! Ein Irrtum, dahin wallzufahren, die Knie wundzuscharren an den Stufen, die Stirnen blau zu schlagen an den Mauern des Tempels, statt endlich zu erkennen: In ihm selbst, dem Volk, das das Auserwählte heißt, ist das Einzig-Ewige und Unerschütterbar-Sacrosankte: Gottes Spur und Fußstapfen in dieser Welt.

So lernten wir indessen – und Barabbas war dabei unser Lehrer – ohne Scheu und ohne zu zittern aus den Weiheschalen trinken und lernten die Leuchter anzünden und hinzustellen zu unseren Mählern, und mit der Dochtschere knipsten wir Hühnerknochen, und auf goldenen Gewändern schliefen wir – und nicht immer schliefen wir allein.

Dennoch – wir sind auf der Flucht, und wir führen mit uns nicht nur Waffen und Reittiere und Brandfackeln und Pechkränze und auch noch ein wenig Geld, das aus deiner Gabe stammt, sondern den Korban.

Darum: Sison. Du wirst es merken.

Eine mit Schriftzeichen bekritzelte Tonscherbe,
Eljakim von einem dreijährigen Knaben
in der Synagoge von Emmaus ausgehändigt

Ein Froind läst grüsen
Der Herr von Sison wird befellen: Der Gomer ist verboten.
Nimad get hin. Der Hausherr bring Geld.
Heimlig, heimlig.

Aus den Notizen des Antisthenes

Nun also wieder auf Sison – und wie erwartet: Marmorbad, Polsterbett und Fliegenschleier. Freilich – meine hübsche Villa auf dem Gomer werde ich auch diesmal nicht beziehen. Eljakim hat sogar verboten, das Gelände zu betreten. Angeblich soll sich dort oben eine *gefährliche Vipernbrut* eingenistet haben. Auch ist die Villa jetzt ganz von Gebüsch verwachsen, der Weg hinauf mit Disteln bedeckt.

Auch im Gutshof selbst hat sich einiges verändert, wenn es auch schwer hielte, genau zu sagen was. Ein Haus, das ein Jahr lang nicht oder nur von einigen Domestiken bewohnt wird, haucht den Geruch der Verlassenheit aus. Alles

scheint ein wenig angegraut, angebröckelt, angemodert. Abgesehen von den Schäden, die die liebe Esther angerichtet hat, merkt man eine gewisse Nachlässigkeit an allen Dingen. Auch die Bedienung läßt zu wünschen übrig. Die beiden Männer, die bei uns in Kopht waren, Ezechiel und Joram, nehmen sich hier grob und verbauert aus.
(Bin ich etwa ebenfalls verbauert? Das wäre fürchterlich!)

Drei Tage später

Trotz Marmorbad und Fliegenschleier: Ich beginne mich nach Kopht zurückzusehnen. Dort, scheint es mir, war es doch gemütlicher. Nicht nur, daß die galiläischen Hügel lieblicher sind als diese judäischen Stufenberge, die die ganze Landschaft mit ihren harten Schichtungen linieren – auch die Leute sind dort freundlicher, selbst die einfachsten Fischer und Bauern.
Über der Gegend hier scheint ein Schatten zu lagern, den ich so früher nicht bemerkt habe. Hängt diese Verdüsterung mit den räuberischen Banden zusammen, die sich hier noch unliebsamer bemerkbar machen als in Galiläa? Sie verbreiten Unruhe, Unsicherheit, etwas wie einen flackernden Schrecken. Man spricht davon, daß sie schon auf Hundertschaften angewachsen sind. Wenn dem wirklich so ist, werden wir böse Zeiten erleben.

Der Betreffende lebt nun wieder auf Sison, wie er allzeit lebte, ehe wir im vergangenen Jahr nach Cäsarea gingen, meist mit sich selbst beschäftigt, ziemlich gleichgültig gegen die Verwaltung seiner Güter und nachsichtig gegen Sklaven und Pächter. So hat er nicht gerügt, als neulich die Ölfrucht schlecht gepreßt und neuer Wein in alte mürbe Schläuche gefüllt wurde. Andere Male ist er unmäßig streng und sehr aufbrausend.

Speise- und Waschvorschriften werden von seiner Seite strenger befolgt als früher. Unaufhörlicher Umgang mit dem Heiden Antisthenes.

Obgleich der Betreffende seit seiner Ankunft in Sison das Haus kaum verläßt, scheint er sehr unruhig; Nachrichten von außen interessieren übermäßig, vor allem Nachrichten über die Unruhestifter in Judäa, Galiläa und Peräa. Sind solche Nachrichten eingetroffen, folgt meist eine schlaflose Nacht.

Auffallend ist noch folgendes: Er beschenkt fremde Leute ohne ersichtlichen Anlaß. So hat er seinem neuen Pächter Lazarus in Bethanien nicht nur den Pachtzins nach der Ernte erlassen, sondern auch eine größere Zuwendung gemacht, angeblich, um die Verheiratung der Schwestern sicherzustellen. Eines der Mädchen war einmal hier und hat nach dem jungen Herrn gefragt. Dieser ist aber, wie sicher bekannt, längst im Ausland, wie man sagt, in Hispania.

Drittes Manifest der Söhne des Lichts an das Volk der Juden

Wie lange noch, ihr Brüder, duldet ihr,
daß wir, eure Befreier, im Finsteren harren?
Wie lange noch
seht ihr zu,
daß wir gejagt sind wie die Hasen?
Keiner von euch
wird noch der Sonne froh sein,
der nicht für uns ist.
Merket die Zeichen: Sie sind Brand
und Tod
und Jahwes Gericht.

Der Procurator Pontius Pilatus
an Kaiphas, Hohenpriester zu Jerusalem

An den Iden des Januarius (15. Januar 33)
Die Frechheit der zelotischen Verbrecher hat ihren Gipfel
erreicht. Bis dato haben die jüdischen Behörden, an deren
Spitze Du stehst, die Verfolgung vor allem der Besatzungs-
macht überlassen. Indessen stelle ich fest: Die Motive der
Verbrecher stammen, wie die immer wieder auftauchenden
Manifeste eindeutig beweisen, vor allem aus dem Bereich
jüdischer Vorstellungen und Lehren. Insofern ist zwingend
anzunehmen, daß die zelotischen Horden Rückhalt in der
nationalen Bevölkerung finden. Daher habe ich von Dir
und Deinen Behörden dringendst zu fordern, daß Du auf
Grund strikter Verfolgung aller Spuren endlich zu greifbaren Ergebnissen kommst.
Die Procuratur wird, falls Du in angemessener Zeit solche

Ergebnisse nicht aufzuweisen hast, ernstliche Überlegungen anstellen müssen, ob die Dir durch Gnadenerlaß gestattete Bewaffnung der Tempelwache nicht aufgehoben werden muß. Ebenso müßte die Bewaffnung von Gemeindedienern und Synagogenwächtern im ganzen Land einer neuen Prüfung unterzogen werden.

Begreife endlich: *Wo kein Nutzen geleistet wird, werden auch keine Gnaden gewährt.* Dieses bitte ich Dich und Deinen gesamten Anhang ernstlich zu erwägen.

In der Erwartung baldiger Vollzugsmeldungen

Pontius Pilatus

Aus den Notizen des Antisthenes

Die Ausmaße der verbrecherischen Aktionen wachsen ins Dämonische. Ins Dämonische: Damit meine ich, daß niemand mehr von etwas anderem spricht, als von dem *Schwarzen,* daß Furcht und Schrecken, aber auch Wollust der Furcht und des Schreckens alle Köpfe füllt und jeden anderen Gedanken auffrißt.

Dabei ist es unbegreiflich, was dieser *Schwarze* eigentlich bezweckt.

Er schlägt hier und dort zu: Wer sind denn eigentlich seine Feinde? Er durchzieht das Land kreuz und quer. Wo ist denn eigentlich seine Operationsbasis? Er schont weder Römer, noch Juden, noch Griechen, nicht einmal die eigenen Kumpane.

Ein Beispiel: Aus Dekapolis werden neue Überfälle gemeldet. Das Landvolk trifft Vorkehrungen. So hat ein Bauer an seinem Pferch eine Vorrichtung angebracht, in der sich ein unbefugter Eindringling wie in einer Falle fangen muß. Richtig: In tiefer Nacht schlägt das Eisen zu. Der Bauer

läuft hin, vergewissert sich, daß ein Räuber in der Falle zap-
pelt, höhnt ihn und stellt ihm in Aussicht, daß er morgen
ausgeliefert und aufs Gericht gebracht würde. Und dort,
ruft der Bauer, werden sie dich um einen Kopf kürzer machen.

Doch so lange dauert es gar nicht, bis der Mann seinen
Kopf verliert. Er verlor ihn noch in derselben Nacht, unter
den Fäusten und Messern seiner Kumpane. Am Morgen
wird er gefunden, splitternackt, Kopf und Kleider verschwunden. In der Falle hängt ein Kadaver, der von niemandem erkannt werden, der aber auch nichts mehr gestehen
und niemanden verraten kann.

So wird verfahren, wo keine Gnade waltet.

Mein sanfter junger Freund vom letzten Jahr – was ist aus
dir geworden? Mich schwindelt, wenn ich an ihn denke.

*Die Procuratur zu Cäsarea
an die Tempelbehörde in Jerusalem*

Eilnachricht:
Gestern, am 25. Januarius, ist es gelungen, einen Unter-
schlupf der Zeloten in den Höhlen von Sebaste aufzustö-
bern. Drei Terroristen wurden getötet, vier verwundet, davon drei gefangen. Der Rest konnte entkommen. Bedeutende Bestände an Waffen wurden sichergestellt.

Notate bene:
1. Der Anführer Barabbas und seine engsten Freunde befinden sich noch in Freiheit.
2. Die Procuratur erwartet tätige Mithilfe bei weiteren Aktionen.

Kaiphas an Mardochai

Der Heilige rette unsere Unternehmungen!
Ich bin aufs tiefste beunruhigt, die Bedrängnisse nehmen
zu. Nun haben uns diese Römer den Erfolg weggeschnappt
und das Nest des Untiers aufgestöbert. Es kann nicht mehr
lange dauern, bis sie es selbst fassen. Wie stehen wir denn
da? Als unfähige Tölpel – und das wäre noch das beste.
Ich beschwöre dich, Mardochai, treuer Freund, setze alles
daran, daß wir Barabbas stellen und ihn lebend oder tot in
unsere Gewalt bringen. Nur das kann uns in den Augen des
Procurators rechtfertigen und seinen Argwohn zerstreuen.
Er muß endlich begreifen, daß wir nichts, aber auch gar
nichts mit diesem Zelotenvolk zu tun haben.

Aus den Notizen des Antisthenes

Erstaunlich, welche Veränderungen in einem Menschen
möglich sind, nur weil er leidet, aus Liebe leidet und keinen
Ausweg aus diesem Leiden erkennen kann. Sein Meinen
und Urteilen beginnt zu wanken. Er hält alles für möglich.
Er zieht alles in Erwägung. Er beugt sich wie ein Rohr im
Wind. Ich gehe mit Eljakim auf seinem Gutshof umher.
Augenblicksweise ist er so sehr mit sich selbst beschäftigt,
daß er nichts von seiner Umgebung wahrzunehmen
scheint. Augenblicksweise aber steht er, durch einen Vorgang gefesselt, still und ist kaum zu bewegen weiterzuge-
hen. So neulich am Dreschplatz zu Sison.
Hinter den Scheunen des Gutes liegt eine nackte Felsplatte
zutage, rund, etwa zehn Schritte im Durchmesser und gegen die Mitte vertieft. Sie dient dem Drusch. Ein Ochse

wird über das aufgeschüttete Getreide getrieben, er führt eine Walze rundum. Sie drückt die Körner aus den Ähren. Hinter dem Ochsen geht ein Knecht, nicht nur um den Ochsen anzutreiben, sondern auch um die Verunreinigung des Korns zu verhindern. Läßt der Ochse Urin, springt er mit einem ledernen Sack hinzu. Den Kot aber fängt er mit seinen Händen auf. Ein elendes Geschäft, das den, der es ausführt, zum niedrigsten Knecht stempelt.

Kein freier Römer würde eine Kreatur dieser Art eines Blickes würdigen.

Eljakim aber, Bruder des Hohenpriesters, selbst Priester und Hoch-Beamter, bleibt vor dem Dreschplatz stehen und beobachtet den Vorgang. Der Ochse pißt. Der Mann hält ihm den Sack. Der Ochse läßt Kot, der Mann hält seine Hände unter den Schwanz. Dann läuft er beiseite und häuft den Kot an einer dafür vorgesehenen Stelle auf. Eljakim starrt gebannt auf den Burschen. Dieser nimmt seinen Rundgang wieder auf. Der Ochse zieht, die Walze rollt, die Ähren sind beinahe leergerebelt.

Ich frage: –Freund, willst du nicht endlich weitergehen?– Er schüttelt den Kopf, dann tritt er hin und spricht den Burschen an.

–Wie heißt du?– Kleophas. – Bist du nicht der Sohn des Eli? – Der bin ich. – Wer hat dich zu dieser Arbeit befohlen. – Niemand. – Warum tust du sie dann? – Weil heute gedroschen werden muß. – War kein anderer da, diese Arbeit zu tun? – Ich habe nicht gefragt. Einer muß ja die Arbeit tun. Warum nicht ich?–

Eljakim schüttelt den Kopf. Eli ist einer seiner Vorarbeiter, und niemand wird von dem Sohn eines Vorarbeiters verlangen, was Kleophas tut. Eljakim tritt noch näher an den Burschen heran und sagt: –Weißt du denn nicht, daß dich diese Arbeit unrein macht?– Der Knecht lächelt: –Daß dich diese

Arbeit von der Synagoge ausschließt?– Das Lächeln des Knechtes wird immer strahlender. Eljakim nahezu wütend: –Und daß du damit ein Greuel wirst unter den Gerechten?– Der Knecht hebt die Achseln, die Arme, fällt auf ein Knie. So schaut er Eljakim von unten, leuchtend vor Heiterkeit, ins Gesicht: –O Herr, das glaube ich nicht. Ein Greuel ist das gottlose Herz, nicht die niedrige Arbeit. Unrein wird der Mensch von innen, nicht von außen, nicht durch Kot, sondern durch Sünde.–

–Und was ist Sünde, du Narr?– ruft Eljakim.

Der Bursche antwortet: –Nicht zu erkennen, was Gott von uns will.–

Eljakim weicht zurück. Er atmet schwer. Er wischt sich über Stirn und Nacken. Unsicheren Schrittes geht er weiter. Ich folge ihm. Er spricht nicht. Ich versuche ein Gespräch. Er antwortet nicht. Später schickt er einen Knaben zu Kleophas und schickt ihm etliche Münzen als Geschenk. Noch später erfahre ich durch Joram, der junge Kleophas sei im selben Alter wie Aristobul. Die beiden hätten nicht nur dann und wann miteinander gespielt, sie hätten auch als Säuglinge dieselbe Muttermilch gehabt. Elis Frau habe den kleinen Aristobul miternährt.

Abends spät (Eljakim hat schon etliche Becher getrunken) kommt die Rede noch einmal auf den Knecht. Eljakim: –Du hast gehört, was der Bursche sprach? Hat er das aus sich selbst? Oder geht eine neue Gesinnung um, die von den Ärmsten und Geringsten ausgeht? Das wäre das Ende der Lehre.–

–Das Ende der Lehre, erwiderte ich, was Knechte schwatzen?–

Eljakim fuhr auf und sah mich an aus gekniffenen Lidern. –Du weiser Grieche, sagte er spöttisch, nun bist du schon so lange bei uns Juden und kennst uns immer noch nicht.

Bei uns Juden sind Herren und Knechte nicht unterschieden, nicht *so* unterschieden wie bei anderen Völkern. Das Recht auf Jahwes Wahrheit ist auch beim Ärmsten ... Mag sein, wir haben etliche Gesetze, die die Großen von den Kleinen scheiden. Doch unter diesen Gesetzen liegt DAS GESETZ. In unseren Heiligen Büchern gibt es Lieder, da heißt es: Angesehen hat Gott die Niedrigkeit der Sklaven, die Mächtigen stürzt er, die Großen macht er zunichte... Weißt du auch, was das heißt? Es heißt: Oben ist unten und unten ist oben, das Rad dreht sich, die Zeichen wechseln. Wer kann ermessen, was noch möglich ist?–

Aus den Berichten der Vertraulichen
an Mardochai, Privatsekretär Seiner Heiligkeit
zu Jeruschalaim

Mit Eilboten! Höchst geheim.
Erste peinliche Befragungen der gefaßten Verbrecher in der Zitadelle Antonia haben ergeben, daß:
1. selbe nur in untergeordneten Funktionen der Zelotenbande tätig gewesen;
2. die ihnen bekannten Mitglieder der Bande die Zahl 50 nicht überschritten habe;
3. das Subjekt Barabbas alle Aktionen geleitet oder doch wenigstens maßgeblich veranlaßt habe;
4. ein gewisser Japhet Aufrufe verfaßt, vervielfältigt und für deren Verbreitung gesorgt habe;
5. Herkunft dieses Japhet auf hochgestellte Familie hinweise.

Gott, du Barmherziger und Gerechter, du wirst mir vergeben. Abrahams Hand, die sich erhob, den Sohn zu schlachten, hieltest du auf.

Dein Wille kann es nicht sein, daß ich den meinen ver-
rate.

Geschehe, was auch geschehen mag, doch nicht durch
mich. Nicht Erz noch Silber noch Gold können dir, All-
mächtiger, lieber sein als eines Vaters Treue, auch wenn des
Sohnes Leben verwirkt ist. Ich weiß es.

Wie lange kann es noch dauern?

Wie viele kennen ihn – mit Namen und von Angesicht?

Keine Nacht, in der es nicht geschehen kann. Kein Tag, der
sich nicht wie ein Todfeind gegen mich rüstet. Und nun –
der Gomer. Ich habe ihn versperrt, verboten, mit Dornen-
gestrüpp habe ich die Wege hinauf verrammeln lassen.

Den Kopf habe ich mir zerquält, um einen Vorwand zu finden, der mein Verbot begründet.

Das Versteck ist nicht schlecht gewählt, ich gebe es zu,
nicht schlecht, wenn man nur die Maßnahmen der Behörden in Erwägung zieht. Welcher Suchtrupp der Tempelbe-
amten, welche Streife der Römer würde es wagen, Grund
und Boden eines Nächstverwandten des Hohenpriesters
nach Hehlergut zu durchsuchen?

Aber was du nicht bedacht hast, Sohn, mit deinen Freunden (die ich verfluche), das, Sohn, ist der Verdacht, das Ge-
spinst des Argwohns, das sich über dem Haus am Gomer
festhakt, festhaken muß. Zuerst nur Verwunderung: Was
ists mit dem Gomer? Dann Ärgernis: Warum ist er verboten? Dann das geschäftige Walten der Phantasie: Was ist
dort verborgen? Dann das gereizte Mißtrauen: Was steckt

dahinter? Das flüstert und schwatzt und webt Gerüchte und reizt sich zu neuen Gerüchten auf – und endlich: – –

Gott, mein Gott, nicht so! Nicht so.

Nicht, daß er auch nur einen Augenblick lang glauben könnte, *ich* hätte ihn ausgeliefert.

Aus den Notizen des Antisthenes

Wissen denn nicht schon alle Bescheid? Verwalter, Köche, Gärtner, Bademeister – ich würde schwören, sie wissen Bescheid. Bleicher Schrecken geht um und ein Tuscheln und Raunen, und jeder fragt sich wohl: WANN? Wann wird ES geschehen? Wie lange kann es noch dauern, bis das Band bricht, das alle niederhält, daß einer hingeht und sagt: Und dein Sohn?

Statt dessen:

Eljakim ist jetzt auf den Gedanken verfallen, sich selbst Briefe zu schreiben. Er verstellt seine Handschrift, ahmt die des Aristobul nach. Er datiert die Briefe zwei Monate zurück, einmal aus Marsilia, einmal aus Sagunt. Er siegelt mit einem groben Siegel, derlei – mag sein – in den westlichen Provinzen hergestellt werden. Dann reibt er den Papyrus mit Wachs ein, damit dieser aussieht, als sei er lange im schmierigen Fellsack eines Boten gelegen, er beschädigt die Ränder, dann reißt er das Siegel auf, als habe er den Brief soeben erhalten. (Doch niemand hat einen Boten kommen sehen.) Der Brief liegt dann tagelang offen herum.

Einmal erbarmte ich mich und ließ mich von Eljakim beim Lesen des Briefes ertappen. Ich bat, wie sichs gehört, um Entschuldigung. Er drauf: –Lies ruhig weiter. Ich habe keine Geheimnisse vor meinen Freunden.–

Ich lese also weiter. Er beobachtet mich scharf. Ich rolle den Brief zusammen und sage: –Sieh da, dein Sohn! Er ist weit gereist.–

Er drauf: –Er war schon immer reiselustig.–

–Es geht ihm wohl, wie ich merke.–

–Sehr wohl. Trotzdem meine ich, er täte gut daran, wieder zurückzukehren.–

–Warum? Spanien ist ein angenehmes Land.–

–Ich will es hoffen.–

Dann folgt ein langes Gespräch über Spaniens Vorzüge, Nachteile, Klima, Früchte, Waren... Ich rühme seine Landschaft, seine Städte.

Schließlich ist Eljakim ganz heiter, als hätte ich ihm in der Tat Tröstliches über den Aufenthalt seines Sohnes berichten können.

Nach solchen Gesprächen danke ich den Göttern, daß ich Junggeselle, daß ich kinderlos bin.

Deborah an Esther

O liebe Schwester, welche Freude! Mein Herr und Gebieter, in unerwartet milder Laune, hat mir gestattet, dich aufzusuchen. Noch vor dem nächsten Neumond darf ich reisen. Nie hätte ich ein solches Glück für möglich gehalten. O meine liebe mutige starke tapfere Esther, du hast mir Kraft verliehen, daß ich zu bitten wagte. Von dir strömt mir Mut und Stärke zu.

Meine Hand zittert. Morgen werde ich weiterschreiben.

Des Nachts. Ich kann nicht schlafen. Ich bin wie im Fieber. Ich zittere, ich scharre meine Laken. Zu welcher Qual kann Hoffnung werden!

Aus den Notizen des Antisthenes

Erstaunliches geschieht in diesem Hause. Nach Wochen
öder Langerweile – Besuche, höchst unerwartete, die alles
auf den Kopf stellen. Zwei Damen kommen angereist. Die
eine Esther, die andere – die andere reist inkognito. Ihr
Name soll nicht erraten werden. Gut, ich will das Geheimnis respektieren. Es hat Gründe. Dennoch wußte ich schon
nach den ersten fünf Minuten, wen ich vor mir hatte, und
Eljakims bebende Erregung verriet es mir noch einmal:
Die einst geliebte, nie errungene, als Kind verlorene, seit
drei Jahrzehnten von schwerstem Siechtum befallene…
O ihr Götter, was die Zeit aus uns macht!
Und noch einmal: Ihr Götter, die ihr, über die Zeit hinaus,
Erinnerungen einpflanzt in unsere Köpfe, noch tiefer in un-
sere Herzen, die ihr uns einspinnt in die unzerreißbaren
Netze unseres früheren Lebens, unserer Jugend und Kinder-
zeit!
Was hat mir Eljakim von jenem Mädchen erzählt: Sie war
schön, blühend, eine Knospe. *Keine kam ihr an Schönheit
gleich.*
Nun wird sie hereingetragen auf einer Sänfte, die mit Kissen gefüllt ist. Zunächst denke ich: Die Sänfte ist leer.
Warum bewegen sich die Träger mit soviel Vorsicht?
Dann aber regt sich etwas unter den Decken. Ein Arm
streckt sich empor. Ein Arm? Ein dünnes, steckendürres Ge-
bilde, elfenbeinbräunlich. Dann ein Gesicht: elfenbeinbräunlich, mit riesigen schwarzen Augen. Ein Kiefer lächelt, so könnten Tote lächeln. Rings um das Gesicht ein
Schwall schwärzlicher Locken. Etwas Goldbesticktes ver-
schiebt sich und läßt einen langen, gelben, sehnigen Hals sehen. Die Kehle zittert. Das ganze Gerippe bebt (es bebt
wohl auch angesichts der Begegnung mit Eljakim).

Daneben Esther! Welch ein Gegensatz! – Ein Mannweib, wohl nicht weit von fünfzig, grauhaarig, faltig, gegerbt wie von Wind und Wetter, ein Gebiß wie ein Pferd – und eine Stimme, schallend wie ein Gong. Eljakim erstarrt bei ihrem Anblick, ich denke: Jetzt wird er zur Salzsäule werden, doch Esther – hat sie nichts anderes erwartet? – donnert sogleich Gelächter darüber hin und pufft und neckt ihren Gatten, wie sie ihn überrumpelt habe, jawohl, *überrumpelt,* man sehe doch, wie fassungslos er sei. Doch hätte sie, Esther, sich angemeldet, angemeldet mit ... mit ... (und sie faßt das Gerippe zärtlich um die Schultern), wer weiß, ob er, der Gatte, nicht die Flucht ergriffen hätte, weiß Gott wohin, er, der Hasenfuß, der Anämiker, der Misogyn...?
Eljakim versucht sich zu fassen.
Er gibt Befehle, die Gäste bewirten zu lassen, widerruft gleich darauf die Befehle und wiederholt die widerrufenen; seine Verwirrung nimmt überhand, da die beiden Damen – wie doch kaum anders möglich – hier auf Sison übernachten wollen. Esther hat das neue Landhaus auf dem Gomer erspäht, könnte sie nicht dort mit ... Wohnung nehmen, nein –? Nicht auf dem Gomer? –Eljakim ist bei der Nennung des Gomer zusammengezuckt: Nein, keinesfalls, überall sonst, nur nicht da!
Schließlich kommt man überein, den Osttrakt des Hauses für die Gäste herzurichten.
Beim Abendessen bringen die Damen vor, was sie beide hierhergeführt hat.
Sie sind auf der Suche nach Heilung. Heilung für ... Sie haben von einem galiläischen Rabbi gehört, der Wunderbares vermag: Er macht Lahme gehen, Blinde sehen, Taube hören. (Und Hungernde sättigt er in der Wüste, möchte ich sagen, sage es aber nicht; ich habe gelernt, meine Zunge zu hüten.) Eljakim hört Esthers Vortrag an, denn nur Esther

236

spricht und läßt den Wasserfall ihrer Meinungen, Wünsche und Einfälle über unsere Häupter niedergehen. Unaufhaltsam verdüstern sich Eljakims Mienen.

Wie ich schon in Kopht bemerkte: Eljakim hat etwas gegen diesen galiläischen Lehrer. Er ärgert sich, wenn er hört, daß dieser Zulauf findet, daß ihm die Menschenmassen folgen, wohin er sich wendet. Was fürchtet er von ihm? (Was hofft er von ihm, denn Furcht und Hoffnung sind oft genug die Kehrseiten ein und derselben Erwartung?) Wütend wird Eljakim, wenn sich jemand nicht entblödet, diesem galiläischen Rabbi messianische Gaben zuzusprechen. Wie –? fährt er los, DER soll unserem Volk Erlösung bringen, der –? Haben wir nicht schon genug falsche Messiasse gehabt? Genug Volksverführer, Volksbetörer. Und in welches Unglück haben sie uns doch gebracht! Und auch dieser würde uns nur ins Unglück bringen. Malt euch doch aus, was geschähe, wenn nun wirklich ein solcher Volksführer aufstünde! Malt euch aus, wie würde Rom darauf antworten!? Es würde uns zermalmen.

So Eljakim, sobald von diesem Galiläer die Rede ist.

Und nun. Die Frauen, voll Hoffnung auf eben diesen selben Galiläer.

So geschah es, was ich beinah erwartet hatte: Eljakim begann den beiden abzureden, abzuraten, ja, sie zu beschwören, von ihrem Vorhaben abzulassen, die Reise nach Galiläa aufzugeben.

Doch die Frauen hatten gar nicht vor, nach Galiläa weiterzureisen. Man hatte ihnen Nachricht gegeben, daß der Meister auf seinem Weg nach Jerusalem hier durch Emmaus käme, und hier in Emmaus, das heißt, auf Sison wollten sie ihn erwarten.

Eljakim saß zusammengekrümmt und verbarg das Gesicht in der Hand. –Und ich sage euch doch...– schrie er plötz-

lich auf, brach aber dann ab und knetete nur seinen Mantel-
saum, den er eng um sich raffte. Dann rieb er sich Augen
und Stirn und biß an seinem Barte.

–Gut also, sprach er endlich, stockend, schwer atmend (ich
begriff nicht, was ihn denn so erregte), gut also. Bleibt. Wartet auf ihn, wenn ihr meint, warten zu müssen ... Ich
wünschte ja selbst so sehr, fuhr er mit einem schwermütig
schwimmenden Blick auf die Lahme fort, daß dir geholfen
würde... – Und er hauchte einen Namen, den ich nicht
verstand. (Auch nicht verstehen sollte.)

Dann, zu Esther gewendet: –Und wie steht es um dich?
Hast du neue Nachricht von unserem Sohn? Nein? Schade.
Doch beunruhige dich nicht! Es ist sehr schwer, Nachricht
zu senden vom westlichen Meer bis zu uns; man muß bedenken: Stürme, Piraten, Riffe, sie alle bedrohen die
Schiffe, und vor allem jene, die Post zu befördern haben; sie
sind einesteils leicht gebaut, um schnell ans Ziel zu gelangen; andernteils führen sie oft auch kostbare Waren und lok-
ken damit die Räuber an. *Denn Räuber, verstehst du, Esther,
Räuber sind überall...*

Esther schien wenig Wert darauf zu legen, mit Eljakim über
Aristobul zu reden. Sie war zornig, daß er ihr und der Lah-
men von dem galiläischen Rabbi abgeraten hatte. Sie war
nur noch besorgt, daß sich jene beruhigte, sie streichelte sie,
murmelte mit ihr, küßte sogar ihre Hände. Dann sorgte sie
dafür, daß man die Sänfte in die Gemächer hinübertrug, die
unterdessen für die beiden Damen hergerichtet worden
waren.

238

Vorbei! Vorbei!

Ich habe viel gelernt in den vergangenen Tagen. Ich habe Eljakim neu und anders und in gewisser Weise schrecklich und imponierend zugleich kennengelernt. Man glaubt einen Menschen weichherzig und nachgiebig, und an einer Stelle ist sein Herz ein Stein.

(Oder sitzt dort, wo es steinern scheint, die tiefste, unüberwindlichste, bohrendste Angst?)

Was geschah?

Die Frauen drüben warten seit fünf Tagen auf den Galiläer; er werde, so meinten sie erfahren zu haben, hier an Emmaus, an Sison vorbeikommen und, so hofften sie, er werde hier eintreten, mit der Gelähmten sprechen, ihr die Hand auflegen, sie womöglich heilen.

Sie erwarteten Nachricht, wann der berühmte Wanderrabbi auf seinem Weg nach Jerusalem kommen werde.

Die Nachricht kam.

Jener Kleophas, den wir neulich beim Dreschen beobachteten, der den Kot des Ochsen mit den Händen aufgefangen hat (ein Jünger des Jeschua?), stürzte gestern abend mit allen Anzeichen der Erregung in den Hof und verlangte Eljakim zu sprechen. Eljakim belohnte ihn und schickte ihn weg. Er achtete darauf, daß Kleophas Sison sofort verließ und vor allem darauf, daß er nicht mit den Frauen in Berührung kam. Gegen Abend bat er mich, einen Schlaftrunk zu bereiten. Ich fragte: –Einen Schlaftrunk, für wen?–

Er sagte: –Genügt es nicht, daß ich dich bitte?– und später: –Der Schlaftrunk soll für Esther und ihre Freundin sein. Sie klagten mir, sie schliefen sehr schlecht.–

Ich war verwundert. Doch was gings mich an, welche

Gründe Eljakim hatte, die beiden mit einem Schlaftrunk zu versorgen? Ich mischte ihnen einen milden Trank aus Melisse, Kamille, Wegerich und versetzte ihn mit Honig. Eljakim trug ihn hinüber.

Der Abend kam. Eljakim sorgte dafür, daß das Tor geschlossen wurde (sonst kümmerte er sich nie darum). Das Gesinde schickte er zur Ruhe. Mich lud er ein, bei ihm zu sitzen, bei Wein, bei Lektüre und Brettspiel. Zu meinem Erstaunen ließ er alles in die Zelle des Torwarts bringen, in einen wenig benützten Raum, der ein einziges, schmales Fenster in den Torflur hat, doch kein Fenster hinaus ins Freie, wo, kaum einen Steinwurf weit, die Fahrstraße nach Jerusalem vorüberführt. Wir saßen beisammen; zwischen uns, auf dem Tisch, brannten drei Lampen. Zuerst lud mich Eljakim zu einem Brettspiel ein.

Er spielte schlecht und verlor; spielte noch einmal und spielte noch schlechter, ich ließ ihn gewinnen, und so noch etliche Male.

Später lasen wir, jeder über seine Rolle gebückt, ich las in einer Abschrift der Äneis, die ich, fehlerhaft wie sie ist, mit Strichen und Einfügungen zu korrigieren suchte. Er wechselte seine Lektüre und konnte sich auf keine sammeln.

Erst gegen Mitternacht begannen wir zu trinken. Ich bemerkte, daß Eljakim viel mäßiger trank als sonst, so als wollte er auf jeden Fall wach und aufmerksam bleiben.

Einige Male hörten wir, daß auf der Straße Reiter vorbeikamen, dann eine schwere Fuhre, dann lange nichts mehr.

Ich sagte schließlich: –Herr, worauf wartest du?–

Er wischte meine Frage weg, stutzte aber dann und sagte: –Du nennst mich *Herr?* Warum?–

Ich war betreten. Dieses Wort war mir ihm gegenüber noch nie entschlüpft. Nun hatte ich mich und meine Gedanken (Gedanken der Bitterkeit) ihm gegenüber verraten. Ich sagte: –Man nennt dich meinen Herrn. Daran liegts.–

Er lachte ein wenig und antwortete: –Du bist als Freund in mein Haus gekommen und sollst als Freund dereinst gehen. Wer weiß, was noch geschieht? Aber daß ich dich bat, diese Nacht mit mir zu wachen, muß dir doch sagen, daß ich dir vertraue.–

Und wir fuhren fort zu lesen.

Doch unwillkürlich irrten meine Gedanken immerfort ab.

Die Stille der Nacht, die durch das kleine Fenster und das geschlossene Tor zu uns hereindrang, öffnete sich gleichsam zu einem ungeheuren Raum. Müßte man nicht sagen, daß Stille, tiefe Stille ein Nichts ist an Geräusch, eine rundum bestehende Abwesenheit von jedem Laut?

Ja, man müßte wohl. Und so müßte eine jede Stille jeder anderen gleichen.

Die Stille dieser Nacht aber war anders. Sie glich keiner Stille sonst. Sie war draußen im Land wie ein lebendiges Wesen, das aus Millionen Zellen gewoben, von Horizont zu Horizont, über Berge und Länder reichte und selbst die Sterne aus den Tiefen des Kosmos mit heran und in den Bannkreis der Erde zog. Die Stille draußen war vollkommen und wurde auch nicht berührt von dem eintönigen Brunnengeplätscher im Hof, vom Knistern der Flammen in unseren Lampen, vom Rascheln unserer Schriftrollen und Bücher, bis sich endlich – schon war es weit nach Mitternacht – draußen im Norden das Geräusch von Schritten vernehmen ließ.

Die Schritte kamen näher.

Es mußten etliche Menschen unterwegs sein, acht oder neun, vielleicht sogar ein Dutzend, nicht langsam und nicht eilig, wie eben Wanderer, die weite Strecken zu bewältigen haben. Man hörte ihre Tritte im Sand malmen, im Kies knirschen und unterschied auch Tritte auf den steinernen Platten der Straße.

Sie kamen näher und näher – und nun hielten sie an.

Ich sah für einen Wimpernschlag zu Eljakim hinüber, er saß in sich zusammengekrochen, das Gesicht ins Dunkel gedreht. Die Wanderer, die draußen standen vor Sisons Gutshaus, redeten nicht miteinander.

Nur einmal hörte man ein kurzes Murmeln, als habe einer gesagt: Wartet hier.

Der Schritt eines einzelnen Mannes löste sich aus der Gruppe, kam näher, kam heran und hielt vor dem Tor.

Ich wagte nicht zu atmen. Doch lehnte ich mich zurück, hob eine unserer Lampen und blickte durch die Luke hinaus, ob sich der Riegel bewegen würde.

Der Riegel bewegte sich nicht. Doch der, der da draußen stand, tat noch einmal einen Schritt, so wie ein Mann, der von der Tür weg an die Mauer des Hauses tritt und die Hand an die Mauer legt. Ich meinte zu fühlen, wie nahe mir diese Hand war – nur die Mauerbreite dazwischen – und daß etwas von ihr ausging wie eine Kraft. Und wieder blickte ich nach Eljakim hin. Sein Gesicht war, schwarz, im Schatten.

Doch ehe ich sagen konnte: Geh hin und laß ihn ein, war es zu Ende, Berührung und Stillestehen vor der Mauer, neben dem Tor. Der draußen stand, kehrte sich ab und schritt, noch langsamer als er gekommen war, zur Straße zurück.

Wieder ein kurzes Murmeln, diesmal von etlichen Stimmen. Die Schritte setzten sich wieder in Bewegung, im Sand, auf dem Kies und auf den steinernen Platten der Fahrbahn, und gingen und gingen und verloren sich in der Ferne.

Am nächsten Morgen: die Frauen.

Sie schickten herüber und ließen fragen, ob der Meister nichts habe von sich hören lassen.

Eljakim antwortete: Keinerlei Nachricht.

Mittags, abends und am anderen Morgen neue Fragen.

Eljakims Antwort: Keinerlei Nachricht.

Esther ließ wissen, ihre Begleiterin fühle sich frischer und wolle dem Rabbi nach Galiläa entgegenreisen.

Zur gleichen Zeit aber wurde bekanntgegeben, daß die Anhänger des Barabbas neue Manifeste angeschlagen und neue Drohungen verlautbart hätten. Es war auch von einem Überfall die Rede, der sich nördlich von Emmaus ereignet habe.

Nun hatte Eljakim gute Gründe, von einer Weiterreise nach Galiläa abzuraten.

Die Frauen blieben noch einmal drei Tage.

Eljakim stellte ihnen ein halbes Dutzend verläßlicher Leute zur Verfügung.

So kehrten sie unter bewaffneter Bewachung, die eine nach Jerusalem, die andere nach Hebron, zurück.

Aus den Notizen des Antisthenes

Endlich scheint der Spuk ein Ende zu nehmen.

Dieselbe Bogenschützenabteilung, die von Barabbas vor einem Jahr bei Sepphoris überfallen worden ist, hat ihn jetzt in einem Versteck ertappt und dingfest gemacht.

Von einem anderen Gefangenen ist nicht die Rede, den Göttern sei Dank.

Aufruf
(zehn Tage vor Passah in Jeruschalaim, Bethlehem, Jericho,
an Mauern, Tore, Brücken geheftet)

AN ALLE!
Unser Führer ist gefangen
Barabbas ist in Ketten
Er, der die Freiheit wollte
für unser ganzes Volk
im Kerker des römischen Untiers.
Juden, Söhne Gottes
kommt und befreit ihn!

Kaiphas an Mardochai

Durch Eilboten!
Unerträglich, unerträglich. Pilatus ists geglückt.
Barabbas ist gefaßt.
Wir stehen mit leeren Händen, eine Blamage tödlicher
Art.
Was nun?
Sorge dafür, daß wir dem Landpfleger einen anderen Fang
präsentieren. Es muß gelingen, Ersatz zu schaffen, noch vor
dem Fest.
Nur so ist unsere Sache zu retten.

Post Scriptum

Wie wäre es mit Jeschua, dem Nazaräer? Der Mann hat Anhang, ist also politisch zu interpretieren und damit belast-
bar.
Helfe, was helfen kann.
Eile, eile!

Mardochai an Kaiphas

Der Herr, gesegnet sei sein Name, beschütze dich. In höchster Bestürzung über Verhaftung des B. durch die Römer. Halte den Einfall Eurer Heiligkeit, einen anderen Politischen zu fangen, für einzigartig trefflich und unbedingt zu verfolgen. Festnahme des Nazaräers dürfte nicht schwerfallen, da der Erwähnte unweigerlich zu Passah greifbar sein wird.

Bedenklich nur der eine Umstand, daß sich viel Volk um ihn zu versammeln pflegt. Unmut der Menge zu befürchten.

Bitte um weitere Direktiven.

Soeben höre ich:

B. auf Burg Antonia eingeliefert.

Aus den Berichten der Vertraulichen über Jeschua den Nazaräer

Selbiger vertritt eine Lehre sehr widersprüchlicher Art. Auf der einen Seite hält er sich strikt an die kanonischen Schriften, legt diese andererseits auf ganz ungewöhnliche Art aus. Folgt damit einerseits legaler rabbinischer Tradition, erregt andererseits außerordentliches Aufsehen durch sein persönliches Auftreten.

Zieht große Volksmassen an, entzieht sich ihnen aber immer wieder, offenbar um keine große Volksbewegung entstehen zu lassen. Übt scharfe Kritik an Schriftgelehrten und Pharisäern, nimmt dennoch Schriftgelehrte und Pharisäer unter seine Jünger auf. Verwirft Reichtum und Geldeswerte, läßt sich nichtsdestoweniger mit Reichen und Zöllnern ein. Predigt Sittenstrenge und Tugend, hat sich desungeachtet im Kreis bekannter Sünder gezeigt. Wundertaten, ihm zugeschrieben, werden von ihm nicht bestätigt. Ehren, ihm zugedacht, werden von ihm nicht angenommen.

Aus dem Merkbuch des Antisthenes

Welch ein Frühling in diesem Jahr. Die ältesten Leute sagen, einen Frühling wie diesen haben sie noch nicht erlebt.

Die Regenzeit im vergangenen Herbst hat später eingesetzt als sonst, doch war sie sehr ergiebig. Alle Zisternen haben sich rasch gefüllt. In den Bachbetten, die doch sonst nur steinige Rinnen sind, rauschte und quoll es. Aus jeder Spalte trat eine Quelle hervor, und wo sie sickerte, zogen sich Girlanden von sattem Grün durch die Landschaft.

Uralte Baumstümpfe trieben aus. Schon kurz nach der Jahreswende lugten blaue, rosa, gelbe Blüten aus jeder Mauerritze. Um die Iden des Februar kamen neue Stürme und weitere Regengüsse. Doch kaum ein Tag verweigerte die Sonne. Zum dritten Jahresneumond verschwanden die Wolken bis auf etliche Nebelbänke, die über den Talgründen lagerten, doch auch sie durchsonnt und silbrig leuchtend.

Nun, zwölf Tage vor dem jüdischen Passahfest, blüht jedes Feld in Lilien und Anemonen. Sie bilden dichte Teppiche von, wie die Juden sagen, salomonischer Pracht. Das Gras der Weiden sprießt in seidigen Büscheln. Selbst das Dorngestrüpp, das diesem Land so eigen ist, und es mit seinen schwarzen, häßlich gekrümmten, wie aus Eisendrähten gewundenen Krüppelgestalten bedeckt, selbst diese Dämonen und Harpyien unter den Pflanzen sind in Knospen aufgesprungen und werfen feurige Blicke aus den Purpuraugen ihrer Blüten.

Wenn nicht alles trügt, wird dieses Jahr ein *großes Jahr* werden und reiche Ernte bringen.

Aus den Notizen des Eljakim
(in Geheimschrift)

Passah steht vor der Tür.

Morgen brechen wir auf.

Du hast es gefügt, du Allerbarmer, daß der Verderber zugrunde geht.

Ich will ihn zugrunde gehen sehen.

IHN aber, den ich meine, ihm schicke deine Engel und bewahre ihn. Er ging fehl auf der Suche nach DIR.

Dieses wäge und laß es vor dir stehen!

Antisthenes notiert

Welch ein Frühling auch hier vor den Toren Jerusalems, in Bethanien!

Alle Häuser sind von Rosensträuchern umrankt, und diese sind alle zugleich aufgeblüht, als hätten sie einander das Wort gegeben, ihre Knospen zu gleicher Zeit zu entfalten.

Ich habe Eljakim auch zu diesem Passah in die Hauptstadt begleitet und habe es bis jetzt nicht zu bereuen. Nie schien mir Zion schöner, höher, feierlicher als heuer. Ich, der ich so viele Städte gesehen, Rom, Athen, Korinth, auch das goldene Alexandrien, ich begreife nun beinahe, was die Juden meinen, wenn sie sagen: du Jeruschalaim, Krone der Welt.

Die meisten Gerüste auf dem Tempelberg sind verschwunden, nun leuchtet die Stirnseite des Heiligtums in reinem Glanz. Herrlich die Hallen rechts und links und rundum. Türme und Tore scheinen höhere Zinnen erhalten zu haben. Hinter dem Tempelberg hebt sich der Phasaelturm wie ein Zeigefinger, der zum Himmel weist.

Obwohl es bis zum Fest noch eine Woche dauert, wimmelt es auf allen Straßen und Wegen von Pilgerscharen. Sie singen, sie schwenken Zweige, in den Leuten scheint eine große Freudigkeit zu wogen, woher die Freude in düsterer Zeit?

Mein Quartier ist – wie schon im letzten Jahr – bei diesem Lazarus aus Med-schel und seinen Schwestern, Eljakims Pachtleuten.

Auch in diesem Haus scheint sich manches verändert zu haben. Die kleine Schwester Maria, die sich im vergangenen Jahr gar nicht blicken ließ, kam mir diesmal sogleich mit größter Zutraulichkeit entgegen. Unglaublich, was aus einem Mädchen werden kann, das aus einem wilden verwegenen Leben in geordnete Zustände zurückkehrt. Ich suchte die Hure in ihren Zügen und richtig – noch sind die Striemen und Macken zu sehen, die man ihr beigebracht hat. Doch scheinen diese Verwundungen ihre Seele nicht einmal berührt zu haben. Dafür, so kommt mir vor, hat sich ein holder Wahnsinn in ihr eingenistet.

Kaum war ich angekommen und hatte meine kleine, aber saubere und mit Blumen geschmückte Kammer bezogen, drängte sie mich hinaus und führte mich von ihrem Haus durch einen Weingarten auf einen Hügel, in dessen felsige

Stufen einige Gräber, offene und verschlossene, einge-
hauen sind.

Vor einem der offenen Gräber warf sie sich auf die Knie
und wies in die Höhle hinein. –Hier, sagte sie, indem sie
meine Knie umfaßte, hier, hier– – –

–Was ist hier gewesen? fragte ich verwundert.

–Hier ist er erweckt worden, sagte sie, mein Bruder Lazarus
war tot, aber er ist erweckt worden.– Und als sie mir dann
mit übersprudelnden stammelnden, schluchzenden Worten zu erzählen begann, wie krank ihr Bruder Lazarus gewesen und wie er vor vier Wochen gestorben und schon drei
Tage im verschlossenen Grab gelegen war – *und er hat ja
schon gerochen!* – doch daß es nur des Meisters Wort bedurft
hätte, um ihn zu rufen, und er stand auf und lebte wieder –
da wurde mir unheimlich vor dieser jungen schönen Irrsin-
nigen: –Du bist ja von Sinnen, Maria.– Und ließ sie dort
auf den Knien liegen und ging.

Dennoch muß ich gestehen, daß ich den angeblich Erweck-
ten seither mit anderen Augen betrachte. Im letzten Jahr
schien mir an dem kränklichen, hageren kleinen Mann
nicht viel Bemerkenswertes. Heuer bewegt er sich in der
Tat wie einer, der aus einem fremden Land zurückgerufen,
bei jedem Schritt seine Kräfte aufs neue erproben muß,
oder wie einer, der seinen Körper nur noch wie geliehen
fühlt und jedes seiner Glieder zerbrechlich wie Glas.

Weitere Notizen des Antisthenes

Heute am 23. März habe ich mich, Eljakims Ratschlag entgegen, doch in die Hauptstadt begeben.

Er meinte, daß es für einen Griechen gefährlich sei, sich zur

Festzeit und auch in den Tagen zuvor, allein in den Gassen Jerusalems zu bewegen. Ein Heide könne als Ärgernis empfunden werden, er setze sich Insulten aus. Nichts davon konnte ich merken. Unbeachtet, unbehindert trieb ich im bunten Gedränge, zwischen den Straßenhändlern, den gefüllten Buden, den geschmückten Menschen. Mit Wehmut erinnerte ich mich an die Feste zu Korinth und Athen, an die wilden und zugleich großartigen Saturnalien in Rom, an die trunken umherwankenden eleusinischen Prozessionen, auch an die kultischen Feiern des Mithras und des Osiris, an die Paukenschläger, die Fahnenträger, an die Tänzer und Tänzerinnen. Welch ein Gewühl, welch ein Geschrei, Getobe, ein Berufen und Beschwören – hier des Jupiter, dort des Bacchus, da der Venus oder der Großen Mutter, römischer, griechischer, persischer, afrikanischer, ja auch skythischer und germanischer Gottheiten. Doch je prachtvoller, goldstrotzender, riesiger die Bilder dieser Götter, je verschwenderischer ihr Kult, je frecher ihre Priesterschaften und je gigantischer ihre Tempel, desto unglaubwürdiger das Gehabe ihrer Gläubigen. Schon längst hat sich der Zweifel eingefressen, ob es denn die Olympischen gebe; Dichter und Philosophen haben verkündigt, sie seien nie etwas anderes gewesen als Wolkengebilde der menschlichen Phantasie. Nicht einmal mehr dem einfachen Volk will es gelingen, die Götter ernst zu nehmen, so ernst nämlich wie Luft, Wasser, Sonne, Erde, wie Krieg und Frieden, Leben und Tod.

Dennoch spielen sie immer wieder das Spiel ihrer kultischen Feste, das große Spiel festlicher Täuschung; nach welchem Urtrieb tritt das an? Nach welchem Gesetz vollzieht sich immer wieder die Rückkehr zu den alten Bräuchen, die Hingabe an dieselben Zeremonien, an dieselben Gebete, Opfer, Begeisterungen? Sind diese Feste nur deshalb so laut und prunkvoll, weil sie die Angst maskieren sollen, daß alles Lüge sei?

Das Volk der Juden hat keine Götterbilder, und den Namen ihres Gottes wagen sie nur selten zu nennen, so als scheuten sie sich, damit ein Siegel zu berühren, das Siegel, das das Geheimnis des Kosmos verwahrt.

Auch sie feiern. Auch sie werden Lämmer schlachten und das Pflaster ihres Tempelbezirks mit Blut überschwemmen. Auch sie haben Bräuche, die alle anderen Völker als seltsam, ja als lächerlich und barbarisch bezeichnen. Dennoch ist mir, als habe sich hier unter dem Druck der Jahrtausende, dem Druck einer immerwährenden Not, immer wiederkehrender Verknechtung, etwas Genaues, Großes, Dauerndes gegründet, eine Sache, die viele angeht, nicht nur diese Beschnittenen, eine Sache, die zu erkennen, zu bedenken, zu erfassen, die Forderung der Zukunft und der Anspruch der anima humana sein wird.

Am 24. März

Antisthenes, was bist du doch für ein Narr! Da läufst du umher in der Judenstadt und wälzest in deinem Kopf Überlegungen, die dir nichts einbringen. Was scheren dich Gott und Götter, wenn du nicht mehr einen einzigen Kupferling im Gürtel hast.

Auf zur Antonia! Dort wird heute der Procurator erwartet. Er hat ja über den ordnungsmäßigen Verlauf des Passahfestes zu wachen.

Hinterlege ihm einen Brief und spare nicht mit Schmeicheleien! Vielleicht wirst du diesmal doch Gnade finden.

Anderntags

Gestern bis zur Antonia vorgedrungen. Die Wache hat meinen Panegyrikus übernommen.

Der Procurator wird aber erst in drei Tagen erwartet. Also Geduld, noch einmal Geduld.

Am Abend

In der Stadt bereitet sich jetzt doch etwas wie ein Aufruhr vor. Menschenmengen versammeln sich, um diesen oder jenen Prediger zu hören. Auch soll sich eine größere Schar durch die sonst verschlossene Goldene Pforte Eingang in den Tempelbezirk verschafft und einem Propheten gehuldigt haben. Zu meiner größten Überraschung mußte ich entdecken, daß sich auch Lazarus und seine Schwestern in dieser Gefolgschaft befinden. Jedenfalls waren sie den Nachmittag über nicht im Hause und waren, als sie am Abend heimkehrten, außer sich vor Freude und Rührung. Ihr Rabbi (derselbe, der Maria aus ihrem Hurenleben zurück zu ihren Geschwistern geführt hat) sei auf einer Eselin wie einst David in Zion eingeritten. Man habe ihn als den *Gesalbten des Herrn* begrüßt. Ich fragte, was denn das heiße? Sie antworteten mir: Das heiße königliche Würde. Ich fragte: Königliche Würde habe doch wohl nur der Kaiser zu vergeben? Sie lachten: Der Kaiser? Was ginge ihren Rabbi der Kaiser an, da ihn sein Vater im Himmel berufen habe.

Ich zog vor, das Gespräch zu beenden.

Mir scheint, daß nicht nur Maria, sondern auch ihre Geschwister von demselben sanften Irrwitz erfaßt sind.

Ich werde heute Abend zu Eljakim vorzudringen versuchen und ihn fragen, ob er mir nicht doch ein anderes Quartier verschaffen kann. Vielleicht erfahre ich auch, was unterdessen mit Aristobul geschehen ist.

Dich stärke der Herr und verleihe deinem Eifer Flügel.
Eine Nachricht jagt die andere. Soeben wird mir Annas an-
gesagt. Wer hätte gedacht, daß sich der alte Mann diese
Reise noch zumutet? Erst neulich gab man mir Nachricht,
er liege im Sterben. Nun reist er an. Ein Mensch aus Eisen.
Ein Wille aus Diamant. Jahwe erbarme sich unser!
Wie werde ich vor ihm bestehen? Die *causa Barabbas* wird
ihn von neuem gegen mich erbittern, obwohl ich doch
mein Bestes getan habe, um des Verbrechers habhaft zu
werden. Aber Annas wird mir alles vorwerfen: die Erfolge
der Römer, den Skandal um den geraubten Tempelschatz, auch die Pläne um die Wasserleitung. Gelänge es
nur, den zornigen alten Mann durch irgendeine Sache abzulenken!
Der Nazaräer? Vielleicht rettet er uns, damit wir die Feier-
tage in Frieden verbringen können.

Aufzeichnungen des Mardochai am 10. Nisan

1. Kontaktnahme mit Anhängern des Jeschua, ob dessen
Erscheinen zu Passah für gesichert gelten kann. Ein gewisser Judas Iskarioth verbürgt sich dafür, daß Jeschua zu Passah in Jeruschalaim zu erwarten sei (Judas Iskarioth gehört
zu den engsten Vertrauten des Nazaräers).
2. Anderntags weitere Gespräche mit Judas Iskarioth.
3. Anderntags abschließende Gespräche mit J. I. Selbiger will für den Preis von 30 Silberlingen einen Acker er-
stehen.

Aristobul an Eljakim

Du weißt alles. Du wirst helfen.
Barabbas darf nicht sterben.
Zehnmal hat er sein Leben für mich gewagt.
Zehnmal hat er mein Leben gerettet.
Du wirst ihn nicht ermorden lassen.
Schicke mir zweitausend Denare in kleiner Münze.
(Das ist meine letzte Bitte an dich.)
Wenn er stirbt, sterb ich mit ihm.

Aristobul an Barabbas
(Kassiber, an den unteren Boden einer Trinkschale geklebt)

Halt aus noch diesen Tag. Ich hole dich.

Japhet

Aus den besonderen Vorschriften, welche die römische Behörde
dem jüdischen Volk gegenüber zu beachten hat

... Zu den durch den Kaiser garantierten Privilegien gehört
auch das sogenannte

PRIVILEGIUM PASSCHAE,

welches besagt, daß zur Osterzeit, da die kultische Gemeinde auf dem Tempelberg feiert, im Falle eines Gerichts-
urteils durch den Procurator selbiges Gerichtsurteil unter
folgenden Bedingungen aufgehoben werden kann: Hat
sich am Morgen des Rüsttags eine größere Menschen-

menge vor der Burg Antonia versammelt und bittet den Verurteilten frei, so hat der Procurator diesem Verlangen stattzugeben. Doch darf nur *ein* Verurteilter freigebeten werden.

Dieser kaiserliche Gnadenerlaß dient dazu, den friedlichen Verlauf des Festes zu sichern.

Eljakim an Aristobul alias Japhet

Entsetzliches forderst du, Sohn.

Beim Allmächtigen, was könntest du von mir noch Entsetz-licheres fordern?

Loskauf. Womit?

Du sagst: Die Menge, die sich vor der Antonia versammeln kann, nicht mehr als zweitausend Mann.

Zweitausend sollen den Mörder fordern?

Meinst du, du findest wirklich zweitausend?

Die Menge wird anders entscheiden.

Ich bin sicher.

Nimm das Geld, das ich dir sende, und versuche damit, was du willst. Was du nicht lassen kannst, ist deine Sache.

Aber schwöre mir: Er muß fort. Auf jeden Fall. Wenn du ihn loskaufst, was ich nicht glaube, mußt du ihn selbst aus dem Lande bringen, sogleich, sogleich, ohne nur eine Stunde Aufschub.

Komme mir nicht unter die Augen, ehe du mir nicht fünf Zeugen bringen kannst, daß der Frevler mit einem Schiff nach Libyen, Gallien oder Britannia unterwegs ist. Ans Ende der Welt soll er geschafft werden, bei meinem Fluch!

Eljakim ben Joseph
in fünf gleichlautenden Schreiben an
Joseph ben Gamael von Arimathia
Nikodemus ben Joel
drei weitere Freunde, Ratsherren zu Jeruschalaim

Der Ewige und Barmherzige segne dich und schenke dir
Gnade zum Fest des Vorübergangs des Herrn.
Mit einer sehr dringenden Bitte wende ich mich heute an
dich. Leihe mir, soviel du entbehren kannst, am liebsten in
kleiner Münze, doch sofort und durch Übergabe an den
Boten.
Ich vertraue darauf, daß du mir behilflich bist, im Angeden-
ken an unsere alte Freundschaft.

Eljakim ben Joseph
an die Geldverleiher
Eli ben Jochanaan
Judas ben Chorim
Joseph ben Gideon

Ich, Gutsbesitzer zu Sison, Rechnungsrat der Tempelbehörde, ehemaliger Verwalter der Salomonischen Teiche,
designierter Chef des Marstalls usw.
entleihe von dir
$\qquad$ 500 Denare in kleiner Münze
durch Übergabe an den Boten, sofort!
Rückerstattung mit üblichem Zins bis zum 15. des Monats
Tammuz.

Aus Eljakims hinterlassenen Schriften

Und wieder von dem Kind geträumt, es stand vor mir und
bebte, mit gefalteten Händen stand es vor mir und sprach:
Die Stunde der Finsternis ist angebrochen! und sank dahin
wie in ein dunkles Meer.

Aus den Notizen des Antisthenes

Gerettet, gerettet, Antisthenes.
Der Procurator hat dich geladen.
Am Vorabend des Festes gibt er ein Gastmahl.
Seine Nachricht war sehr huldvoll abgefaßt.

Handzettel des Mardochai an die Angehörigen des Synhedrions

Seine Heiligkeit, der Hohepriester, gibt kund:
Heute nacht um die fünfte Stunde versammeln sich alle
Hohen Räte im Palast.
Eine Gerichtsverhandlung ist anhängig.
Kleine Festkleidung.

Anweisung des Privatsekretärs Seiner Heiligkeit
an den Hauptmann der Tempelwache

Seine Heiligkeit der Hohepriester befiehlt: In den Ölgärten
des Kidron ist heute eine Verhaftung vorzunehmen.

Da mit Gegenwehr zu rechnen, Bewaffnung geboten.

Eine römische Abteilung wird ebenfalls ausrücken.

Zeit, Ort und Person bezeichnet ein Individuum namens Judas Iskarioth.

Aus den Notizen des Antisthenes

Am 2. Aprilis

Welch ein köstlicher Abend gestern – und eine lange Nacht samt anschließendem Morgen, ganz wie in alten Zeiten. Obgleich ich ausgiebig gegessen, noch ausgiebiger getrunken und kaum geschlafen habe, fühle ich mich erquickt und voll prickelnder Frische. Endlich habe ich wieder unter meinesgleichen geweilt, mit meinesgleichen genossen, mit meinesgleichen endlose Gespräche geführt. Rom und Hellas – nach Jerusalem verpflanzt. Die köstlichen Gestade der Heimat – wie eine Fata Morgana in diese Wüstenstadt versetzt. Athenischer Geist, korinthische Sitte, römischer Reichtum zu einem berauschenden Ganzen verquickt, wie lange entbehrt, wie bitter ersehnt!

Vor allem: Ich habe nach langer Zeit wieder ein göttergleiches Weib gesehen. Die junge Gattin des Pilatus – welch eine Gestalt! Welch ein Gesicht, welche Augen, welches Haar. Welcher Duft webt um sie, welch feine Art in ihrem ganzen Wesen. Nichts schmückt eine Frau besser als eine solche Mischung von Züchtigkeit und Freiheit. Und mit welchem bescheidenen Anstand hat sie die Rechte und Pflichten der Hausfrau wahrgenommen!

Bei unserer Ankunft auf Antonia wurden wir zuerst einmal mit zartherbem Wein aus Oberitalien gelabt. Dann wurden wir in den Speisesaal geführt. Sogleich erschienen die Speisenträger. Jede Schüssel war mit grünen Ranken und bunten Bändern dekoriert. Jeder Mischkrug war mit Girlanden von Rosen umwunden.

Zuerst gab es Wachteln in feiner süßer Soße. Dann gebratene Schweinskotelette mit geraspeltem Weißbrot (eine Wonne nach so viel koscherer Abstinenz!). Dann Tintenfisch mit gebackenen Datteln und zuletzt nach jüdischem Brauch bereitetes Lamm. Davon aß kaum noch einer von uns, denn wir hatten uns bereits satt gegessen.

Nach ägyptischem Brauch waren Feuerbecken aufgestellt, in denen Weihrauchkörner zu Rauch zerschmolzen. Doch vermied man – auf der jungen Hausfrau Wink – allzustark nachzuheizen. So blieb der Festsaal angenehm kühl, und unsere Köpfe blieben klar.

Wir waren mit dem Hausherrn und seiner Gattin zu zehnt: zwei römische Hauptleute der Procuratorengarde – alte Haudegen –, von ihnen habe ich nicht viel zu berichten; ein griechischer Grundbesitzer aus Dekapolis, der immerfort darüber klagte, daß er sieben Töchter zu verheiraten habe und nicht wisse an wen; ein Rechtsanwalt aus Cäsarea, er prahlte mit seiner hochgeborenen Klientel; ein Arzt aus Rom, der verwegene Kuren empfahl; und zwei Philosophen aus Korinth, die sich ständig stritten und ebenso amüsante wie geistreiche Wortgefechte lieferten, denen zuzuhören ein reines Vergnügen war.

Da ich zwischen den beiden zu Tisch lag, genoß ich den Streit gleichsam aus erster Hand: Es ging um das Amt des Richters. Um die Frage: Was ist Gerechtigkeit? Und welche Art Gerechtigkeit kann das Gerichtswesen leisten? Weiß der Richter genug, um gerecht richten zu können? Kann er jemals genug wissen? Und wenn er zu wenig oder nichts weiß, was ist dann sein Richterspruch anderes als blanke Willkür?

Die beiden stritten sich wie die Kampfhähne: Der eine vertrat das Recht des Staates nicht auf *Rechtsprechung,* sondern auf das *Schauspiel der Rechtsprechung,* womit, da es meist in grausamen Strafen endet, die Masse des Volkes dazu angehalten werde, tugendhaft, d. h. ohne Rechtsbruch zu leben.

Der andere meinte, es sei des Staates unwürdig, seine Ordnungen auf solche Schauspiele zu begründen. Er habe nicht nur Theaterdonner, er habe *Wahrheits*findung zu leisten. Es gehe nicht darum, das Volk zu ducken, sondern die Geheimnisse der menschlichen Seele aufzudecken. Das haben kluge und gerechte Richter stets versucht, so auch jener jüdische Salomon, der den Streit der Mütter entschieden habe, und so fort. Und ein jeder der beiden Streiter führte seine Beispiele an.

Ich spähte nach Pilatus, ob das Gespräch ihm nicht mißfiele. Aber er hörte ruhig, mit gespannter Miene zu. Dann und wann nickte er sogar Beifall. Doch schien er seinen Beifall auf beide Meinungen zu verteilen. So bewährte auch er sich als idealer Gastgeber in dieser Nacht.

Gegen Mitternacht, da war er wohl schon ein wenig berauscht, lehnte er sich an die Schulter seiner Frau und fragte, indem er sie zärtlich umfaßte: –Und wer richtet die Richter, wenn sie gerichtet haben?–

Ich – um ihr zu schmeicheln, rief über den Tisch: –Die Richter werden von den Herzen ihrer Frauen gerichtet.–

Drauf Pilatus, sich aufrichtend: –Dann weh mir: Wehe mir!–, und er küßte sie lachend auf Stirn und Wangen.

Gleich darauf verabschiedete sie sich und verließ den Saal, um sich, wie schicklich, vor Mitternacht zurückzuziehen. Und sogleich wandte sich das Gespräch derberen, wüsteren Themen zu.

Man warf mit den üblichen Zoten um sich. Am Schluß –

da dämmerte schon der Morgen – gerieten wir an das unerschöpfliche Thema möglicher Folterungen und der üblichen Todesstrafen.

Man sprach vom Hängen, Köpfen, Ersäufen; auch von den sanfteren Methoden, dem Schierlingsbecher oder dem langsamen Verbluten (Todesarten, die freilich nur den Spitzen der Gesellschaft vorbehalten bleiben). Die Juden steinigen ihre Verbrecher, doch verfahren sie meist so dabei, daß sie die Verurteilten erst über eine Felswand stoßen und sie nur dann durch Steinwürfe töten, wenn jene durch den Sturz noch nicht getötet worden sind. Doch die gräßlichste und grausamste aller Todesarten, darin waren wir uns alle einig, sei die von Rom im ganzen Imperium eingeführte Kreuzigung.

Man unterscheide die Kreuzigung mit genagelten und mit gebundenen Gliedmaßen. Jene sei noch schmerzhafter, führe jedoch meist schneller zum Tode. In beiden Fällen werde auf eine unmittelbar tödliche Verletzung verzichtet, in beiden Fällen, aber durch die unerträglichen Qualen die Atmung behindert, so daß das Herz schließlich stocke und das Leben ganz allmählich aus dem hängenden Körper hinausgequält werde. Dabei fülle sich der Brustkorb mit Wasser, die Gelenke schwellen auf, die Sehnen zerreißen … Eine zusätzliche Pein sei für die genagelten Delinquenten der Umstand, daß sich durch den Blut- und Schweißgeruch ganze Schwärme von Insekten ansammeln und Gesicht und Körper mit ihrem Gewimmel bedecken. Die Delinquenten brechen Galle, verlieren Harn und Kot, Blut dringt aus Ohren und Nase, und es hat Fälle gegeben, in denen sie sich vor Schmerz die eigene Zunge abgebissen haben…

So sei der Kreuzestod als eine der abscheulichsten Hinrichtungsarten (nur im fernen Osten gebe es noch schlimmere) zur Abschreckung ganz besonders geeignet, vor allem auch deshalb, weil sie weit sichtbar vollzogen werde, damit viel Volk sehe, was mit dem Verbrecher geschehe. So gebe es hier in Jerusalem einen Hügel am Ephraimtor, er heiße Golgotha, da werde heute dieser Barabbas ans Kreuz gehenkt werden, zur Abschreckung weit und breit, denn dieser Bursche habe nur die gräßlichste aller grausamen Strafen verdient. Mit dieser Feststellung beendete Pilatus das Gastmahl. In diesem Augenblick nämlich ging die Sonne auf, die Vorhänge wurden zurückgezogen, in der Vorhalle erschien eine Gruppe Bewaffneter, der Richterstuhl und die *fasces* wurden herbeigerollt.

Pilatus stand auf, ließ sich Wasser über Kopf und Nacken gießen, um sich ein wenig zu ermuntern; ließ sich auch die gelbe Festtagstoga von den Schultern nehmen und die steife, rotgefärbte Richtertoga umlegen.

Jedem seiner Gäste reichte er die Hand. Mir ließ er von einem Diener ein Päckchen zustecken, ich fühlte sofort, daß es goldene Münzen enthielt.

Dann ging er, und die Tür zur Gerichtshalle wurde geschlossen.

Meine Mitgeladenen zeigten noch keine Lust aufzubrechen. So brachte man uns noch einmal Wein, Dattelmilch und ägyptisches Backwerk. Für eine kleine Weile mag ich wohl eingeschlafen sein. Als ich erwachte, lagen nur noch die beiden streitsüchtigen Philosophen auf ihren Speisesofas. Sie sahen, mit offenen Mündern schnarchend, sehr wenig philosophisch, ja geradezu tierisch und schwachsinnig aus. Ich wollte ihnen noch schnell einen Schabernack spielen, da aber fiel mir ein, daß nebenan zur selben Stunde Gericht gehalten würde. Obgleich ich Barabbas das übelste wünschte, beeilte ich mich doch, aus dem Haus zu kommen, wo gerade ein Todesurteil gefällt wurde.

Bericht des Mardochai an Seine Heiligkeit, den Hohenpriester,
über die Vorgänge am Morgen des Rüsttages und über den
Verlauf der Dinge bis zum Anbruch des Passah-Sabbats.

Eurer Heiligkeit gebe ich folgendes kund:
Bei Sonnenaufgang erfolgte die Überstellung des Jeschua in
die Zitadelle.
Der Procurator erschien.
Er war nach durchzechter Nacht müde und entschlossen,
den Prozeß so rasch wie möglich abzuführen. Selbstverständlich war es sein Wille, den Barabbas kreuzigen zu lassen. Von Jeschua nahm er wie auch Eure Heiligkeit an, er
werde durch die Volksmenge im Sinne des *privilegiums pas-*
schae freigebeten werden.
Schon bei Überstellung des Jeschua fiel mir auf, daß sich
vor der Burg Antonia nicht die erwartete, zu Jeruschalaim
heimische und mit den Verhältnissen vertraute Menge versammelt hatte. Vielmehr konnte ich an den Trachten der
Leute feststellen, daß sich Scharen von Ortsfremden aus Sy-
rien, Antiochien und vom Bosporus vor dem Portal gelagert hatten.
Man hat sie sprechen hören, daß sie hinbestellt und dafür be-
zahlt worden seien. Man sprach von zwei oder drei Dena-
ren in Silber, doch war, wie in solchen Fällen zumeist, nur
unsicheres Geschwätz zu hören und keine klare Auskunft
zu erhalten.
Der Procurator ließ den Jeschua in seinen Gerichtssaal bringen und begann das Verhör.
Es dauerte länger als erwartet. Ein Läufer, den ich um Nachricht bat (denn ich hatte ja natürlich das Haus des Heiden
nicht betreten, um mich vor dem Fest nicht zu verunreini-
gen), sagte mir, der Procurator habe den Jeschua in ein Gespräch verwickelt und zeige sich ihm gnädig.

Um so sicherer war ich, daß Barabbas noch heute hängen werde.

Ich verließ den Schauplatz, um mich nach der langen durchwachten Nacht in einer nahen Schenke zu stärken. Als ich zurückkehrte, erwartete ich, daß der Prozeß unterdessen so weit gediehen sein werde, daß Jeschua freigebeten und der Verbrecher Barabbas zur Kreuzigung geführt werde.

Statt dessen war aus der versammelten Menge verworrenes Geschrei nach Barabbas zu hören. Die Leute hatten sich zusammengeknäuelt und vor das Tor der Burg gedrängt, daß nicht mehr durchzukommen war. Sie schrien wie besessen: –Gib uns Barabbas, Barabbas!– Die Wachen begannen ihre Schlagstöcke zu gebrauchen.

Der Procurator erschien auf dem Balkon und sprach zu der Masse. Er gestikulierte heftig und schien erbittert. Am Ende ließ er die beiden Angeklagten in die Loggia treten. Jeschua zeigte er vor und wollte ihn offenbar empfehlen. Doch die Menge ließ sich nicht beirren und schrie weiter nach dem Verbrecher.

Einige Minuten später hieß es, der Prozeß sei zu Ende.

Pilatus habe dem Wunsch der Menge nachgegeben, d. h., er habe sich dem *privilegium passchae* gebeugt und den Barabbas freigelassen, Jeschua hingegen werde zur Kreuzigung abgeführt.

Ich war entsetzt über die Wendung der Dinge.

Als ich freilich kurz darauf mitansah, wie Barabbas entlassen wurde (man schleifte ihn aus dem unteren Durchlaß), wurde mir klar, daß auch er durch die Behandlung der Römer nicht viel mehr ist als ein toter Mann: mit zertrümmertem Kiefer, zerfleischtem Nacken, ausgekegelten Gelenken und – eine Fersensehne durchtrennt ... So wird er weder uns noch sonst jemandem in Zukunft gefährlich werden können.

Protokoll des Synhedrion
am Vortag des Passahfestes zu Jeruschalaim
im 3790. Jahre der Weltschöpfung

Das Synhedrion findet, der Heiligkeit des Festes gemäß, im Palast des Hohenpriesters statt.

Von den 74 Ratsherren sind 72 erschienen.

Zwei lassen sich entschuldigen: Seine Liebden Eljakim ben Joseph wegen plötzlicher Erkrankung.

Seine Liebden Nikodemus ohne Angabe eines Grundes.

Um die zwölfte Stunde (sechs Uhr abends) wird Seiner Heiligkeit die Ankunft Seiner Altheiligkeit, des Alt-Hohenpriesters Annas, angekündigt. Um die zweite Stunde (acht Uhr abends) Empfang höchstdero Seiner Altheiligkeit am oberen Tor. Vorgeschriebene Zeremonien samt großem Halel-Gesang. Eröffnung der Sitzung. Übliche Begrüßungen, Danksagungen. Zweiter Halel-Gesang.

Seine Altheiligkeit beantragt, als ersten (und wie er sich ausdrückt) einzigen und wichtigsten Punkt das Verschwinden des Korban auf die Tagesordnung zu setzen.

Seine Heiligkeit, der regierende Hohepriester Kaiphas ben Joseph, erklärt sich einverstanden, erbittet aber Aufschub, angeblich weil Zeugen geladen werden müssen. Unterdessen befiehlt er, den Jeschua festzunehmen. Annas besteht darauf, die *causa Korban* sogleich zu behandeln.

Seine Heiligkeit beschwört, die *causa Jeschua* vorzuziehen, da selbiger an Pilatus weiter überstellt werden soll. Vorführung des Jeschua. Bei Befragung desselben zeigt sich Annas auch über selbigen aufgebracht. Die Befragung zieht sich bis nach Mitternacht hin.

Seine Heiligkeit legt dem Alt-Hohenpriester eine Liste der Gegenstände vor, welche sich weiterhin im Gewahrsam der Tempelbehörde befinden. Die Liste ist sehr lang. Die Zeugen werden vereidigt, die die Liste bestätigen. Unruhe unter den Ratsherren, die die Liste nachprüfen wollen.

Jeschua wird zu Pilatus überstellt. Der regierende Hohepriester nutzt die Gelegenheit, über römische Übergriffe zu berichten. Seine Altheiligkeit Annas zeigen Zeichen von Ermüdung. Seine Tochter Deborah läßt ihn bitten, in ihre Gemächer zu kommen, um da zu ruhen. Seine Altheiligkeit spricht lange und verbittert über die allgemeine Verrottung der Sitten und verlangt am Ende nach Rechnungslegung über das neue Projekt, die Aufführung eines Aquädukts nach Jeruschalaim. Seine Heiligkeit, der regierende Hohepriester, verspricht, die Rechnungen öffentlich zu machen.

Darüber Unruhe bei etlichen Ratsherren. Andere beantragen, die Sitzung wegen vorgeschrittener Stunde zu unterbrechen. Die Gattin des regierenden Hohenpriesters läßt Annas von neuem bitten, sich in ihre Gemächer zu begeben, da er gewiß der Ruhe bedürfe. Seine Altheiligkeit fährt fort zu schelten. Erst der Hinweis darauf, daß die Zeit für die morgendlichen Reinigungsrituale gekommen sei, veranlaßt eine Unterbrechung. Es sind nur noch wenige Ratsherren gegenwärtig. Die Sitzung wird geschlossen.

Die Herren Hohenpriester gehen zur Ruhe.

Zu Mittag verbreitet sich die Nachricht, daß Pilatus den Jeschua verurteilt, den Barabbas aber freigegeben habe.

Große Verwunderung.

Um die neunte Stunde drei schwere Erdstöße.

Zugleich schwere Verfinsterung des Himmels.

Durch die Erdstöße soll der alte Vorhang im Tempel Schaden und in der Mitte einen Riß erlitten haben.

Sonst keine Vorkommnisse.

Eljakim an Kaiphas

Am 18. Nisan
Bruder, atme auf. Das Versteck des geraubten Korban ist
mir bekannt. In einigen Tagen trifft er bei dir ein.

Aus den Notizen des Antisthenes

Bethanien, am 5. des Aprilis
In diesem Haus bleibe ich nicht länger, es ist von Irren bewohnt, auch wenn sich ihr Irresein noch in sanften Formen
kundtut. Man hat Beispiele dafür, wie das umschlagen
kann. Da ist es besser, sich rechtzeitig aus dem Staub zu machen.
Was Maria betrifft, so hat sie ja längst Zeichen gegeben.
Schon damals, als sie auf der Suche nach dem Liebhaber in
Sison auftauchte; dann – ihr abenteuerliches Leben zwischen Kameltreibern, Söldnern und marodierendem Gesindel, später ihre Gefangenschaft bei der Bordellmutter – das
alles muß ihren armen kleinen Kopf völlig zerrüttet haben.
Zuletzt die mir aufgetischte Geschichte von der Erwek-
kung ihres Bruders: Ausgeburt einer krankhaften Phantasie.
Nun aber scheinen auch die Geschwister, Lazarus und
Martha, von Wahnideen befallen. Wie ging das an?
Zwei Tage sinds her, ich war vom Gastmahl auf Antonia zurückgekehrt und war, ermüdet von der durchzechten
Nacht und vom Niederschreiben meiner Beobachtungen,
eben ein wenig eingeschlummert, als ich draußen vor meiner Kammertür verworrenes Lärmen hörte: Weinen,
Schluchzen, leise Jammerschreie. Ich will doch sehen, was

es gibt. Ich finde die drei Geschwister in einen Winkel ge-
kauert, dicht aneinandergedrängt einander umschlingend,
die Augen grell vor Jammer.

Ich frage: −Was ist geschehen?− und noch einmal: −Was ist
geschehen?−

Endlich bringt die ältere Schwester ein paar gestammelte
Sätze zuwege: Der große Rabbi sei tot. Ermordet.

Ich sage: −Welcher Rabbi?−

Derselbe, der die Schwester zurückgebracht, der den Bruder erweckt hat aus dem Grab.

Ich denke, jetzt fängt auch die schon mit diesem Märchen
an, und ziehe mich, verärgert über die Störung, in meine
Kammer zurück.

Dann schlafe ich wie ein Stein.

Der andere Tag: Passah und Sabbat. Alles totenstill. Wie zu
erwarten gewesen. Ich bin im Hause frommer Juden. Da
wird am Passahsabbat weder gekocht noch gefegt noch Wasser aus der Zisterne geholt. Ich wandere durch das Gehöft,
dann durch den Weingarten. Keine Seele.

Also versuche ich wieder zu schlafen.

Am Abend, da der Feiertag zu Ende geht, wird es im Hause
lebendig. Ich hoffe auf eine Mahlzeit. Doch leider: Man
denkt nicht ans Kochen, Braten und Backen. Maria und
Martha bereiten Spezereien. Sie stoßen in Mörsern, rühren
in Schüsseln, schnippeln Kräuter; ein starker ätherischer
Duft durchzieht die Räume. Trotz ihrer Geschäftigkeit sind
die Mädchen vor Trübsal wie blind, vor allem Maria, sie
weint ohne Unterlaß, dabei bebt ihre Unterlippe wie die eines leidenden Kindes.

Ich warte geduldig, daß man sich meiner erinnert.

Doch man beachtet mich nicht.

Ich frage: −Was tut ihr? Wozu diese Salben?−

Maria schaut auf, als hätte meine Frage gar keinen Sinn. Sie stellt eine Gegenfrage: –Wer wird uns helfen, den Stein vom Grab zu rücken?–

Ich frage: –Von wessen Grab?–

Sie breitet die Arme aus und sinkt mit einem langen Wehlaut vornüber.

Ich bin betroffen, doch auch gereizt. Ich denke: Frauen, Frauen. Wer kann ihre Launen entwirren? Später erfahre ich durch ihren Bruder, was sich ereignet hat: Barabbas freigelassen, freigebeten, freigefordert. Statt seiner andere ans Kreuz gebracht.

Ich bin erstaunt, erbittert, wittre Unrat. Da hatte doch gewiß Aristobul seine Hände im Spiel, mit wessen Hilfe sonst als seines Vaters –?

Ich will sogleich hinüber nach der Hauptstadt, um Näheres zu erfahren. Doch ist es spät geworden. Schon kommt die Nacht. Die Tore finde ich bereits gesperrt.

In dieser Nacht schlafe ich unruhig, unter schweren Träumen. Ich bin auf einem Gräberfeld, daneben ist ein Tor, ein Garten, eine Mauer. Von einem der Grabsteine spricht man: Ich solle ihn wegrücken. Ich weiß nicht, wer spricht, ich höre viele Stimmen, von rechts, von links, von oben, unten, innen. Ein Gewicht drückt mich nieder, ich liege im Geröll, ein Stein, so ungeheuer wie ein Berg, neigt sich auf mich. –Rück ihn weg, rück ihn weg!– Es flüstern, ächzen, schreien, heulen, betteln, fluchen tausend Stimmen. Ich stemme mich, krümme mich – und fühle mich schon zerschmettert, da rollt der Stein in tiefgehöhlter Rinne, rollt von mir weg – leicht wie ein Rad im Geleise, schwebend beinah – und verschwindet.

In Schweiß gebadet, aber erleichtert wache ich auf. Ich glaube mich zu entsinnen, daß ich bei grauendem Morgen im Halbschlaf Frauenstimmen rufen und Maria fortgehen gehört hätte. Jetzt aber, es ist bald Mittag, stürmt sie durchs

Haus. Türen schlagen, Schritte klappern, und endlich ihre Rufe: –Der Meister, der Meister– er liege nicht mehr im Grab – leer sei das Grab – im Garten, im Garten habe sie ihn getroffen, er habe sie angesprochen.

–Rühr mich nicht an! habe der Meister gesagt, rühr mich nicht an, Maria!– und ein weißer Jüngling sei in der Höhle gesessen. Inzwischen habe er sich auch den anderen gezeigt und habe gesagt: –Geht hin nach Galiläa. Dort werdet ihr mich wiedersehen...–

Das alles hörte ich mir an hinter meiner Kammertür. Schließlich ist's mir genug, ich reiße die Tür auf und fahre Maria an: –Bist du denn toll geworden? – und dann, gegen Martha und Lazarus gewendet: –Was duldet ihr, daß sie euch da erzählt? Sie ist ja wahnwitzig!–

Doch, wie ich ihre Gesichter sehe und sehe, wie sie vor mir zurückweichen, mit abwehrend erhobenen Armen, schwankend, Schritt für Schritt, da weiß ich: Auch sie – auch sie sind irrsinnig geworden.

Deborah an Esther

Der Herr segne mein treues Schwesterherz, dich, meine liebste Esther. Voll Freude schreibe ich dir. Es geht mir besser. Stell dir vor, es geht mir besser! Seit ich mit dir diese Reise nach Sison unternahm, mit deiner Hilfe, unter deinem Schutz, von deinem tapferen Herzen mit Kräften erfüllt, die ich seit Ewigkeiten nicht mehr in mir fühlte: Seither, du glaubst es nicht, geht es mir besser. Ich sitze aufrecht im Bett, ich kann meine Beine strecken und beugen, wie es mir gefällt, ich habe sogar schon einmal den Versuch unternommen, sie aus dem Bett zu schwingen – und zum erstenmal, zum erstenmal seit meinem Sturz vor dreiunddreißig Jahren, fühlte ich wieder den Boden unter meinen Sohlen. Esther, wenn das kein Wunder ist...

Ich will nicht zu kühn sein, meine Einbildungskraft gaukelt mir manchmal vor, ich würde eines Tages wirklich wieder gehen können. Ich heiße meine Wünsche schweigen und heiße sie sich ducken und still sein und Gott nicht versuchen. Und fühle dennoch, wie die Hoffnung Wurzeln in mir schlägt, Hoffnung, Hoffnung, o Esther.

Wir haben doch diesen Rabbi gesucht, von dem es hieß, er sei ein Wundermann. Er ist nicht gekommen oder vorbeigegangen, vergeblich war unsere Suche. Doch – so ist es, Liebling, und es macht mich fast lachen: *Hätte* ich ihn gesehen, *wäre* er gekommen, *hätte* er mir die Hände aufgelegt, ich glaubte nichts anderes – und *töten* würde ich mich lassen für diesen Glauben! – als daß er mich geheilt hätte. So aber –

In der Tiefe meiner Natur, meines armen geschundenen ohnmächtigen Körpers müssen Kräfte der Heilung lebendig gewesen sein. Entsinnst du dich, ich schrieb dir einmal, ich hätte aus Verzweiflung mit einer Schere in mein Bein gestochen, da ich meinte, es sei mir schon vorausgestorben. Doch die Wunde tat weh und Blut rann heraus.

Der Schmerz und das Blut, sie waren die Zeichen, daß meine Glieder noch lebten, daß ich noch lebte, daß in meinem Mark und in meinen Adern ein Quantum Leben kreist.

Passah ist nun vorüber, liebste Esther. Mein Vater war da, der gute alte Mann, er war so zärtlich zu mir. Anderen scheint er hart und immer erzürnt und immer gallig, und auch diesmal hat er sich sicherlich in der Ratsversammlung und vor allem gegen Kaiphas recht bissig betragen. Ihm ist eben nicht wohl, wenn er nicht quengeln kann.

Dennoch scheint alles glimpflich verlaufen zu sein, keine Krawalle im Synhedrion, kein Aufstand vor der Antonia; die Zeremonien am Tempelberg verliefen, wie man mir sagte, so würdig und still wie schon seit Jahren nicht mehr. Selbst Kaiphas gab zu, ein so friedliches Passahfest habe Jeruschalaim schon lange nicht mehr gefeiert.

Doch das beste in diesem Brief kommt zuletzt:

Kaiphas hat mir gestattet, dich, beste Esther, zu uns einzuladen. Auch er ist erstaunt und − soweit das bei ihm möglich ist − dankbar beglückt durch den Fortschritt in meinem Zustand: Ich konnte ihm klarmachen, daß dieser Fortschritt auf deinem Einfluß beruhe, auf deinen Methoden der Behandlung und der Ermutigung. Also möchte er dich als Gast in unserem Haus haben, so lange du willst, so lange du kannst. Könnten wir in Zukunft nicht wie Schwestern zusammenleben, was sagst du dazu? − Wie Schwestern bis eines Tages, ich zweifle nicht daran, Aristobul mit seiner Gattin und − gebe es der Allmächtige! − umgeben von einer lieben Kinderschar heimkehrt aus Sagunt. Dann freilich wirst du deine Deborah wieder verlassen und deiner Familie angehören, und ich werde alle Tränen der Freude mit dir weinen und alle Mutterwonnen mit dir fühlen.

Aus den Notizen des Antisthenes

                                                        Am 25. des Aprilis
Habe ich Eljakim nicht verlassen wollen, sobald ich Mittel dazu haben würde? Ich habe sie nun und verlasse ihn nicht. Mit des Pilatus Gnadengabe könnte ich nach Cäsarea oder Joppe und von dort mit dem nächstbesten Schiff nach Korinth oder Neapel reisen.

Ich bleibe.

Ich könnte auch in Cäsarea versuchen, neue Gönner zu finden. Die beiden Philosophen, die ich auf Burg Antonia getroffen, haben mir etliche gute Adressen verraten. Auch der dicke Gutsbesitzer aus Dekapolis hat mich wissen lassen, daß er für die Unterhaltung seiner Familie nach einem Rhetor oder Literaten suche.

Ich werde keine dieser Gelegenheiten nützen.

Selbst wenn mich Claudia riefe, Pilatus' junge Gattin, ich meine, ich würde zögern, ihr zu folgen.

Der unglückliche kränkelnde alternde Jude, Eljakim, scheint mein Schicksal zu werden, die Götter wissen warum. Ich weiß es nicht. Ich befrage mein Herz. Vergeblich. Ich befrage meinen Verstand. Umsonst.

Was bindet mich an diesen Menschen anderes als die zwei Jahre, die ich schon bei ihm verbracht habe, zwei Jahre, in denen ich es oft unerträglich fand, neben ihm, bei ihm zu leben, unter seiner launenhaften Willkür leidend und allen seinen unsinnigen Grillen ausgeliefert? Wie oft habe ich mich über seine Gewohnheiten geärgert, habe seine Kränklichkeiten verwünscht und seine schwarze Schwermut in den Orkus verflucht? Dennoch bleibe ich bei ihm.

Ich bleibe, obwohl ich gerade seine letzten Taten nicht verstehen, geschweige denn billigen kann.

Er, und vor allem er, hat durch seine sträfliche, an Schwachsinn und Selbstvernichtung grenzende Liebe zu Aristobul ein unfaßliches Mißurteil des römischen Gerichts heraufbeschworen. Einen Erzverbrecher, eine – ich möchte sagen – catilinarische Natur hat er der Freiheit zurückgegeben und Schuldlose oder auch nur verhältnismäßig Schuldlose aufopfern lassen. Das traurigste Mittel hat er angewandt: Bestechung einer unwissenden Masse. Für einen elenden Denar haben sie den Barabbas freigeschrien. Auch wenn es stimmt, daß der Mann nicht ungeschoren davongekommen ist (die römischen Schergen sollen ihn zum Krüppel geschlagen haben) und auch wenn er, wie Eljakim mir glaubhaft versichert, sofort danach außer Landes gejagt wurde, so ist seine Freilassung doch ein Skandal, der sich noch rächen wird. Denn das Volk vergißt solche Ungerechtigkeiten nicht, und es beginnt an jedem Recht zu zweifeln, wenn es sieht, wie leicht Recht gebeugt werden kann.

Ich hätte es nie für möglich gehalten, daß Eljakim zu solchem Handel zu gewinnen wäre.

Hätte er denn nicht selbst jeden Grund gehabt, diesen Barabbas zu vernichten? Und wenn sein Sohn verblendet genug war, ihn retten zu wollen, hätte der Vater nicht Mittel finden können, den Burschen festzusetzen, ihm den Mund zu stopfen, das Handwerk zu legen und dann zu warten, bis Vernunft einkehren würde in des Jungen verworrenen Kopf? Das alles wollte ich ihm sagen, Eljakim, damals, als ich von Bethanien nach Jerusalem eilte; ich wollte es ihm unter vier Augen ins Gesicht sagen und einmal die Wahrheit aussprechen dürfen: Daß das Herz, auch das Vaterherz eines Mannes, nicht mächtiger sein dürfe als sein Gewissen, seine Vernunft, sein Mut und seine Ehre.

Als ich ihn dann am dritten Tag nach dem Fest erreichte, fand ich ihn bettlägerig, wie so oft.

Joram, sein Badeknecht und Pfleger, empfing mich flüsternd, mit verstörter Miene. Der Herr habe seit dem Rüsttag nichts geredet, nichts mehr gegessen, er liege nur mehr mit dem Gesicht zur Wand gedreht, wahrscheinlich wolle er sterben.

Ich trat an sein Bett und sprach ihn an.

Sein matter Blick zuckte: Setz dich.

Ich setzte mich.

Seine Augen schlossen sich. Als sie sich wieder öffneten, glaubte ich einen Wunsch in ihnen zu lesen, vielmehr: einen Befehl. Ich erriet: Das Schreibgerät! Es lag offen auf dem Bettpult. Daneben ein begonnener Brief. Er war aramäisch geschrieben und lautete:

Eljakim, Gutsherr, Priester, Mitglied des Hohen Rates usf.
an seinen Sohn Aristobul...

Du hast erreicht, was du nie hättest erreichen sollen. Verlaß das Land. Rückkehr ist unmöglich, solange Annas lebt, Kaiphas regiert, solange Pontius Pilatus Procurator ist.
Du wirst, ich weiß es, mich nicht wiedersehen. Nie soll deine Mutter erfahren, was geschah. Sie glaubt dich in Spanien. Fahr hin und lebe dort. Und büße, büße.

Ich las den Brief. Dann sah ich zu Eljakim hinüber. Nun war sein Blick voll und mit Kraft auf mich gerichtet. Seine Lippen bewegten sich. Ich verstand: Siegle ihn. So verschloß ich den Brief und preßte das Siegel darauf. Eljakim nickte. Er streckte mir die Hand entgegen. Als ich sie ergriff, mußte ich mir Gewalt antun, sie nicht zu küssen.
Nun weiß ich, ich bleibe bei ihm.

An den Kalendae des Mai
Ich bleibe bei ihm. Wieder sind wir in Sison. Doch nicht für lange. Hier will Eljakim nur noch das Dringendste in Ordnung bringen.
Das Dringendste ist auf dem Gomer geschehen.
Joram, Ezechiel und Kleophas wurden angewiesen, die mit Dornenbüschen verrammelten Wege zum Landhaus freizumachen.
Dann stiegen wir zu fünft auf den Hügel hinauf.

275

Im Untergeschoß der Villa war eine Grube angelegt. Erd-spuren ließen darauf schließen, daß hier jemand etwas vergraben hatte. Eljakim ließ die Platte heben, die über der Grube lag. Dann stieg er selbst hinab und hob den Schatz.

Mit Staunen sah ich herrliche Gefäße, goldene Scheren, Leuchter, ein Stück besticktes Tuches. Eljakim küßte ein jedes Stück und legte es in eine Truhe, in dieselbe Truhe, die er hatte anfertigen lassen, um meine Bücher und Rollen, Homer und Epikur, Sapphos Gedichte und die Komödien des Aristophanes aufbewahren zu lassen. Noch eine zweite Truhe wurde gefüllt, beide wurden verschlossen und ins Gutshaus geschafft.

Am anderen Morgen waren einige Leute zur Stelle, die beritten und bewaffnet, die Truhe nach Jerusalem bringen sollten. Eljakim begleitete den Zug mehrere Meilen weit. Er hätte ihn wohl am liebsten bis Jerusalem begleitet. Bei einer Wegbiegung sahen wir in einem fernen Einschnitt der Berge einen metallischen Schimmer, als blinkte schon ein Turm oder Giebel von Zion herüber. Hier blieb Eljakim zurück. Der Trupp mit den Truhen bewegte sich zügig dahin. Die Staubwolke, die sich unter den Hufen der Pferde erhob, flog im Wind, ein rötliches Fähnchen, das schnell verwehte.

Antisthenes, Arzt und Privatgelehrter,
an den Procurator von Palästina,
Pontius Pilatus zu Cäsarea

Heil dir und deiner Gattin, Freund und Gönner. Die Götter, wer immer sie seien, mögen euch segnen.

Unvergeßlich bleibt mir die Freude, die ich durch eure Gnade empfing, unauslöschlich mein Dank für eure Neigung.

Das Fest ist vorüber, das dir, Pilatus, mit allerlei Sorgen, Mühen und Ärgernissen zugesetzt hat. Ich hoffe euch glücklich zurückgekehrt in eurer gewohnten Umgebung, in eurem vertrauten Kreis zu Cäsarea.

Hera und Aphrodite seien euch ebenso gnädig wie Ares und Apollon.

Ich habe mich wieder einmal mit meinem alten Gastfreund, dem Juden Eljakim, auf dessen Gut in Nordjudäa zurückgezogen. Obgleich ich auf dem Lande lebe und von großen Ereignissen nicht zu berichten habe, verliere ich nicht aus dem Auge, den Auftrag, den du mir einst gegeben hast, auf meine Weise zu verfolgen. Du, Pilatus, hast von mir gefordert, über Land und Leute zu berichten, Stimmungen und Gesinnungen zu erforschen. Das will ich auch und bleibe dabei, wenn ich auch zugegebenermaßen weder vom Geschwätz auf den Märkten noch von den Intrigen der Behörden berichten kann. Doch beides ist wechselhaft launisch. Es besagt nicht viel. Verzeih, wenn ich behaupte: Wichtiger ist, was sich unter dem Wellenspiel des Alltags in den tieferen Schichten des Volkes ereignet, welcher Art die hier begründeten und sich langsam, doch unaufhaltsam verbreitenden Gesinnungen sind. Sie sind in Büchern niedergelegt, oft viele Jahre nur wenigen bekannt, von wenigen beachtet. Eines Tages aber beginnen sie zu wirken und sich zu verzweigen. Dann dauert es nicht mehr lange, daß sie die Welt verändern. Entsinnst du dich, Procurator, der Tage, als ich mit dir zusammen in Korinth auf deine Berufung nach Palästina wartete? Rom hatte dir den Posten des Landpflegers in Aussicht gestellt, und du warst eifrig dabei, dich über dieses Land zu unterrichten.

Denn, so sagtest du selbst, es sei von jeher römischer Verwaltung oblegen, sich über die zu beherrschenden Provinzen zu informieren.

Du ließest dir auch etliche der Schriften kommen, auf denen die Religion der Juden beruht.

Du erschrakst, als die Bücher eintrafen. So viele hattest du nicht erwartet.

Obgleich die Schriften nur gekürzte und vermutlich auch verstümmelte Fassungen enthielten, so hätten sie ein jahrelanges Studium erfordert.

Wir beide haben einige von ihnen flüchtig durchgesehen und kamen überein, daß die Geschichte dieses Volkes eine harte und grausame Geschichte sei und daß der Gott, dem sie dienen, ein unduldsamer und strenger Gott sei. Entsprechend schienen uns die Satzungen, die Vorschriften, die Gewohnheiten: ein System, das alles Fremde ausschließt, alles Fremde von sich stößt und nur auf sich beharren will.

Daher denn rührten alle die Erzählungen von siegreich zerschmetterten Feinden, von den Peinigungen der Ägypter, vom Untergang der pharaonischen Heere, von dem feurigen Abgrund, der die Rotte Korah verschlang.

Nun weiß ich, was mich erwartet, sagtest du, und ich merkte dir an, wie sich dein Wille straffte, deiner Aufgabe zu begegnen. Auf hartes Holz schlägt man mit scharfem Beil, das ist doch, nicht wahr, seit jeher römischer Brauch.

Gut denn, du kamst und du regiertest. Bis jetzt, will ich meinen, mit Glück. Heil dir!

Dennoch kann ich es mir nicht versagen, dich auf eine längst vorbereitete, vielleicht aber erst in dieser Zeit deutlich gewordene Wandlung in diesem Volk hinzuweisen. Ich habe von kleinen Gruppen gehört, die untereinander selbstlose Liebe üben. Ich habe auch von solchen gehört, die die alten Satzungen überschreiten, um Ungläubigen, also Heiden, den Eintritt in ihre Gemeinschaft anzubieten. Die starre Intransigenz, so lange geübt, scheint sich an diesem oder jenem Ende abzumildern, womöglich aufzulösen.

Freilich, ich gestehe es dir, würden mich diese Anzeichen in meinen ursprünglichen Urteilen über dieses Volk noch nicht wankend machen, wenn ich nicht durch die Lektüre eben seiner kanonisierten heiligen Bücher die überraschendsten Entdeckungen gemacht hätte. Lies folgende Stelle, ich habe sie für dich sorgfältig kopiert:

AUS DEM BUCH DER KÖNIGE, 19,8−13

Elia wanderte,
vierzig Tage und vierzig Nächte,
da gelangte er
an den Berg Gottes mit Namen Horeb;
daselbst ging er in eine Höhle
und lag dort eine Nacht, und siehe,
das Wort des Herrn kam zu ihm
und fragte:
Was machst du hier, Elia? −
und Elia antwortete:
Ich habe für dich Zeugnis abgelegt,
o Herr, du Gott des Weltalls,
denn die Söhne Israels haben deinen Bund verlassen,
deine Altäre zerstört,
deine Propheten erwürgt.

Ich bin allein geblieben und bin verfolgt
um deinetwillen.
Nun frage ich:
Wer bist du?
Da sprach der Herr:
Geh hinaus aus dieser Höhle und auf den Bergesgipfel,
dort wirst du mir begegnen und wissen,
wer ich bin. –
Elia tat,
wie der Herr ihm befohlen,
und wie er draußen stand auf dem Felsen des Horeb,
siehe,
da erhob sich ein gewaltiger Sturm,
und es wankte der Berg, und Klüfte öffneten sich,
und der Sturm ging vorüber,
aber der Herr war nicht in ihm.
Und nach dem Sturm
kam ein Erdbeben
mit gewaltigem Getöse –
doch der Herr war nicht in ihm;
nach dem Erdbeben kam
ein Feuer, und es loderte rings um Horeb
und ging vorüber, aber der Herr
war nicht in ihm;
und nach dem Feuer
kam ein stilles sanftes Säuseln heran durch die Lüfte
und streifte vorüber
und verging,
und es geschah, daß Elia niederfiel
auf sein Angesicht und sein Antlitz verhüllte,
denn es war der Herr,
es war der Herr,
der da vorbeigegangen war.

Soweit Elia. Erstaunlich, nicht wahr? Sollte diese Stelle nichts besagen? In ihr scheint mir etwas herangereift, eine neue Art der Frommheit, der *pietas,* und damit auch ein neuer Stand der Menschheit.

Ein Gott, der darauf verzichtet, sich in Donner, Blitz und alle Gewalten zu kleiden? Ein Gott, der sich herabläßt, im leisen Wind, im sanften Hauch zu wohnen: Er will in der Unscheinbarkeit erkannt sein oder unerkannt bleiben – so liefert er sich dem Menschen aus.

Der Procurator Pontius Pilatus
an den Hohenpriester Kaiphas in Jerusalem

Wie ich höre, ist Dir von unbekannter Seite der Teil des Korban zurückgestellt worden, der mir und meiner Behörde vor mehr als einem Jahr räuberisch entwendet worden ist.

Es steht mir nicht zu, eine Untersuchung anzustellen, von welcher Seite Du das Raubgut zurückerhalten hast. Da ich demnächst meine Versetzung aus der Provinz erwarte und ich nur im Hinblick auf einen möglichen Aquäduktbau an den Tempelkapitalien interessiert war, erhebe ich keine Ansprüche mehr. Alle Pläne bezüglich einer Wasserleitung sind aufgegeben und alle darauf zielenden Unternehmungen abgebrochen.

Die Hauptstadt wird weiterhin ohne ausreichende Wasserversorgung an schleichendem Mangel und in Festzeiten an Durst und Seuchen leiden.

Es kümmert mich nicht.

Ich wollte Jerusalem reichliche Brunnen erschließen. Die Gelegenheit ist versäumt.

Die Höflichkeit verbietet mir, von Schuldigen zu reden. Selbst wenn ich mich irren sollte mit meinen Vermutungen, bleibt der traurige Ruf an Dir haften, daß unter Deiner Herrschaft der Anschluß Jerusalems an die heilsamen Quellen versäumt worden ist.

Pontius Pilatus, Procurator von Palästina
an Antisthenes, Arzt und Literat
zu Sison bei Emmaus

Dank dir, Antisthenes, für deine Zeilen.
Sie machen dem Ästheten Ehre, dem es zusteht, aus ein paar hübschen Verslein ein neues Weltgesetz abzuleiten.
Die von dir zitierte Stelle aus den Königsbüchern mag ein Stück achtungswerter Dichtung sein, altertümlich und märchenhaft, wie es auch wieder in Mode kommen mag. Dem politischen Praktiker, wie mir, ist es nicht viel nütze. Auch die kleinen Gruppen, von denen du berichtest und die, wie du meinst, in selbstloser Liebe miteinander leben wollen, darf ich wohl vergessen.
Mein Handwerk ist zu rauh als daß es mir gestattete, nach dem einsam blinkenden Goldkorn zu suchen.
Übrigens: Ich werde mich nicht mehr allzu lange mit den Besonderheiten dieses merkwürdigen Landes befassen können. Man hat mir meine Versetzung nach Gallia cisalpina angeboten, und ich werde nicht zögern, diesem Angebot zu folgen.
Willst du mit mir kommen – oder ziehst du es vor, bei deinem Gönner und Brotherrn zu bleiben und hier im Lande darauf zu warten, bis sich ganz Judäa zum milde säuselnden Gott bekehrt hat?

In der nächsten Woche kehren wir nach Kopht zurück. Schon ist unser Gepäck dahin vorausgeschickt. Eljakim fragte mich, ob ich damit zufrieden sei, wieder mit ihm zusammenzuleben, wie im vergangenen Jahr, auf einem Bauernhof und so einfach, wie es sich dort fügt.

Ich sagte: Ich will es wieder versuchen. Er lächelte befriedigt. Überhaupt scheint er heiterer als zuvor, ruhiger, sogar gesünder. Er scheint sich damit abgefunden zu haben, daß Aristobul aus seinem Dasein verschwunden ist. Offenbar ist er überzeugt, daß der Sohn nach dem vergangenen Passahfest einen anderen, neuen, besseren Weg beschritten hat. In der Tat hört man nichts mehr von der Zelotengruppe, die Barabbas angeführt hat. Sie halten sich still oder haben sich, nach der Gefangennahme des Führers, zerstreut. Man kennt das aus Erfahrung: Banden, die gewissen Ideen anhängen, sind, sobald die Ideenträger verschwunden sind, von raschem Zerfall bedroht. Der eine oder andere Räuber mag schon noch einmal ein Stückchen wagen. Ohne den Rückhalt in fester Gruppierung verliert er den Mut. Was eben erst alle Gemüter bewegt und aufgestachelt hat, zerfällt zu Asche, verschwindet im Schatten, im Nichts.

Eljakim ist sich sicher, daß Aristobul gehorcht hat: Gehorsam habe er Barabbas aus dem Land gebracht, gehorsam die Trennung von dem unwürdigen Freund vollzogen; ebenso gehorsam sei er selbst weggegangen, nach Spanien, wie es seine Mutter gewünscht, gedacht, verbreitet hat, wie es auch Eljakims Wunsch und Weisung geworden war. Glücklich das Volk der Juden: Es kennt noch den Willen des Vaters, es kennt noch Befehle und deren bindende Kraft. Möge ihm doch erspart bleiben, was in aller Welt sonst umgeht, daß kein Befehl mehr bindet, daß kein Vater mehr zu befehlen wagt. Neulich erzählte ich Eljakim, was mir in Bethanien zugestoßen ist: von den seltsamen Verwirrungen bei den Pächtersleuten, Lazarus, Martha und Maria; von ihrem Glauben an den Rabbi Jeschua; dann von ihrem Jammer um seinen Tod; schließlich von ihrer Freude, weil sie ihn auferstanden wähnten. Ich beschrieb ihm den sanften Wahnsinn, der sie alle, die drei Geschwister und womöglich noch deren Freunde, erfaßt und in eine Gemeinschaft seligen Irrwitzes verwandelt hat.

Eljakim schien gar nicht sehr verwundert. Er lachte nur ein wenig. –Von nun an, sagte er, werden sie ihren Rabbi immer wiedererkennen, in jedem Gärtner, in jedem Wanderer, in jedem Schatten am Straßenrand.–

Joram an Mardochai

Am 1. Siwan (15. Mai)
Unglaubliches hat sich im Hause meines Herrn ereignet.
Der junge Herr, von dem es tausendmal geheißen, daß er in Spanien sei, ist gestern auf Sison erschienen.
Ich hätte ihn nicht wiedererkannt, so mager ist er geworden, seine Haare sind wie altes Werg und seine Hände so hornig, wie Adlerklauen.
Doch dieses wäre nichts ohne das andere. Und das andere ist: Er trug den Menschen huckepack, der einmal schon bei uns gewesen ist; dieser ist Barabbas – oder ich will nicht leben – der *Schwarze,* den sie lange suchten und endlich fingen und dann doch freigelassen haben vor dem Passah.
Unser Herr sagte: Er sei außer Landes.
Nun trug ihn Aristobul selbst auf seinem Rücken, denn gehen kann er nicht, wenn er auch ein paar Schritte an seiner

Krücke springen kann. Sein Gesicht ist zerschlagen, seine Arme sind noch blutrünstig und seine Augen wie weiße Feuer. Aus seiner Nase fließen Rotz und Eiter, denn sie schlugen ihm auch das Nasenbein entzwei.

Unser Herr ist sehr zornig, daß jener da ist, und er ist auch nicht froh, daß Aristobul zurückkam, und ich glaube, sie reden vom Korban, den der Barabbas raubte.

Ezechiel ben Joram
an Esther, Herrin zu Hebron

Herrin, dein Sohn ist zurückgekehrt.
Mit dem Schwarzen, dem Bösen, dem Barabbas.
Er hätte nicht zurückkehren sollen.
Unser Herr sagt es: Nicht zurückkehren.
Den Korban will Barabbas.
Aber die heiligen Tempelschätze sind doch zurückgegeben.
Sie liegen längst hinter heiligen Mauern. Doch Barabbas
will ...
O Herrin, Herrin, er, unser Herr ist tot.

Aristobul, derzeit zu Sison,
an Esther, Herrin zu Hebron

Das Furchtbarste ist geschehen.
Vater ist tot. Im Streit wurde er mit einem Mischkrug erschlagen.
Obgleich ich den Mörder tötete, ehe er selbst tot war, weiß ich mich mitschuldig an seinem Ende.

Mitschuld an vielem ist mein Los.

Da ich mich niemandem erklären kann, verlasse ich das Land.

Lebe wohl.

Der Vorsteher der Synagoge von Emmaus, Zacharias ben Joel, an Seine Heiligkeit den Hohenpriester Kaiphas zu Jeruschalaim. Mit Eilboten!!!

Am 2. Siwan

In tiefster Betrübnis und aufs äußerste bestürzt wende ich mich an Eure Heiligkeit und genüge der traurigen Pflicht, dero Heiligkeit bekanntzugeben, daß dero Bruder, der hochgeschätzte und uns allen teure Priester des Heiligen Tempels, Präsident des Marstalls, Vorsteher der Salomonischen Teiche usf. usf., Eljakim ben Joseph, gestern nacht das Opfer eines ebenso verabscheuungswürdigen wie unbegreiflichen Verbrechens geworden ist.

Euer Heiligkeit Bruder ist mit einem ehernen Mischkrug, den Euer Heiligkeit Bruder stets zur Herstellung notwendiger Medizinen im Gebrauch hatte, am Kopfe geschlagen und dero Stirnbein zertrümmert worden, dergestalt, daß Euer Heiligkeit Bruder laut Aussage des Griechen Antisthenes, des Bediensteten Joram und anderer untergeordneter Personen den Schlag einige Minuten überlebt, dann aber – nach verlorenem Bewußtsein – eines sozusagen sanften Todes gestorben ist.

Der verabscheuungswürdige Mörder, ein in unserer Gemeinschaft fremdes Subjekt, ist indessen vom jungen Herrn gestellt, mit demselben Mischkrug getroffen und dann mittels eines Dolches durchbohrt worden.

Der verabscheuungswürdige Mörder ist, laut Aussage des Griechen Antisthenes, des Joram, des Koches und anderer untergeordneter Personen, als jener *Barabbas* wiedererkannt worden, der, am Passahfest von der Menge freigebeten, sich verpflichtet hat, das Land binnen vier Tagen zu Schiff oder zu Fuß, gleich wohin, zu verlassen.

Dennoch hat der Verabscheuungswürdige Sison aufgesucht und oben beschriebenes Verbrechen begangen.

Welche Verwicklung, Streit oder Beraubungsversuch zu selbigem geführt haben, entzieht sich meiner Kenntnis und wäre, soweit mein unzulängliches Urteil reicht, noch am ehesten durch den jungen Herrn Aristobul zu klären gewesen, welcher freilich, zu meiner tiefen Bedauernis, sich weigerte, Erklärungen abzugeben.

Die Leiche Eurer Heiligkeit Bruder liegt zu Sison derzeit noch aufgebahrt und wird morgen mit frühester Stunde in einem der frischen Felsengräber am Gomer beigesetzt werden.

Vorgeschriebene Zeremonien werden von mir und drei Amtsbrüdern abgehalten.

Ich bitte Eure Heiligkeit inständigst, mir die üble Nachricht nicht zur Last zu legen, die ich nur in tiefster Bestürzung und Trauer, doch pflichtgemäß Eurer Heiligkeit zukommen lassen muß.

Stille, Frieden, Trauer.

Ehe der Morgen kommt, ehe die Erde dich nimmt, ins Fels-
grab gesiegelt, unter dem Gipfel des Gomer: Stille, Frieden
und Trauer.

Du, schon in Binden gewickelt, mit Spezereien bedeckt, ge-
salbt, bestäubt mit starken Gewürzen. Der Duft ätherischer
Öle erfüllt das Haus.

Verborgen dein Angesicht unter der Linnenmaske. So ist es
üblich. Weihrauch verbrennt in den Schalen, Dämonen zu
scheuchen. So ist es üblich.

Morgen vor Sonnenaufgang wird man dich holen. Leviten
werden singen. Klageweiber ein letztesmal rund um die
Bahre heulen.

Ich werde dich nicht begleiten, ich bin kein Beschnittener.
Wo wird dein Sohn sein?

Huckepack, wie er den Kumpanen ins Haus trug, hat er ihn
wieder hinausgetragen, den toten Mörder, den er doch
selbst durchbohrt hat. Ehe er duldete, daß der Genosse auf
den Schindanger geworfen wurde, lud er ihn sich noch einmal auf. So ging er wohl, sein eigenes Leben zu bestatten,
dein Sohn.

Wird er ein neues, ein anderes Leben finden?

Stille, Frieden und Trauer, ehe der Morgen kommt, ehe die
Erde dich nimmt, ins Steingrab gesiegelt, das keiner mehr
öffnet. Keiner wird kommen und rufen: Steh auf, steh auf,
Eljakim, Sohn des Joseph, Vater des Aristobul.

Ewiger Fels deckt deine Leiden.

Nach diesem zeigte sich Jesus seinen Jüngern noch einmal an dem See bei Tiberias, und zeigte sich auf folgende Weise: Simon Petrus, Thomas der Zwilling, Nathanael von Kana, die Söhne des Zebedäus und noch zwei andere Jünger waren beisammen.

Da sprach Simon Petrus zu ihnen: Ich will ausgehen und fischen. Dann wollen wir mitgehen, sprachen die anderen. Sie gingen hin, stiegen sogleich in ihre Schiffe, konnten aber dieselbe Nacht nichts fangen.

Bei Anbruch des Tages stand Jesus am Ufer, aber die Jünger erkannten nicht, daß es Jesus sei.

Da rief ihnen Jesus zu: Kinder, habet ihr nichts zu essen? Nein, antworteten sie ihm, denn wir haben nichts gefangen.

Da sprach er zu ihnen: Werfet das Netz auf der rechten Seite der Nachen aus, so werdet ihr einen Fang tun. Da warfen sie das Netz aus und fingen.

Da sagte der Jünger, den Jesus liebte: Es ist der Herr! – Kaum hörte das Simon Petrus, daß es der Herr sei, so warf er das Fischerhemd um, denn er war nackt, und sprang ins Meer...

Da sie nun an Land stiegen, sahen sie ein Kohlenfeuer bereitet, einen Fisch darüber und Brot.

Jesus sprach zu ihnen: Bringet noch von den Fischen, die ihr jetzt gefangen.

Da trat Simon Petrus an den Nachen und zog das Netz an Land.

...

Jesus sprach zu ihnen: Kommet nun und esset! Aber keiner der umher Sitzenden ließ es sich einfallen zu fragen: Wer bist du? – denn sie sahen, daß es der Herr war.

Ich habe Sison und habe Kopht verlassen. Jetzt bin ich, mühsam genug, zu Fuß unterwegs nach der Küste.

Pilatus werde ich dort nicht mehr erreichen.

Er hat das Land bereits verlassen.

Ich gehe einem ungewissen Schicksal entgegen.

In Kopht erwartete mich eine Überraschung: Aristobul.

Er wollte offenbar noch einmal mit mir über seinen Vater reden.

Ich übergab ihm meine Aufzeichnungen. Aus ihnen konnte er lesen, wie die letzten zwei Jahre für seinen Vater vergangen sind.

Ich fand ihn am anderen Morgen bleich und unter Tränen vor der Türe sitzen. Er fragte mich, ob er mich nicht begleiten dürfe – nach Tiberias, nach Cäsarea, wohin immer ich wolle.

Die Frage hörte ich ungern. Es ist nicht angenehm, mit einem gesuchten Verbrecher zu reisen, auch wenn ihn die Justiz bisher verschont hat, vielleicht weil sie ihn schonen wollte, weil sie sich scheute, in einem Angehörigen der Prominenz einen Übeltäter zu erkennen. Eine solche Gesellschaft kann für einen Fremden, wie mich, gefährlich werden. Trotzdem hatte ich nicht das Herz, ihn abzuweisen.

Wir kamen überein, den Weg nach Kapharnaum über den See zu nehmen. Wir würden, so glaubten wir, rasch eine Gelegenheit zur Überfahrt ausfindig machen.

In der Tat warteten wir nicht lange, bis zwei Fischerboote vorüberkamen. Wir winkten sie heran und fragten, wohin sie führen. An den Schiffszeichen konnten wir erkennen, daß Kapharnaum ihr Heimathafen war.

Die Fischer antworteten, sie seien auf Fang, und wir müßten damit rechnen, die ganze Nacht mit ihnen über den See zu kreuzen.

Ich bestieg ein Schiff, Aristobul das andere.

Beide liefen aus und warfen ihre Netze.

Es wurde eine lange Nacht. Obwohl die Männer Eingesessene waren und, soviel ich beurteilen kann, in ihrem Handwerk erfahren, fingen sie nichts. Die Fischschwärme mußten jeweils anderswo ziehen.

Gegen Morgen, als die Sterne zu erbleichen begannen, näherten sich die beiden Kähne einer Bucht.

Sie war unbewohnt. Dunkel stiegen die Hügel dahinter auf, Buschwerk, Gärten, wohl auch Felder. Der See lag still, so daß sich kaum ein Saum von Gischt den Strand entlangzog. Auf einer Sandbank brannte ein kleines Feuer.

Die Kähne fuhren heran.

Ein Mann, der dort auf der Sandbank stand, rief etwas herüber. Er fragte, ob wir etwas zu essen hätten.

Wir haben nichts gefangen, riefen sie zurück.

Plötzlich wurden die Fischer von großer Erregung erfaßt.

Der Mann, der unser Schiff führte, sprang auf und rief: –Er ist es! Er ist es.– Und ein junger rief gleichfalls: –Ja, es ist der Herr.– Der ältere nahm seinen Rock – bis jetzt war er nackt gesessen –, gürtete sich und sprang ins Wasser, denn das Wasser war an dieser Stelle schon seicht.

Er watete hinüber, ein zweiter folgte, auch er gegürtet, hastig, keuchend vor Erregung.

Die Erregung teilte sich auch den Leuten mit, die in dem anderen Boote saßen. Sie alle verließen ihre Fahrzeuge und sammelten sich auf dem Strand.

Nur Aristobul war in seinem Kahn geblieben wie ich in dem meinen. So dümpelten wir allein vor dem Ufer, in der Bucht. Wir sahen das Feuerchen heller brennen und sahen die Männer alle um Einen versammelt.

Nach einer Weile zog ein schwacher Geruch von gebratenem Fisch und frischem Brot herüber. Ich rief Aristobul an, was er nun zu machen gedenke, er ergriff die Ruder und kam längsseits an mein Boot. Er schien unschlüssig wie ich. Doch da er die Ruder einzog, und ich keine Lust hatte, ihm zu folgen, trieben wir wieder auseinander.

Allmählich wurde es hell. Ich sah, daß nun auch Aristobul von seiner Ruderbank aufstand, sein Bündel packte und mitsamt diesem das Boot verließ. Das Wasser reichte ihm bis zur Schulter. Einmal tauchte er noch tiefer ein, dann faßte er wieder Schritt. Das Bündel auf dem Kopf stemmend, watete er zum Ufer hinüber.

Ich wartete eine Weile, wie es nun weitergehen sollte. Aristobul hatte, soviel ich unterscheiden konnte, den Strand erreicht und kauerte seitab zwischen den Steinen. Später ließ er sein Bündel liegen, bewegte sich auf das Feuer zu und gesellte sich zu den anderen. Vielleicht hatten sie ihn zu ihrem Morgenmahl herbeigerufen.

Einen Augenblick dachte ich daran, ihm zu folgen. Dann aber fiel mir ein, die Gelegenheit wahrzunehmen...

Ich merkte, der Wind frischte auf. Ohne daß ich die Hand regen mußte, trieb er mich auf die nächste Landzunge zu, an ihr vorüber und in die nächste Bucht hinein.

Dort ruderte ich unter einige tiefhängende Weiden, sprang an Land und wanderte dann, so rasch ich konnte, in westlicher Richtung landeinwärts.

Editorische Notiz

Die vorliegende Ausgabe beruht auf der 1983 unter dem Titel »Sie waren Zeitgenossen« in der Deutschen Verlags-Anstalt erschienenen Erstausgabe. Sie wurde von der Verfasserin durchgesehen und um das dem Text vorangestellte Personenverzeichnis ergänzt.

Klaus Berger

Wer war Jesus wirklich?

180 Seiten

ISBN 3-7918-1950-X

Jesus von Nazareth zählt zu den bewegendsten Personen der Welt-
geschichte. Auf dem Stand der neuesten Forschung zeichnet
Klaus Berger ein überraschendes Bild von Jesu Leben und Sterben. Erhellend sind dabei insbesondere außerbiblische Texte, die
den jüdischen Mann Jesus von Nazareth in seiner ganzen Radikali-
tät zeigen.

Klaus Berger

Psalmen aus Qumran

184 Seiten mit 20 ganzseitigen Farbfotos von Jörg Zink u. a.

ISBN 3-7918-1941-0

Klaus Berger bietet alle hymnischen Texte (Psalmen, Segenssprü-
che und Gebete) erstmals vollständig und neu übersetzt auf der
Grundlage der neuesten kritischen Ausgabe der Originaltexte.
Das unterscheidet diese Ausgabe von allen bisherigen. Die neue
Übersetzung ist gut lesbar und für die Gestaltung von Gottesdien-
sten zu empfehlen. Inhalt und Ausstattung machen dieses Buch zu
einem besonders schönen Geschenk.

Klaus Berger

Qumran und Jesus

Wahrheit unter Verschluß?

144 Seiten

ISBN 3-7918-1929-1

»Der Heidelberger Neutestamentler Klaus Berger entschlüsselt
die wahren Zusammenhänge zwischen Qumran und dem frühen
Christentum. Er entlarvt die Sensationsliteratur zum Thema. Dabei erweist sich die Wirklichkeit spannender als die Spekulation.«
Rheinischer Merkur

Quell

Nikolai Leskow
Die Geschichte vom Christen Theodor und seinem Freund, dem Juden Abraham

Aus dem Russischen von Günther Dalitz, Hartmut Herboth
und Charlotte Kossuth.
Herausgegeben und mit einem Nachwort versehen von
Angela Martini
284 Seiten
ISBN 3-7918-1120-7

»Der ethische Grundsatz vom Dienst am Nächsten in selbstloser Liebe, einerlei welcher Religion der Handelnde angehört, ist die entscheidende Aussage der christlichen Legenden, die Nikolai Leskow im letzten Jahrzehnt seines Lebens schrieb.«
Angela Martini

Nikolai Leskow (1831–1895) wendet sich mit diesen Legenden gegen eine Gesellschaft und Kirche, die die Pogrome gegen Juden und öffentliche Verhetzung Andersgläubiger zuließen, die tatenlos zusahen und Menschen ausgrenzten, die einer staatlich und kirchlich sanktionierten Scheinmoral zuwiderhandelten.
Spielen die Erzählungen auch in frühchristlicher Zeit, in Damaskus, Byzanz und Askalon, so weisen die Konflikte und Figuren doch weit über ihre Zeit hinaus und gewinnen angesichts der Fremdenfeindlichkeit und des aufbrechenden Antisemitismus erneut an Aktualität.

Inhalt:
Die Geschichte vom Christen Theodor und seinem Freund, dem Juden Abraham · Der Gaukler Pamphalon · Die schöne Asa · Der Bösewicht von Askalon

Quell